Logik und Moderne

Critical Studies in German Idealism

Series Editor

Paul G. Cobben

Advisory Board

Simon Critchley – Paul Cruysberghs – Rózsa Erzsébet – Garth Green –
Vittorio Hösle – Francesca Menegoni – Martin Moors – Michael Quante –
Ludwig Siep – Timo Slootweg – Klaus Vieweg

VOLUME 28

The titles published in this series are listed at *brill.com/csgi*

Logik und Moderne

Hegels Wissenschaft der Logik als Paradigma moderner Subjektivität

Herausgegeben von

Folko Zander und Klaus Vieweg

BRILL

LEIDEN | BOSTON

Library of Congress Cataloging-in-Publication Data

Names: Logik und Moderne (2019 : Friedrich- Schiller Universität Jena), author. | Zander, Folko, editor. | Vieweg, Klaus, 1953- editor.
Title: Logik und Moderne : Hegels Wissenschaft der Logik als Paradigma moderner Subjektivität / edited by Folko Zander, Klaus Vieweg.
Description: Leisen ; Boston : Brill, 2022 | Series: Critical studies in German idealism, 1878-9986 ; volume 28 | Includes bibliographical references and index.
Identifiers: LCCN 2021026952 (print) | LCCN 2021026953 (ebook) | ISBN 9789004468528 (hardback) | ISBN 9789004468535 (ebook)
Subjects: LCSH: Hegel, Georg Wilhelm Friedrich, 1770-1831-Congresses. | Logic, Modern-Congresses.
Classification: LCC B2949.L8 L64 2019 (print) | LCC B2949.L8 (ebook) | DDC 193-dc23
LC record available at https://lccn.loc.gov/2021026952
LC ebook record available at https://lccn.loc.gov/2021026953

Typeface for the Latin, Greek, and Cyrillic scripts: "Brill". See and download: brill.com/brill-typeface.

ISSN 1878-9986
ISBN 978-90-04-46852-8 (hardback)
ISBN 978-90-04-46853-5 (e-book)

Copyright 2022 by Folko Zander and Klaus Vieweg. Published by Koninklijke Brill NV, Leiden, The Netherlands.
Koninklijke Brill NV incorporates the imprints Brill, Brill Nijhoff, Brill Hotei, Brill Schöningh, Brill Fink, Brill mentis, Vandenhoeck & Ruprecht, Böhlau Verlag and V&R Unipress.
Koninklijke Brill NV reserves the right to protect this publication against unauthorized use. Requests for re-use and/or translations must be addressed to Koninklijke Brill NV via brill.com or copyright.com.

This book is printed on acid-free paper and produced in a sustainable manner.

Inhalt

Vorbemerkungen   VII
    Folko Zander und Klaus Vieweg

„Herrschaft des Verstandes und Knechtschaft des Lebendigen": Die Moderne in Hegels Jenaer Schriften   1
    Federica Pitillo

Von der christlichen Gemeinde zum System der Sittlichkeit: Eine Rekonstruktion des Hegelschen Begriffs der Gesinnung   20
    Simone Farinella

Verabsolutierte äußere Reflexion: Gegenwärtige Transzendentalphilosophie im Spiegel der Hegelschen Logik   37
    Christian Krijnen

Das Metaformat der Subjektivität des Wesens   62
    Claudia Wirsing

Die methodische Rolle des Widerspruchs bei Hegel   74
    Folko Zander

Die Wesenslogik als die Logik des Selbstbewusstseinskapitels der *Phänomenologie des Geistes*   87
    Paul Cobben

Das Bewusstsein der Absolutheit und Freiheit des Ichs selbst   103
    Marco Aurélio Werle

Substanz als Subjekt: Zu Hegels Kritik der Spinozanischen Substanzontologie   118
    Jindřich Karásek

Die Freiheit als solche: Hegels Begriff von Freiheit und die Logik des Begriffs   133
    Ermylos Plevrakis

Pragmatische Aspekte der spekulativen Logik: Hegels Konzept des Begriffs als soziale Praxis   157
   Tomoki Hazama

Wissen und Handlung: Zwei Formen der Subjektivität in Hegels Ideenlehre   172
   Taiju Okochi

Hegels Dialektik der Moderne: Hic Rhodus, hic salta!   188
   Vesa Oittinen

Index   203

Vorbemerkungen

Folko Zander und Klaus Vieweg

Die Herausgeber freuen sich, die Ergebnisse der internationalen Tagung *Logik und Moderne. Hegels Wissenschaft der Logik als Paradigma moderner Subjektivität* hier vorstellen zu können. Aus unserer Sicht wird damit eine zentrale Frage für die moderne Forschung zu Hegel thematisiert. Nach den ersten beiden Tagungen des Europäischen Netzwerkes *Hegels Relevanz* in Amsterdam (2017) und Prag (2018) fand diese Konferenz 2019 an der Friedrich-Schiller Universität Jena statt. Der vorliegende Band versammelt die Beiträge von Forscherinnen und Forschern aus Italien, Finnland, Brasilien, Japan, Deutschland, der Tschechischen Republik und den Niederlanden.

Für die freundliche Förderung der Tagung danken wir der Friedrich-Ebert-Stiftung, besonders der Leiterin des Landesbüros Thüringen, Frau Dr. Irina Mohr.

Dank für die Unterstützung geht an Herrn Dr. Christoph Matschie (Abgeordneter des Deutschen Bundestages), Herrn Dr. Schmidt-Grépály, Herrn Michael Kletta und Herrn Malte Brörmann sowie an die Universität Jena und das Institut für Philosophie.

    Die Herausgeber

„Herrschaft des Verstandes und Knechtschaft des Lebendigen"

Die Moderne in Hegels Jenaer Schriften

Federica Pitillo

1   Einleitung[1]

> Nur und erst die Neuzeit hat sich als Epoche verstanden und dadurch die anderen Epochen mitgeschaffen. Latent ist das Problem in dem Anspruch der Neuzeit, einen radikalen Bruch mit der Tradition zu vollziehen, und in dem Missverhältnis dieses Anspruches zur Realität der Geschichte, die nie von Grund auf neu anfangen kann.[2]

Gegen die Kategorie der Säkularisierung verteidigte Hans Blumenberg die Authentizität der Neuzeitansicht, die die Reste der Vergangenheit verlassen habe, um in ihr selbst ihr eigenes Normparadigma zu finden. Blumenberg behauptet, die Moderne habe ihren Ursprung nicht nach einer Voraussetzung oder einem Anfang außerhalb ihrer selbst gesucht, sondern sie erobere das aus der Transzendenz zurück, was sie in sie projiziert hat, deshalb habe sie eine solche Rückeroberung als ihre ursprüngliche Zugehörigkeit bezeichnet. Die Diskontinuität der Neuzeit steigt zu einem philosophischen Problem mit der hegelschen Philosophie empor, wie Jürgen Habermas betont hat: „Hegel ist der erste, der den Prozess der Ablösung der Moderne von den außerhalb ihrer liegenden Normsuggestionen der Vergangenheit zum philosophische Problem erhebt", weil er „das Problem der *Selbstvergewisserung* der Moderne […] als *das Grundproblem* seiner Philosophie" angesehen habe.[3] Diese Betrachtung von Habermas gilt besonders für Hegels Jenaer Philosophie, die sich mit dem Problem der Entzweiung als Symptom der Krise der Moderne auseinander setzt: „Entzweiung" – so schreibt Hegel in der *Differenzschrift* –

---

[1] Dieser Aufsatz ist eine Überarbeitung des Themas meiner Dissertation über *Die Konzeption des Verstandes in Hegel Jenaer Schriften (1801–1805)*. Herrn Prof. Dr. Klaus Vieweg bin ich für die Betreuung meiner Forschung an der Friedrich-Schiller-Universität Jena sehr dankbar.

[2] Blumenberg, Hans, *Die Legitimität der Neuzeit*, Frankfurt a.M. 1996 (erneuerte Ausgabe), S. 129.

[3] Habermas, Jürgen, *Der philosophische Diskurs der Moderne*, Frankfurt a.M. 1985, S. 26.

ist der Quell des *Bedürfnisses der Philosophie*, und als Bildung des Zeitalters die unfreie gegebene Seite der Gestalt. In der Bildung hat sich das, was Erscheinung des Absoluten ist, vom Absoluten isoliert und sich als ein Selbständiges fixiert.[4]

Die Unruhe und das Gefühl eines geschichtlichen Umbruches liegen dem Bedürfnis der Philosophie zugrunde, sie sind nämlich die Voraussetzung eines philosophischen Systems, das in der Lage sein soll, die Krise der Moderne zu überwinden.

Bereits in den frühen Jugendfragmenten wird die Verantwortung für die verschiedenen Formen der Entzweiung, die das klassische Ideal der Harmonie zerstört haben, dem Verstande zugeschrieben. Da Hegel immer die Einseitigkeit des Verstandes kritisiert hat, ist es nicht überraschend, dass dieses Thema bisher selten von der auf das Ganze der Philosophie Hegels gerichteten Forschung vertieft worden ist. Jedoch spielt der Verstand nach Hegel eine grundlegende Rolle im Erkenntnisverfahren: Einerseits ist er die beschränkende und unterscheidende Kraft, die die Gegensätzlichkeiten zwischen Bestimmten und Unbestimmten, Endlichkeit und Unendlichkeit nebeneinander bestehen lässt, aber er verwehrt sich in einem unendlichen Regress, der nur vom geheimen vernünftigen Handeln abgebrochen werden kann; anderseits scheint er zugleich innerlich vernünftig zu sein, da er dem Moment der Inhaltsbestimmung entspricht und als Mittel des Unterschiedsverständnisses erscheint. Wenn die Philosophie Hegels nichts anderes als die Aufbewahrung der Erkenntnismodalität des Verstandes in vernünftigen Gestalten wäre, würde kein Problem des Verhältnisses zwischen dem endlichen und absoluten Wissen bestehen. Aber doch ergibt sich das Problem und, obwohl es so scheint, Hegel bewahre die Elemente des Verstandes nur in der Form ihrer Aufhebung, ist auf eine kritische Weise zu untersuchen, wie es passiert, d.h. ob er vor der Integration dieser Elemente eine „Übersetzung" von ihnen im Voraus ausführt, und sie der systematischen Idee anpasst. Dieser Aufsatz entspringt daher aus folgender Frage: Inwiefern nimmt Hegel in seiner Jenaer Philosophie den Verstand an?

Hier habe ich vor, die Antwort Hegels auf diese Frage in Betrachtung zu nehmen. Der Zweck ist, eine Hegelsche Theorie des Verstandes zu rekonstruieren. Die Aufmerksamkeit wird auf die jugendliche Phase seines Gedankens gerichtet, denn der Ausgangspunkt ist, dass die theoretische Verwendung dieses

---

4 Hegel, Georg W.F., *Differenz des Fichte'schen und Schelling'schen System der Philosophie in Beziehung auf Reinhold's Beyträge zur leichtern Übersicht des Zustands der Philosophie zu Anfang des neunzehnten Jahrhunderts*, in: Pöggeler, Otto; Buchner, Hartmut (Hrsg.), *Gesammelte Werke*, Bd. 4, Hamburg 1968, S. 12.

Begriffs in den späteren Werken der Entwicklung eines Problems entspricht, das bereits in ersten Jenaer Schriften eine genaue systematische Erarbeitung aus der Rezeption der post-kantischen Debatte und der Kritik an die sogenannten *Reflexionsphilosophien* findet. Hier wird die These einer Aufwertung der Rolle des Verstandes in Hegels Erkenntnistheorie aufgestellt. In einem Fragment aus dem Jenaer Notizenbuch kann man lesen: „Die Vernunft ohne Verstand ist nichts, der Verstand doch etwas ohne Vernunft. Der Verstand kann nicht geschenkt werden".[5] Im Folgenden werde ich in zwei Schritten vorgehen: (1) Zunächst werde ich mich auf Hegels Auslegung des Verstandes und der Reflexion in der *Differenzschrift* konzentrieren; (2) davon ausgehend werde ich ein Licht auf die Figur des *Erkennens* in der Jenaer Logik von 1804/05 werfen, um den Prozess der Selbstbestimmung der Reflexion zu zeigen. Solche Passagen stellen eine gründliche Etappe Hegels systematischer Kehre nach einer neuen Gestalt des Denkens dar. Diese neue Gestalt beruht nämlich auf der Negationsidee und dem Verfahren der Umkehrung in den Gegensatz.[6]

2   Reflexion und Verstand in der *Differenzschrift*

In der *Differenzschrift* spielt die Reflexion eine so komplexe Rolle, dass es ungenügend wäre, sie ausschließlich auf das Paar Reflexion-Spekulation zurückzuführen.[7] Eine solche Rolle der Reflexion verknüpft sich mit einer neuen Idee des Absoluten, die Hegel im Gegensatz zu zwei Modellen erarbeitet: (a) gegen

---

5   Hegel, Georg W.F., *Jenaer Notizenbuch (1803–1806)*, in: Baum, Manfred; Meist, Kurt-Reiner (Hrsg.); unter Mitarbeit von Ebert, Theodor, Gesammelte Werke, Bd. 5, Hamburg 1998, S. 496.
6   Vgl. Henrich, Dieter, *Absoluter Geist und Logik des Endlichen*, in: Hegel-Studien, Beiheft 20 (1980), S. 103–118.
7   Jaeschke, Walter, *Äußerliche Reflexion und immanente Reflexion. Eine Skizze der systematischen Geschichte des Reflexionsbegriffs in Hegels Logik-Entwürfen*, in: Hegel-Studien, Bd. 13 (1978), S. 85–117, (S. 97). Über den Begriff der Reflexion bleiben die Studien von Dieter Henrich maßgebend: Henrich, Dieter, *Hegels Logik der Reflexion. Neue Fassung*, in: Hegel-Studien, Bd. 18 (1978), S. 203–324; ders., *Hegels Logik der Reflexion*, in: ders., *Hegel im Kontext*, Frankfurt a.M. 1971, S. 95–157. Über das Paar Reflexion-Spekulation s.: Düsing, Klaus, *Spekulation und Reflexion. Zur Zusammenarbeit Schellings und Hegels in Jena*, in: Hegel-Studien, Bd. 5 (1969), S. 95–128; ders., *Das Problem der Subjektivität in Hegels Logik. Systematische und entwicklungsgeschichtliche Untersuchungen zum Prinzip des Idealismus und zur Dialektik*, in: Hegel-Studien, Beiheft 15 (1976), S. 96–102; Dozzi, Giovanni, *La „riflessione" negli scritti jenesi di Hegel (1801–1805)*, in: Badaloni, Nicola (Hrsg.), *La storia della filosofia come sapere critico. Studi offerti a Mario Dal Pra*, Milano 1984, S. 429–445; Lugarini, Leo, *Substance et réflexion dans la Logique et Métaphysique hégéliénne d'Iéna*, in: Düsing, Klaus; Henrich, Dieter (Hrsg.), *Hegel in Jena. Die Entwicklung des Systems und die Zusammenarbeit mit Schelling*, in: Hegel-Studien, Beiheft 20 (1980), S. 139–156; ders., *Prospettive hegeliane*, Roma 1986, S. 35–54.

die Position, wofür das Absolute und das Endliche ganz und gar getrennt sind; (b) gegen eine falsche Vereinigung vom Absoluten und Endlichen, die eigentlich das Endliche dem Absoluten unterordnet. Der Begriff der Reflexion enthält einen doppelten – ontologischen und epistemologischen – Anspruch:

> inwiefern kann das Wesen des Endlichen in die Totalität einbezogen werden? Inwiefern kann das Endliche als Moment und Erscheinung des Lebens verstanden werden, ohne in jene Entzweiung zu fallen, die negiert und überwunden werden soll?[8]

Bereits in den Frankfurter Fragmenten assoziiert Hegel den Begriff der Reflexion mit der Konstruktion des falschen Endlichen. Das sogenannte *Systemfragment* zeigt, dass die Reflexion nur unter der Bedingung einer Trennung zwischen Teil und Einheit, Besonderheit und Allgemeinheit, Differenz und Identität in der Lage ist, die Wirklichkeit des Lebens zu begreifen. Die Reflexion *setzt* das Leben, aber damit *zersplittert* sie zugleich das lebendige Ganze. Eine solche Zersplitterung kann in zwei Richtungen verlaufen: Entweder setzt sie die unendlichen Äußerungen des Lebens voraus, die dann der Verstand „als feste Punkte, als Individuen fixiert";[9] oder sie setzt ein Lebendiges voraus, „und zwar uns die betrachtenden, so ist das außer unserem beschränkten Leben gesetzte Leben ein unendliches Leben von unendlicher Mannigfaltigkeit, unendlicher Entgegensetzung, unendlicher Beziehung".[10] Allein das denkende Leben, d.h. die Vernunft, die sich vom Verstande (und von der Reflexion) unterscheidet, kann den Widerspruch zwischen sich selbst und dem gesetzten Leben anerkennen und aufheben. In dieser Phase des hegelschen Gedankens nimmt die Vernunft im Vergleich zum Verstande eine höhere Erkenntnisfunktion an, obwohl sie zu einer Vereinigung führt, die sich nur in der Religion verwirklicht.

Während in den Frankfurter Fragmenten die Reflexion mit dem Verstande eng verbunden ist, so dass sich die Tätigkeit der Ersten von jener des Anderen nicht unterscheidet, erwirbt das Zusammenstellen von Reflexion und Verstand in der Jenaer Zeit eine unterschiedliche theoretische Beschaffenheit. Die *Differenzschrift* geht nämlich vom Kampf zwischen Verstand und Vernunft um die Wiederherstellung der Totalität aus. In seinem Versuch, das Absolute

---

8   Ruggiu, Luigi, *Logica, metafisica, politica. Hegel a Jena*, Milano-Udine 2009, Bd. 1, S. 298 (meine Übersetzung).
9   Hegel, Georg W.F., *Frühe Schriften II*, in: Jaeschke, Walter (Hrsg.); bearbeitet von Nicolin, Friedhelm; Rill, Ingo; Kriegel, Peter, *Gesammelte Werke*, Bd. 2, Hamburg 2014, Text 63, S. 342.
10 Ebd.

zu fassen, nimmt der Verstand ein vernünftiges Aussehen an, er „ahmt die Vernunft im absoluten Setzen nach"[11]. Dieser Anspruch mündet aber in eine unendliche Aufgabe:

> Der Eigensinn des Verstands vermag die Entgegensetzung des Bestimmten und Unbestimmten, der Endlichkeit und der aufgegebene Unendlichkeit unvereinigt neben einander bestehen zu lassen; und das Sein gegen das ihm ebenso notwendige Nichtsein festzuhalten. Weil sein Wesen auf durchgängige Bestimmung geht, sein bestimmtes aber unmittelbar durch ein Unbestimmtes begrenzt ist, so erfüllt sein Setzen und Bestimmen nie die Aufgabe, im geschehen Setzen und Bestimmten selbst liegt ein Nichtsetzen und ein Unbestimmtes, also immer wieder die Aufgabe selbst, zu setzen und zu bestimmen.[12]

Die Trennung vom Endlichen und Unendlichen, die eine Unterordnung des Ersten unter das Andere mitbringt, führt aber nicht zu einer Vernichtung des Endlichen, sondern zu seiner *Verdinglichung*. In diesem Sinne bezeichnet Hegel den Verstand als „die Kraft des Beschränkens"[13]: seine Erkenntnistätigkeit beschäftigt sich mit der *Grenze* zwischen Endlichem und Unendlichem, Bestimmtem und Unbestimmtem. Aus der Annahme, dass das Unbestimmte die Voraussetzung des Bestimmten ist, folgt jedoch die Notwendigkeit, ein anderes Unbestimmte zu setzen, das wiederum bestimmt werden soll. Der verständige Anspruch, das Endliche vom Verständnis des Absoluten zu entfernen, soll notwendigerweise dem Wiederauftreten dieses Endlichen zustoßen. Das Schicksal des vom Verstand gesetzten Absoluten besteht darin, sich selbst endlich zu werden, insofern ein solches Absolutes vom Endlichen abstrahiert, welches jedoch als unfassbare Andersheit noch *außer* ihm, *neben* ihm besteht.

In diesem Kontext werden die verschiedenen Bedeutungen vom Begriff der Reflexion thematisiert. Hegel führt einen wesentlichen Unterschied zwischen der „isolierte[n] Reflexion" oder der „bloße[n] Reflexion" als „das Vermögen des Seins und der Beschränkung" und der „philosophische[n] Reflexion" oder der „Reflexion als Vernunft"[14] ein. Während die erste sich beschränkt, die Bestimmungen gegeneinander zu setzen, ist die zweite in der Lage, mit der transzendentalen Anschauung synthetisiert zu werden. Anders gesagt: die isolierte Reflexion beharrt auf der Entzweiung, dagegen nimmt die philosophische

---

11   Ebd., S. 13.
12   Ebd., S. 17.
13   Ebd., S. 12.
14   Ebd., S. 16.

Reflexion am Prozess teil dadurch, dass die Bestimmungen in ihrer Einseitigkeit vernichtet werden. Die philosophische Reflexion wird also zum Instrument des spekulativen Wissens, sie macht nämlich ein *Medium* zwischen Verstand und Vernunft, Abstraktion und Spekulation aus. Dazu muss man anmerken, dass dieser Unterschied im Begriff der Reflexion zum ersten Mal im Fragment *Die Idee des absoluten Wesens* gezeigt wurde, das zur Vorlesungen über *Introductio in Philosophiam* von 1801–1802 gehört. Hier beschreibt Hegel die „schlechte Reflexion" als „das Bestehen" in der Antinomie;[15] dagegen hebt „die absolute Reflexion" als Instrument des absoluten Wissens die Antinomie auf.[16] Wie auch vom Schluss dieses Fragments bestätigt, erwirbt diese zweite Art von Reflexion eine spekulative Physionomie, weil sie den Gegensatz nicht flieht, sondern in den Gegensatz geht, um diesen zu überwinden: „das absolute Erkennen ist eben diese Reflexion welche in den Gegensatz auseinandergeht, aber ihn zurücknimmt, und absolut vernichtet. Ohne Gehen in den Gegensatz ist seine Aufhebung nicht möglich".[17]

Da die hegelsche Ausarbeitung des Systems in der Jenaer Zeit eine Klärung des Begriffs der Reflexion mitbringt, scheint sie auch von der Auseinandersetzung mit der Philosophie seines Freundes Schelling zu profitieren, mit dem Hegel die Einsicht in die Notwendigkeit einer Vernichtung des intellektuellen Wissens teilt. Die klassische Studie von Klaus Düsing hat nun gezeigt, dass Hegel bei der Veränderung der philosophischen Terminologie seines Freundes eine wichtige Rolle gespielt hat.[18] Wenn man die verschiedenen Auflagen des Werkes *Idee zu einer Philosophie der Natur* (1779–1803) vergleicht, kann man eine entscheidende Überarbeitung der Bedeutung vom Paar Reflexion-Spekulation sehen: Während Schelling in der ersten Auflage den Begriff der

---

15   Im *Jenaer Notizenbuch* bezeichnet Hegel die schlechte Reflexion als „die Furcht, sich in die *Sache* zu vertiefen, immer über sie hinaus und in sich zurückkehren. [...] Nicht nur die Einsicht in die Abhängigkeit des Einzelnen vom Ganzen ist allein das Wesentliche, eben so, dass jedes Moment selbst, unabhängig vom Ganzen, das Ganze ist, und dies ist das Vertiefen in die Sache". (*Jenaer Notizenbuch*, S. 498).

16   Hegel, Georg W.F., *Die Idee des absoluten Wesens*, in: *Gesammelte Werke*, Bd. 5, S. 264–265. Dieser Unterschied im Begriff der Reflexion wurde von Jaeschke so interpretiert: „Die absolute Reflexion in diesem spezifischen Verstande bildet das Organon der Logik,– und deshalb ist diese nicht bloß ein von der isolierenden Reflexion beherrschter Vorhof zur Wissenschaft, sondern selbst Wissenschaft der Idee des Absoluten. Die Thematisierung der Formen der Endlichkeit im Rahmen der Logik bleibt stets in der Einheit der Reflexion als der umfassenden Bewegung der Entzweiung und ihrer Aufhebung gehalten; die schlechte Reflexion ist dagegen im Hegelschen Sinn vorwissenschaftlich". (Jaeschke, Walter, *Äußerliche Reflexion und immanente Reflexion*, S. 101).

17   *Die Idee des absoluten Wesens*, S. 265.

18   Vgl. Düsing, Klaus, *Spekulation und Reflexion*.

Spekulation als abstraktes Verstandesdenken versteht, nimmt er in der zweiten Auflage den hegelschen Begriff von Spekulation als vernünftigen Standpunkt an, auf den das Identitätssystem sich stützt. Allerdings bleibt ein Abstand zu Hegel: Schelling übernimmt zwar den negativen Charakter des Aufhebens, „lässt jedoch, entgegen der Intention Hegels, die Möglichkeit offen, dass die Aufhebung der Entzweiung der Reflexionsphilosophie nicht zusammenfällt mit dem Hervorgehen der Philosophie in ihrer ‚absoluten Gestalt'".[19]

Um den Zusammenhang zwischen Reflexion und Spekulation in Hegels *Differenzschrift* begreifen zu können, bleibt es noch zu erklären, inwiefern der Übergang zum spekulativen Wissen sich verwirklicht, d.h. inwiefern die Reflexion zum Instrument der Philosophie wird. Hegels Argument geht von der Annahme aus, dass die Negation des reflexiven Wissens nicht als eine bloße Vernichtung betrachtet werden kann, als ob es ein Fehler wäre, sondern sie soll als eine immanente Entwicklung vom endlichen Standpunkt verstanden werden. In der Tat verrät die scheinbare Unmöglichkeit für die Reflexion, über die Antinomie hinauszugehen, ihre Konvergenz mit der Vernunft: Die Reflexion „besteht, wie Alles, nur im Absoluten, aber als Reflexion ist sie ihm entgegengesetzt; um also zu bestehen, muss sie sich das Gesetz der Selbstzerstörung geben".[20] Da das falsche Endliche das Ergebnis eines historischen Prozesses darstellt, können der Verstand und die Reflexion, die diesem Prozess zugrunde liegen, nicht bloß vernichtet werden, sondern sie benötigen eine systematische Umdeutung. Mit anderen Worten soll eine Kritik am intellektuellen Wissen durch seine immanente Betrachtung geübt werden: Ein solches Wissen soll in seiner eigenen Unzulänglichkeit, nicht in äußeren Ansprüchen, die Notwendigkeit jener negativen Bewegung finden, die vermag, sich selbst aufzuheben. Die Bewegung der Selbstvernichtung, durch welche die Reflexion in sich selbst einen vernünftigen Kern anerkennt, enthüllt den Widerspruch, der in ihr liegt. Insofern nur eine Seite der Entgegensetzung fixiert wird, wird auch die andere Seite vorausgesetzt; es ist nämlich unmöglich, nur eine Seite der Entgegensetzung zu betrachten, ohne auch die andere zu implizieren. Das Gesetz der Selbstzerstörung zeigt, dass sich kein ontologischer Abstand zwischen

---

19 Ebd., S. 106. Dagegen spielt die Reflexion im *Identitätssystem* „für die Erkenntnis des Absoluten keine konstitutive Funktion. Ihr Dreischritt von These, Antithese und Synthese ist nur das Abbild der wahren Methode. Diese bestimmt er als spekulative *Konstruktion* durch intellektuelle Anschauung". Vgl. Düsing, Klaus, *Idealistische Substanzmetaphysik. Probleme der Systementwicklung bei Schelling und Hegel in Jena*, in: Henrich, Dieter; Düsing, Klaus (Hrsg.), *Hegel in Jena. Die Entwicklung des Systems und die Zusammenarbeit mit Schelling*, in: Hegel-Studien, Beiheft 20 (1980), S. 25–44 (S. 33f.).
20 *Differenzschrift*, S. 18.

Reflexion und Spekulation ergibt, als ob wir es mit unterschiedlichen Inhalten zu tun hätten; vielmehr ist der Inhalt derselbe, obgleich er sich in unterschiedlichen Erkenntnisgestalten äußert.[21] In ihrer spekulativen Aufgabe wird die Reflexion in der *Differenzschrift* als ein Prozess bezeichnet, in dem die Reflexivität ihre eigene Unzulänglichkeit zeigt, verschiedene subjektive und endliche Ansichten in einer systematischen und vollkommenen Philosophie zu vermitteln. Innerhalb dieser systematischen Philosophie wird jedes Element nur in Bezug auf das andere von sich selbst betrachtet, besteht jeder Teil des Ganzen nur in der Beziehung mit den Anderen: das Absolute benötigt also die Totalität der Beziehungen.

Aber welche Rolle spielt in diesem Kontext die Anschauung, die von der Reflexion als Vervollständigung ihres negativen Wissens[22] postuliert wird? Es ist sehr wahrscheinlich, dass Hegel von Schellings *Darstellung meines Systems der Philosophie* den Begriff der intellektuellen Anschauung entlehnt hat. Im Vergleich zu Schelling qualifiziert aber Hegel die Anschauung nicht als „intellektuell", sondern als „transzendental" und „meint damit die Vereinigung der Anschauung des Absoluten mit den Bestimmungen der Reflexion und die Entfaltung des Inhalts der Anschauung im System des Wissens".[23] Es handelt sich um keine terminologische, sondern um eine inhaltliche Variation, welche der Anschauung im System des Wissens eine zusätzliche Funktion zuschreibt. Diese Betrachtung erfordert eine Erklärung der hegelschen Verwendung des Terminus ‚Postulat' im Vergleich zu Schelling: Während das Postulat bei Schelling eine positive Rolle spielt, insofern es den unbeweisbaren Höhepunkt der transzendentalen Philosophie ausmacht, hat das Postulat in der *Differenzschrift* eine negative Bedeutung, weil es ein Wissen vervollständigt, das bereits vorhanden ist und das von der empirischen Anschauung und den Bestimmungen der Reflexion ausgeht. Hegel behauptet, die Aufgabe des Postulats bestehe darin, nicht etwas zu setzen, sondern ein Wissen zu bewahren, das aus der Reflexion und der empirischen Anschauung stammt. So wird die transzendentale Anschauung von der Reflexion postuliert, wenn die Reflexion sich als unfähig versteht, das Absolute zu fassen. Einerseits

---

21 Ruggiu, Luigi, *Logica, metafisica, politica*, S. 379.
22 Ein ähnlicher Bezug auf die Reflexion als negative Seite des Wissens findet sich auch im *Skeptizismusaufsatz*. Der Skeptizismus von Platos *Parmenides* „macht nicht ein besonderes Ding von einem System aus, sondern er ist selbst die negative Seite der Erkenntnis des Absoluten, und setzt unmittelbar die Vernunft als die positive Seite voraus". (Hegel, Georg W.F., *Das Verhältnis des Skeptizismus zur Philosophie*, in: *Gesammelte Werke*, Bd. 4, S. 207).
23 Fujita, Masakatsu, *Philosophie und Religion beim jungen Hegel. Unter besonderer Berücksichtigung seiner Auseinandersetzung mit Schelling*, Bonn 1985, S. 166.

wird die transzendentale Anschauung als die notwendige Vervollständigung des Erkennens des Absoluten bezeichnet, insofern die Reflexion sich beschränkt, das Empirische zu vernichten und im Widerspruch zu bleiben; andererseits wendet sich die Anschauung auf die Reflexion zurück, weil sie ohne die Synthese der Reflexion „empirisch, gegeben, bewusstlos" ist: „das transzendentale Wissen" – schließt Hegel – „vereinigt beides, Reflexion und Anschauung; es ist Begriff und Sein zugleich. Dadurch, dass die Anschauung transzendental *wird*, tritt die Identität des Subjektiven und Objektiven, welche in der empirischen Anschauung getrennt sind, ins Bewusstsein".[24] Die Anschauung *wird* transzendental, sie geht nämlich von einem Prozess aus, der die Reflexion als das notwendige Korrelat des transzendentalen Wissens voraussetzt.

In der *Differenzschrift* wirft aber das Paar Reflexion und Spekulation ein relevantes Interpretationsproblem auf: Wem gehört der spekulative Standpunkt? Einerseits soll die Reflexion mit der Anschauung synthetisiert werden, um das spekulative Wissen erreichen zu können; anderseits benötigt aber die Anschauung die reflexive Vermittlung, damit sie einen konkreten Inhalt erhalten kann. Die Reflexion wird zum spekulativen Wissen, wenn sie auf ihre eigene Einseitigkeit und Abstraktheit verzichtet und ihren Anspruch auf Gültigkeit verlässt, indem sie sich selbst als vernünftig anerkennt. Einer solchen negativen Bewegung gehört aber noch eine epistemologische Undurchsichtigkeit, insofern die Reflexion nur durch einen äußeren Prozess sich selbst überwindet, d.h. durch den unendlichen Regress. Daraus folgt die Notwendigkeit für die Reflexion, die Anschauung als ihre Vervollständigung zu postulieren. Zwar sind die Reflexion als Vernunft und die transzendentale Anschauung in demselben Erkenntnisbereich so tätig, dass sie in verschiedenen Passagen der *Differenzschrift* fast übereinstimmen; jedoch enthüllt die Anwesenheit der Anschauung noch die Äußerlichkeit der negativen Bewegung der Selbstzerstörung: wenn der Erkenntnisprozess der Reflexion wirklich *immanent* wäre, sollte er keine Vervollständigung im Anderen voraussetzen. Dieser erste Versuch von Hegel, die immanente Bewegung der Reflexion zu bestimmen, kündigt jenen komplexen Prozess der Jenaer Logik von 1804–05 an, durch den die Reflexion sich selbst beschreibt.

---

24   *Differenzschrift*, S. 27–28 (meine Hervorhebung).

3   Das Erkennen: „Die Reflexion beschreibt sich selbst"

In der *Differenzschrift* hatte Hegel „das wahrhaft schöne Band" darin, „welches sich selbst und die Verbundenen eins macht",[25] nämlich ein Band, in dem sich jedes Glied mit dem Mittleren identifiziert. Diese Einheitsidee ist in der ganzen dialektischen Bewegung der Reflexion in der Jenaer Logik eingeschlossen,[26] wie Hegel in den einleitenden Sätzen der *Metaphysik* erklärt:

> [D]ie Logik begann mit der Einheit selbst, als dem sich selbstgleichen. Sie rechtfertigte sich [nicht] darüber; was hier erst geschieht; indem das Ansich hier sich setzt, als eine sichselbstgleichheit, in welchem alle Momente vertilgt sind, das von dieser Vertilgung herkommt. Jene anfangende Einheit ist Resultat, aber dass sie Resultat ist, dies war an ihr gar nicht ausgesprochen; sie war ein subjektives Resultat, von welchem zu vermuten stand, dass ihm viel müsse vorangegangen sein, um mit ihm anzufangen. Hier in der absoluten Rückkehr zu sich ist sie als dieses Resultat.[27]

Die Einheit, die „sich selbst und die Verbundenen" zusammenhält, wird am Anfang der Logik als Voraussetzung angenommen, als bloß subjektives Ergebnis, „von welchem zu vermuten stand, dass ihm viel müsse vorangegangen sein, um mit ihm anzufangen". Wenn man in der Jenaer Logik den Weg der Reflexion zurückverfolgt, kann man in jedem Teil Spuren vom „wahrhaft schöne(n) Band", vom „in sich zurückgekommenen Verhältnis"[28] erkennen. Der Weg

---

25   Ebd., S. 65.
26   Für eine ausführliche Analyse der Jenaer Logik und Metaphysik vgl. Goretzki, Catia, *Die Selbstbewegung des Begriffs. Stufen der Realisierung der spekulativen Metaphysik Hegels in den Jahren 1801-1804/05*, Hamburg 2011.
27   Hegel, Georg W.F., *Logik, Metaphysik, Naturphilosophie* (fortan: *Logik*), in: Horstmann, Rolf-Peter; Trede, Johann Heinrich (Hrsg.), *Gesammelte Werke*, Bd. 7, Hamburg 1971, S. 1–338 (S. 129).
28   Chiereghin erkennt eine Ähnlichkeit zwischen dem letzten Abschnitt der Jenaer Logik über die *Proportion* und dem *Timeo* von Plato: „,Proportion' bedeutet nämlich ,Analogie' und das ergibt sich nicht nur als Beständigkeit eines Verhältnisses zwischen unterschiedlichen Elementen, sondern als ein so konzipiertes Verhältnis, dass sich das Mittlere mit dem Ersten oder dem Letzten austauschen kann, so dass alle Elemente eins werden. Das ist offensichtlich die Verwirklichung des δεσῶν δὲ κάλλιστος, des ,wahrhaft schöne[n] Bands' des *Timaios*, von Hegel als die beste Bestimmung der Struktur des Absoluten und daher als natürlicher Übergangspunkt von der Logik der Verhältnisse zur Logik der Totalität, die die Metaphysik als Wissenschaft regiert, übernommen". (Vgl. Chiereghin, Franco, *Dialettica dell'assoluto e ontologia della soggettività: dall'ideale giovanile alla Fenomenologia*, Padova 1980, S. 187, meine Übersetzung).

der Reflexion hat die diesen subjektiven Einstieg kennzeichnende Abstraktheit durch die Zerstörung der eigenen Endgestaltungen aufgebraucht, folglich ist es möglich auf dieser Ebene des dialektischen Diskurses, „im absoluten in sich Zurückkommen", diesen Einstieg als Ergebnis aufzunehmen, das heißt als authentische Gleichheit zu sich selbst.

In den Seiten über das *Erkennen*,[29] bzw. im letzten Absatz des Abschnitts über die *Proportion*, der eine Analyse der Vorgehensweisen und die Methode der Reflexion (eine Art von Kantischer Methodenlehre) darstellt, führt Hegel keine neue Figur ein, sondern stellt den aktuellen Stand der Dinge fest und stellt die bisher erreichten Ergebnisse dar. Das ist eine sehr wichtige Passage der *Reinschrift*, weil es als Bindeglied zwischen der Logik und der Metaphysik dient, und daher alle Hauptkerne der Jenaer Spekulation Hegels enthält. Das *Erkennen* bzw. die letzte Figur der Jenaer Logik stellt den höchsten Versuch aus der Reflexionsseite dar, sich die Unendlichkeit, den absoluten Widerspruch zu denken. Es geht um die letzte Anstrengung des *Verstandes*, die Vernunft nachzuahmen, bevor er dem Gesetz der Selbstzerstörung folgt.[30] Anscheinend geht dieser Prozess mit der Einschränkung der Funktion „unserer Reflexion" einher, die nun neigt, mit dem dialektischen Vorangehen der logischen Kategorien zu übereinstimmen:

> Es war bisher ein Moment unserer Betrachtungsart, jedes Resultat, oder jede Bestimmtheit überhaupt zunächst als etwas positives zu nehmen, und sie dann aufzuheben; jenes positive nehmen, galt als eine Seite,

---

29 Über das Erkennen in der Jenaer Zeit vgl. Richli, Urs, *Die Bewegung des Erkennens in Hegels Jenaer Logik und Metaphysik*, Philosophisches Jahrbuch, 85 (1978), S. 71–86; Hoffmann, Thomas S., *Der Begriff des Erkennens beim Jenenser Hegel und die Überwindung der Gnoseologie*, in Hoffmann, Thomas S., Ungler, Franz (Hrsg.), *Aufhebung der Transzendentalphilosophie? Systematische Beiträge zu Würdigung, Fortentwicklung und Kritik des transzendentalen Ansatzes zwischen Kant und Hegel*, Würzburg 1994, S. 95–123.

30 Giuspoli interpretiert die Entwicklung der hegelschen Logik als „eine mühsame, fortlaufende, und vollständige Umsetzungsarbeit der Funktionen des *Verstandes* und der *Vernunft*, im systematischen Rahmen der generativen Prozesse jeder Form von logischer Vermittlung". Also wäre es nach Hegel eine ungeeignete Deutung, die Verstandserkenntnis vom Bereich des Wahres zu unterscheiden, weil dies im Gegenteil „eine Art von *Intellektualisierung der Vernunft* gewirkt hätte, die die Funktionen des Verstandes als nötigen, wertvollen Moment von Inhaltsbestimmung theoretisiert, und ‚die Tiefe des Unterschieds begreifen lässt'. Gleichfalls schlägt Hegel eine *Rationalisierung des Verstandes* vor, um eine *subjektive Machtlosigkeit des Vernunft* zu überwinden, und zwar den Mangel an Energie, der das Wissen schwächt und nicht erlaubt, den einheitlichen Sinn durch das übliche, klassische Verwenden bestimmten Unterschiede zu verstehen". (Giuspoli, Paolo, *Idealismo e concretezza. Il paradigma epistemico hegeliano*, Milano 2013, S. 34, meine Übersetzung).

wodurch über die Bestimmtheit noch nichts entschieden wurde; es war überhaupt ein Gedanke, ein uns angehöriges. Dies positive ist hier im Erkennen für sich gesetzt, und die Bestimmtheit nach ihren beiden Seiten rückwärts, von der sie Resultat war, und vorwärts, von der sie zu anderem überging, ist abgeschnitten.[31]

Wenn bisher „das *Übergehen* des Begriffs in sein Anderswesen […] *unsere Reflexion*" war und die dialektische Bewegung „die Forderung des für sich sein, die sich nicht realisieren konnte" ausdrückte, so beschreibt hier *„die Reflexion sich selbst"*.[32] Hegel will anzeigen, dass die dialektische Bewegung den Bestimmungen bisher fremd gewesen ist, denn ihr Inhalt „war nicht ein solches, der sich so in sein Anderswesen […], sondern ein totes dessen Bewegung außer ihm war".[33] Im Gegensatz zu vorherigen Figuren hat das *Erkennen* mit unentwickelten Gegensätzlichkeiten nichts zu tun, nämlich bewegt es sich nicht aus „dem Standpunkt der Gegensätze, die zusammengestellt werden sollen, sondern umgekehrt aus dem Standpunkt des *Gleichen*, aus dem die Gegensätze entspringen"[34].

Wenn man das Profil des *Erkennens* darlegt, dann sollte man die Doppelebene des hegelschen Diskurses berücksichtigen und untersuchen, ob und inwieweit es zu einer Übereinstimmung zwischen der spekulativen Betrachtung („unserer Reflexion") und der Selbstbewegung des logischen Inhalts kommt. Die konstitutive Doppeldeutigkeit des *Erkennens* profiliert sich schon mit der darlegenden Aufgliederung in zwei Paragraphen: Der erste vermerkt den Versuch der Reflexion, den Widerspruch immanent zu denken; der zweite stellt stattdessen die Unangemessenheit des *Erkennens* dar, und also das Bedürfnis, davon abzugehen und es in der Metaphysik zu überwinden. In den Vorlesungsfragmenten von 1801–1802 erkannte Hegel den höchsten Punkt, den die Logik beim Entfernen der intellektuellen Formen durch die Vernunft erreichen kann, dank dessen man die „spekulative Bedeutung der Schlüsse" analysieren und „die Fundamente eines wissenschaftlichen Erkennens aufzeigen"[35] könnte. Anders als in diesen Vorlesungsfragmenten, in denen es nicht sehr klar ist, wie sich das „Aufheben dieses endlichen Erkennens durch die Vernunft" vollziehen sollte, thematisiert der letzte Abschnitt der *Reinschrift* genau

---

31   *Logik*, S. 128.
32   Ebd., S. 111–112.
33   Ebd.
34   Biasutti, Franco, *La proporzione*, in: Chiereghin, Franco (Hrsg.), *Logica e metafisica di Jena (1804/05)*, Trento 1982, S. 384–428 (S. 391) (meine Übersetzung).
35   *Dass die Philosophie*, in: *Gesammelte Werke*, Bd. 5, S. 273.

diese Passage. Jetzt soll eine sozusagen zweispurige Bewegung des *Erkennens* verfolgt werden, die einerseits seine Fähigkeit, höchster, dialektischer Punkt der Reflexion (und des Verstandes) sein zu können, und andererseits ihre Einschränkung, die sich als nur noch formelle Unendlichkeit ausdrückt, zeigt.

Das *Erkennen* ist zuallererst die Vereinigung seiner vorherigen Momente – *Definition* und *Einteilung* – in der Form vom *Beweis*, dessen Resultat ist, „dass das gleichgültige Verhältnis des Ganzen und der Teile, zugleich ein differentes Verhältnis der Momente ist; der Beweis knüpft erst beides zusammen, er enthält den Grund, d.h. er deckt dasjenige auf, worin jenes gleichgültige die Teile, und dies differente Eins sind".[36] Weit entfernt davon, ein „Kollektiv" zu sein, in dem das Allgemeine außerhalb der Bestandteile, die für sich bestehen, fällt, verwirklicht das *Erkennen* das Allgemeine als „Grund", als Kreisförmigkeit: „diesen Schein des für sichseins der *getrennten <Teile> hebt* eben die Darstellung ihrer Beziehung *auf*, und STELLT das *Allgemeine* als *Beziehung*, als die *Definition* HER".[37] Im Vergleich zu den vorherigen Abschnitten wird es hier deutlicher, wie das besondere Merkmal, das die drei verschiedenen Momente des *Erkennens* zusammenhält, darin besteht, dass „die von denen identifizierte Bewegung zuallererst als eigene Triebkraft das verwendet, was schon im Weg der Reflexion aufgetaucht ist", so dass „auf dieser Ebene [...] die Begriffe sozusagen schon verflüssigt erscheinen".[38] Solch gegenseitiger Bezug der Momente der *Proportion*, der auch in der *Metaphysik* betont wird,[39] bringt zum Ausdruck das hegelsche Anliegen, dass die Bestimmungen nicht als Bestandteile einer unabhängigen Einheit betrachtet werden, weil, wenn es so wäre, sie selbst

---

36 *Logik*, S. 115. Hegel benutzt ein klassisches Beispiel aus der Geometrie, um diesen Begriff zu erklären: „Es wird im Beweise des Pythagoreischen Lehrsatzes gezeigt, dass ein halbes Quadrat eines Katheten, einem halben durch die Konstruktion entstandenen Rechtecke worin das Quadrat der Hypotenuse geteilt, einander als Gleich aufgezeigt [wird], indem beide einem dritten Dreiecke gleich sind. Alle diese Dreiecke gehören der Konstruktion an, der Teilung der mit den Quadraten ihrer Seiten gesetzten Figur; es eliminiert sich von ihnen dasjenige, was dem Dreiecke als Figur angehört, und es bleibt nur eine Gleichheit entgegengesetzter Momente". (Ebd.).

37 Ebd., S. 113.

38 Biasutti, Franco, *La proporzione*, S. 416 (meine Übersetzung).

39 „Der Beweis ist dieses Einteilen des Allgemeinen, oder sein Konstruieren, das nicht wie die Definition, in reine Bestimmtheiten, denen die Allgemeinheit als Punkt entgegengesetzt ist, sondern in Teile teilt, welche selbst die Natur des Ganzen an sich haben, und im Beweise dieses für sich sein derselben durch die Beziehung derselben aufeinander ergänzt, so dass sich das Allgemeine ebenso als ihre allgemeine Einheit, wie als ihre negative darstellt, und ebenso einzelnes als Allgemeines ist; jenes aber itzt in dem wahrhaften Sinne, negatives Eins in Beziehung auf die in ihm enthaltenen, entgegengesetzten Bestimmtheiten [zu sein]". (*Logik*, S. 166).

unabhängig und daher voneinander ununterscheidbar wären. Sondern sie werden betrachtet als Figuren eines einzigen organischen Prozesses, in dem sie bestimmt werden: „dieser Übergang aus dem gleichgültigen Verhältnisse zu dem differenten, und damit aus der positiven zu der negativen [Einheit], und aus den Teilen im Momente ist es was die Natur des Erkennens, und der realen Definition ausmacht".[40]

Obgleich das *Erkennen* den Höhepunkt des logischen Vorgehens darstellt, zeigt es aber noch eine Ungleichheit: „dass dem sich [in] allen Sphären gleichbleibenden Erkennen, als dem Übergehen aus dem Einzelnen in die Allgemeinheit, oder umgekehrt, die Verschiedenheit des Inhalts [...] gegenübersteht", deshalb ist „das was diesen Kreis der Reflexion durchgeht, der Inhalt, [...] nicht selbst dieser absolute Kreis, und der Inhalt und das Erkennen fallen auseinander".[41] Das Zerfallen des *Erkennens* und damit der ganzen *Logik* taucht in der Figur der *Deduktion* auf, in der aber die Unfähigkeit der Reflexion, die wahre Unendlichkeit zu denken, gleichzeitig Widerschein des Absoluten ist. Hier nimmt Hegel die Kritik am Formalismus des mathematischen Konstruktionsmodells wieder auf und unterstreicht, wie sich darin keine immanente Verbindung zwischen den Bestandteilen verwirklicht, sondern eine Nebeneinandersetzung der Momente:

> in dem mathematischen Erkennen ergibt sich am Ende wohl, dass diese Konstruktion für den Beweis notwendig ist, aber sie hat sich nicht durch sich selbst, sondern erst durch diesen als notwendig erwiesen; oder es wird wohl erkannt, das gleichgültige geht in das differente

---

40 Ebd., S. 115.
41 Ebd., S. 120. Die das *Erkennen* kennzeichnende Formalität wird von Varnier sehr gut dargestellt, als er bemerkt, dass „das *Erkennen* nichts kennt: das *für uns* ist das, was sich als eine Art von *Erkennen* kennt. Die Logik [...] kann prinzipiell auf ein äußerliches, erkennendes Subjekt nicht verzichten. Ein Subjekt, das in einer objektbezogenen Art die aufgelösten Kategorien nicht als an sich gleichen Prozess des Seins und die Schaffung der Wahrheit kennt, sondern als dem Allgemeinen ähnliche Strukturen, die eine Zusammenlegung von einer subjektiven Negativität brauchen [...]. Die Logik ist hier nur zum Punkt gekommen, in dem dieses Subjekt, *wenn* schon am Anfang zugegeben wurde, innerlich den Kategorien wäre (das gebildete, selbstbezogene Sein des Subjekts ist eins mit dem selbstzerstörerischen Prozess von Widerruf und Ersetzung der metaphysischen Begriffe, die ihm Substanz geben und das *Erkennen* erlauben). Dann könnte das Subjekt wahrscheinlich damit anfangen, eine explizite Selbsterkenntnis zu haben, als Entfaltung des ganzen Systems sich selbst zu beschreiben, und sich mit einer solchen Gewissheit auf sich selbst zu beziehen. Ansonsten würde sich die Kategorie des *Erkennens* in ihrer formellen Allgemeinheit nicht mehr als jede andere Kategorie erhalten". (vgl. Varnier, Giuseppe, *Ragione, negatività, autocoscienza*, Napoli 1990, S. 214, meine Übersetzung).

Verhältnis über, aber *dieser Übergang ist nicht selbst erkannt, es wird nicht begriffen*".[42]

Da die Konstruktion der Beweise „kein Begriff, kein Anders" ist, kann sie „das Übergehen" nicht verstehen, so bleibt nur die Unzufriedenheit, das *Übergehen* nicht verstanden zu haben. Die Reflexion und damit der Verstand sollen nur ihr Scheitern eingestehen, „das wahrhaft schöne Band" auszudrücken. Das bleibt unausgesprochen und nicht zu Ende gedacht,[43] weil immer noch ein Abstand zwischen der eigenen Reflexion über die logischen Inhalte und „unsere[r] Reflexion" bleibt. So erringt Hegel hier einen ersten Sieg über die Abstraktheit des intellektuellen Wissens, die er schon in seinen ersten Schriften kritisch angesprochen hatte.[44]

Zu diesem Punkt muss man sich Fragen über die systematische Gestaltung der *Reinschrift* stellen und abschätzen, ob sie im Grunde dem Aufbau der Vorlesungsfragmenten von 1801–1802 entspricht, oder ob sie, verglichen mit diesen Notizen, etwas Neues vorschlägt; das heißt, ob die Überwindung der endlichen Bestimmungen nur noch „eine negative Dialektik"[45] impliziert oder schon die Selbstbewegung des Begriffs darstellt, deren Entdeckung Hegel seiner eigenen Philosophie anrechnet. Der im Manuskript von 1804/05 beschriebene Weg der Reflexion lässt den *gründenden* Charakter der Logik als Einleitung zum

---

42 *Logik*, S. 117 (meine Hervorhebung).

43 „Der Übergang ist inzwischen das leere, die Forderung dass jene zu dieser werde; die Gleichheit beider überhaupt, das Zusammenschließen, aber es ist noch nicht das *Gleiche*, die Mitte derselben hervorgetreten". (Ebd., S. 118).

44 Wie von der *Differenzschrift* erfordert, verwirklicht sich in der Logik „die *Zerstörung* der Reflexion als Instrument des Verstandes, und dazu noch die *Selbstzerstörung* der Reflexion als nichts-machende Art Entfaltung der Vernunft; insgesamt verwirklicht sich die *Aufhebung* der Reflexion als solche. Ihre *Aufhebung* markiert die Besteigung des metaphysischen Erkennens, und zwar der spekulativen Philosophie *strictu sensu*". (Vgl. Lugarini, Leo, *Logica e metafisica nel pensiero jenense di Hegel*, in: Filosofia, Bd. 56 (1977), S. 175–192, (S. 187), meine Übersetzung).

45 Das ist die These von Jamme, der so schreibt: „die Methode der frühen Jenaer Logik ist eben die negative Dialektik, die Aufstellung von Antinomien als Vorbereitung der Metaphysik, der (positiven) Entfaltung des Absoluten; und hier war für Hegel der PLATONische Dialog eines der wichtigsten historischen Modelle. Die Wandlung dieser Dialektik-Konzeption in der späten Jenaer Zeit, die Herausbildung der Methode der ‚bestimmten Negation', d.h. eben des *positiven* Sinns des Widerspruchs und damit die Ineinssetzung von Logik und Metaphysik verändert dann auch konsequent das Bild Hegels von der Dialektik im *Parmenides*. M.a.W die PLATON-Rezeption Hegels spiegelt sehr genau die grundlegende Wandlung seiner Dialektik-Konzeption in der Jenaer Zeit, eben den Weg von einer ‚negativen' zur positiven Dialektik und zu einer spekulativen Logik". (Jamme, Christoph, *Plato, Hegel und der Mythos. Zu den Hintergründen eines Diktums aus der Vorrede zur «Phänomenologie des Geistes»*, in: Hegel-Studien, Bd. 15 (1980), S. 151–169 (S. 166).

Wissen deutlicher werden. Wie schon am Anfang erwähnt, erscheint der logische Anfang, „von welchem zu vermuten stand, dass ihm viel müsse vorangegangen sein, um mit ihm anzufangen", subjektiv und zufällig. Nur am Ende des Prozesses tritt der Anfang als Ergebnis, als Rückkehr zu sich selbst auf, nachdem er sich von immer konkreteren Gedankenverhältnissen bereichert hat. Als einzige Zugangsweise zum Absoluten ist also der Anfang nicht willkürlich, sondern erforderlich und gründend. Die Logik kann denn nicht so betrachtet werden als oberflächliche Erforschung der irreführenden Arten, mit denen der *Verstand* versucht, das Absolute auszudrücken, weil sich der Beweis des illusorischen Charakters des Erkennens sogar als *conditio sine qua non* zeigt, um in den von der Vernunft geleiteten Gedankenbereich einzutreten.[46] So gibt es zwischen der Logik und der Metaphysik eine immanente Verbindung,

> nicht nur im Sinne, dass das von der Logik entfaltete Reich der Endlichkeit nicht etwa unbedingt unabhängig ist, da es der Vernunft zufolge vorhanden ist. Sondern auch im Sinne, dass der Zugangsweg zur Metaphysik gefunden werden kann, nur wenn man durch die Arbeit des Negativen, das aus dem System der Formen der Endlichkeit besteht, durchgeht.[47]

In der *Differenzschrift* beschreibt die Bildung der Erscheinung des Absoluten den höchsten Punkt, den die Logik in ihrem Vernunftnachahmungsprozess erreichen kann.[48] Gleicherweise ist die Logik in den Vorlesungsfragmenten Propädeutik des spekulativen Wissens, da sie „in einem Widerschein immer das Bild des Absoluten vorhält"[49]. Der Widerschein des Absoluten findet sich auch im letzten Teil der *Reinschrift*, in dem die Logik untergeht und in dem *Erkennen* „die realisierte Unendlichkeit, die sich das verdoppelte Verhältnis auseinandergeworfen, und zu sich zurückgekehrt ist"[50], durchblicken lässt.

---

46 Wie Chiereghin anmerkt, „dieser Eingriff der Vernunft am Verstand ist höchstwichtig für die Geschichte der hegelschen Dialektik. Bis auf den Moment der Anfertigung der *Vorrede* zur *Phänomenologie* bedeutet das Wort *Dialektik* tatsächlich der Zerstörungsprozess der endlichen Bestimmungen und es bezeichnet nicht die methodische Erfindung Hegels, und zwar die Selbstbewegung der Begriffe" .(Chiereghin, Franco, *Introduzione*, in: ders. (Hrsg.), *Logica e metafisica di Jena 1804–1805*, S. 177–263 (S. 246) (meine Übersetzung).
47 Biasutti, Franco, *La proporzione*, S. 426 (meine Übersetzung).
48 Vgl. *Differenzschrift*, S. 16.
49 *Dass die Philosophie*, S. 273.
50 *Logik*, S. 124. Aus dem vorher analysierten Abschnitt vom *Gliederungsentwurf zur Metaphysik*, in dem Hegel „die Idee des Erkennens als das erste [Objekt] der Metaphysik" betrachtete, geht hervor, dass die Logik eine erforderliche Auffächerung der spekulativen Philosophie geworden ist (vgl. *Gliederungsentwurf zur Metaphysik*, in: *Gesammelte Werke*, Bd. 7, S. 341–342).

Man ist aber bereits im Bereich der Rationalität angekommen, wo „das Erkennen [...] nicht mehr Gegenstand der Logik [ist], *welche die Form bis zu ihrer absoluten Konkretion konstruierte*, sondern der *Metaphysik*, in welcher diese Totalität sich ebenso realisieren muss, wie bisher die Totalitäten, die sich als nur Momente der absoluten Totalität seiend, auswiesen"[51]. Die Logik ist Widerschein des Absoluten, da sie „die Form bis zu ihrer absoluten Konkretion" schafft und, obwohl sie die vollendete Totalität nicht ausdrücken kann, dennoch in der Lage ist, den Bedarf vom Überwinden der ihrer endlichen Gestaltung inhärenten Grenze zu generieren und die spekulative Richtung zu zeigen. Die Unzulänglichkeit der Auffächerung des *Gesamtsystems* wird nur überwunden sein, wenn das Absolute als das Endliche selbst in seinem Aufhebungsprozess betrachtet sein wird; das heißt, sobald der Weg der Reflexion mit dem phänomenologischen Weg des Bewusstseins ersetzt sein wird.

4 Schluss

Die Analyse hat gezeigt, wie das dialektische Einhergehen der Jenaer Logik nicht von außen, von „unserer Reflexion", sondern vom vernünftigen Wesen der einzelnen Figuren bewegt wird. Zwar tritt in der Trennung zwischen der Logik als Einleitung und der metaphysischen Darstellung noch eine Undurchsichtigkeit im hegelschen Versuch auf, das Absolute immanent zu denken.[52]

---

51   *Logik*, S. 125 (meine Hervorhebung).
52   Düsing bemerkt, wie hier Hegel „ein Modell systematischer und wissenschaftlicher Einleitung in die Philosophie des Absoluten aufstellt, das man durchaus als Alternative zur späteren *Phänomenologie des Geistes* von 1807 ansehen kann. Wie die *Phänomenologie* hat auch die frühe Logik die Überwindung des endlichen Subjekts und seiner endlichen Reflexion zum Ziel, aber nicht durch eine Aufhebung von verschiedenen Bewusstseinsgestalten und ihrer Weisen des Fürwahrhaltens in systematischer Abfolge, sondern durch systematische Setzung und Aufhebung von endlichen, der Reflexion immanente, logischen Bestimmungen" entwickelt. (Düsing, Klaus, *Das Problem der Subjektivität*, S. 92) Bezüglich der einleitenden Problematik behauptet Chiereghin, dass „sie nicht zufällig ist und in der Umgebung des Kerns des Systems spielt, ohne ein wesentliches Verhältnis damit zu haben. Im Gegenteil hat sie die Aufgabe, jede Form von Trennung und Entfremdung, die den Erfolg der Totalität in Schach halten will, zu identifizieren und zu vernichten, und also das Bedürfnis der Philosophie zu verursachen. In einem System muss sich nämlich sein fundierendes Bedürfnis vollständig ergeben, und da die Quelle des Bedürfnisses die Trennung ist, kommt der einleitende Prozess diesem Bedürfnis durch die Zerstörung der Trennung nach". Also, „je nach der systematischen Gestalt seiner Denkweise, findet Hegel jedes Mal passend, das Grundbedürfnis als eine Logik oder eine Phänomenologie oder eine Geschichte der Philosophie in ihren bedeutungsvollen Knoten (aufgrund der Trennung) darzustellen. Jedes Mal sind aber diese einleitenden Momente

Jedoch führt die *Reinschrift* in eingeschränkter Weise schon Inhalte vor, die in der späteren spekulativen Logik vorkommen werden. Wie Dieter Henrich verfochten hat, stellen solche Inhalte eine bedeutsame Neuigkeit in der Jenaer Systementwicklung dar, die auf eine Änderung der Begriffsform nach der Einführung der methodologischen Schlüsselbegriffe „Gegenteil seiner selbst" und „Anderssein" zurückführbar sind.[53] Aus dieser Betrachtung ergibt sich, dass die Logik in der Jenaer Zeit nicht als eine oberflächliche Untersuchung über die mangelhafte Modalität des Verstandes, das Absolute zu äußern, betrachtet werden kann. Der Beweis der Täuschung der Verstandeserkenntnis erweist sich als die notwendige Bedingung, um in den Bereich der Vernunft einzutreten. In diesem Sinne machen sowohl der Verstand als auch die Reflexion den Grundstein der hegelschen Erkenntnistheorie aus. Hinter der Selbstbewegung der Reflexion verbirgt sich der Prozess des *„Werdens des Verstandes zur Vernunft"*[54]. Wenn eine solche Ansicht angenommen wird, sollen Verstand und Vernunft also nicht als verschiedene Vermögen betrachtet werden, eher fallen sie zusammen, insofern der Verstand auf seine mangelhafte und einseitige Erkenntnismodalität verzichtet und in sich selbst die Unruhe der Andersheit anerkennt.

Der Übergang vom Verstand zur Vernunft besteht nicht darin, dass der Verstand in einer höchsten Synthese aufgehoben wird, eher handelt es sich darum, dass seine abstrakte Fähigkeit zur „verwundersamsten und größten, oder vielmehr der absoluten Macht"[55] wird, wie Hegel in der *Phänomenologie des Geistes* schreiben wird. Es geht nicht mehr um die Entgegensetzung zwischen „Herrschaft des Verstandes und Knechtschaft des Lebendigen"[56], sondern um einen Prozess, der „in dem einfachen Sich-seiner-selbst-bewusstwerden des sich seiner selbst nicht bewussten Verstandes"[57] besteht. Daher soll der in der *Differenzschrift* beschriebene Kampf zwischen Verstand und

---

       merkwürdig bestimmt, von der systematischen Totalität, zu der eigentlich einen Zugang gewährleisten sollten, unabhängig zu werden, und sich als selbstständige Totalität zu stellen. Das [...] ist selbstverständlich im spekulativen Charakter dieses Einleitens, das als Weg zur Wissenschaft schon selbst Wissenschaft ist". (Chiereghin, Franco, *Dialettica dell'assoluto*, S. 178–179, meine Übersetzung).

53   Henrich, Dieter, *Absoluter Geist und Logik des Endlichen*, S. 104.
54   Trede, Johann H., *Hegels frühe Logik (1801–1803/4). Versuch einer systematischen Rekonstruktion*, in: Hegel-Studien, Bd. 7 (1972), S. 123–168 (S. 132).
55   Hegel, Georg W.F., *Phänomenologie des Geistes*, in: *Gesammelte Werke*, Bd. 9, hrsg. von W. Bonsiepen, R. Heede, Hamburg 1980, S. 27.
56   *Differenzschrift*, S. 70.
57   Zimmerli, Walter C., *Die Frage nach der Philosophie. Interpretationen zu Hegels „Differenzschrift"*, in: Hegel-Studien, Beiheft 12 (1974), S. 74–75.

Vernunft als eine Entgegensetzung des Verstandes gegen sein eigenes mangelhaftes Selbstverständnis betrachtet werden. Verstand und Vernunft scheinen als Gegner nur auf der Ebene der Erscheinung des Absoluten, ihr Kampf ist nämlich der Kampf des Absoluten gegen seine eigene Erscheinung. So beginnt Hegel in der Jenaer Systementwicklung, die abstrakte und negative Macht des Verstandes nicht nur als die Ursache der Krankheit der Moderne, sondern auch als ihr *Pharmakon* zu betrachten. Zweifellos stellt dieses Verständnis der Rolle der Abstraktion im System des Wissens die erste Antwort Hegels auf das Problem seiner Epoche dar, das sich ihm in der Form der Entzweiung gezeigt hatte. Nur wenn das endliche Wissen eine grundlegende Position im System des Wissens erhält, erobert es das aus der Transzendenz zurück, was es in sie projiziert hat, und erkennt ein solches Wesen als sein eigenes Produkt an. Die Konzeption des Verstandes in der Jenaer Zeit drückt eine entscheidende Etappe der modernen Epistemologie aus, die Hegel selbst kritisiert und an deren Widerlegung mitgewirkt hat.

Von der christlichen Gemeinde zum System der Sittlichkeit
Eine Rekonstruktion des Hegelschen Begriffs der Gesinnung

Simone Farinella

1 Einleitung

Wenn wir Hegels politische Schriften in Betracht ziehen, können wir bemerken, dass das Verständnis der Rolle der *Besonderheit* im sittlichen Leben eines der wichtigsten theoretischen Probleme darstellt, mit dem der deutsche Philosoph sich im Lauf seines ganzen Lebens auseinandergesetzt hat.[1] Besonders interessant scheint es mir in dem Hegelschen Ansatz zu diesem Thema die fortschreitende Entwicklung des Begriffs der *Gesinnung*. Dies ermöglicht ihm, logisch und konkret über die Koexistenz und Interaktion von objektiver und subjektiver Freiheit in jedem sozio-politischen Akteur nachzudenken.[2] Nach den *Grundlinien der Philosophie des Rechts* folgt diese *sittliche* Handlungsweise,

---

[1] Zur Zentralität dieses Begriffs in Hegels politischem Denken vgl. Lukács, Georg, *Der junge Hegel: Über die Beziehung von Dialektik und Ökonomie*, Zürich/Wien 1948, wo Hegels tiefgründige Studie der politischen Ökonomie auch als ein Weg interpretiert wird, um die Entwicklung des modernen Individualismus – sowohl in einem ökonomischen als auch in einem praktischen Sinn – in der kapitalistischen Gesellschaft zu verstehen. Siehe auch: Marini, Giuliano, *Libertà soggettiva e libertà oggettiva nella "Filosofia del diritto" hegeliana*, Napoli 1990, wo der Autor sowohl die Unterschiede zwischen subjektiver und objektiver Freiheit, als auch ihre wechselseitige Interaktion im modernen Staat beleuchtet; Vieweg, Klaus, *Das Denken der Freiheit*, München 2012, wo Hegels Idee einer freien Staatsbürgerschaft mit der konkreten Verwirklichung der sozio-ökonomischen Freiheit der Individuen verknüpft wird; Fazioni, Nicolò, *Il problema della contingenza nella Logica e nella Filosofia del diritto di Hegel*, Milano 2015, wo die Hegelsche Konzeption der individuellen Freiheit aus logisch-politischer Sicht analysiert wird.

[2] Vgl. Kervegan, Jean-François, *Les conditions de la subjectivité politique. Incidences du concept hégélien de "Politische Gesinnung"*, in: Les Etudes Philosophique, No. 1 (Jan.-Mrz. 1988), S. 99–111; Siep, Ludwig, *„Gesinnung" und „Verfassung". Bemerkungen zu einem nicht nur Hegelschen Problem*, in: ders., *Praktische Philosophie im Deutschen Idealismus*, Frankfurt am Main 1992 S. 270–285; Won, Jun-Ho, *Hegels Begriff der politischen Gesinnung*, Würzburg 2002. Diese Autoren analysieren Hegels Theorie der *Gesinnung* in den *Grundlinien der Philosophie des Rechts*. Alternativ zu diesen grundlegenden Aufsätzen werde ich die unterschiedlichen von diesem Begriff angenommen Bedeutungen in Hegels politischen Schriften betrachten und die theoretische Entwicklung einer praktischen Kategorie zeigen, die in der *Philosophie des Rechts* seinen Endpunkt findet.

die in einem gewissem Sinn die praktische Auflösung des logischen Widerspruchs zwischen *Allgemeinheit* und *Besonderheit* in der *Einzelheit* ist,[3] aus der Integration und Rationalisierung von partikularen Interessen und Bedürfnissen in sozio-ökonomischen Organisationen, wie *Korporationen*, und politischen Institutionen, wie *regierende* und *gesetzgebende Macht*. Auf diese Weise entwickeln die Bürger (*citoyen*) eine *patriotische* und *politische Gesinnung*, durch die „sie den Staat als ihre Substanz wissen, weil er in ihren besonderen Sphären, deren Berechtigung und Autorität wie deren Wohlfahrt, erhält".[4] *Besonderheit* wird unter *Allgemeinheit* dank einer *top-down* Bewegung und einer *bottom-up* Dynamik subsumiert, die den *Einzelnen* dazu bringen, den Vorrang des Gemeinwohls vor ihren besonderen Zielen anzuerkennen.

Dieses logische und politische Schema, das Hegel in den *Grundlinien der Philosophie des Rechts* entwickelt hat, stellt den Endpunkt einer fast lebenslangen Reflexion dar, die in den *Jugendschriften* angefangen hat, wo die erste Theorie der *Gesinnung* mit politischen Konsequenzen ans Licht kam. Eine echt *patriotische Gesinnung*, die es jedem Bürger ermöglicht, gleichzeitig *bourgeois* und *citoyen* zu sein, folgt aus einer beeindruckenden Entwicklung eines Begriffs, der ursprünglich nicht mit *Besonderheit* – oder mit der subjektiven Freiheit – verbunden war. In unserer Analyse geht es darum, jene theoretischen Aporien zu verstehen, die Hegel dazu veranlasst haben, diese Konzeption der *Gesinnung* aufzugeben und das Einssein dieser zwei Begriffe zu denken. Deswegen werde ich nun mit einer kurzen Betrachtung der theologisch-politischen Grundlage dieser Theorie fortfahren und sowohl ihre Eigentümlichkeit als auch ihre strukturelle Fragilität betonen. Anschließend werde ich mich auf die *Jenaer Schriften* konzentrieren, denn diese Texte drücken die Verbindung

---

3 Vgl. WdL, 50–51: „In der Einzelheit ist jenes wahre Verhältniß, die Untrennbarkeit der *Begriffs-bestimmungen*, gesetzt; denn als Negation der Negation enthält sie den Gegensatz derselben und ihn zugleich in seinem Grunde und Einheit, das Zusammengegangensein einer jeden mit ihrer anderen." Der Abkürzung „WdL" entspricht *Wissenschaft der Logik. Zweiter Band. Die subjektive Logik* (1816), in *Gesammelte Werke*, XII, Hamburg 1981. Andere in diesem Aufsatz verwendete Abkürzungen sind: FS I = *Frühe Schriften I*, in *Gesammelte Werke*, I, Hamburg 1989; FS II = *Frühe Schriften II*, in *Gesammelte Werke*, II, Hamburg 2014; JSE III = *Jenaer Systementwürfe III. Naturphilosophie und Philosophie des Geistes. Vorlesungsmanuskripte zur Realphilosophie. 1805–1806*, in *Gesammelte Werke*, VII, Hamburg 1976; SdS: *System der Sittlichkeit*, in *Schriften und Entwürfe (1799–1808)*, in *Gesammelte Werke*, V, Hamburg 1998; NR: *Ueber die wissenschaftlichen Behandlungsarten des Naturrechts, seine Stelle in der praktischen Philosophie, und sein Verhältniß zu den positiven Rechtswissenschaften*, in *Kritische Schriften*, in *Gesammelte Werke*, IV, Hamburg 1968; PhR: *Grundlinien der Philosophie des Rechts*, in *Gesammelte Werke*, XIV, Hamburg 2009; Wa = *Vorlesung über die Philosophie des Rechtes. Nachschrift Peter Wannenmann*, in *Gesammelte Werke*, XIV, Hamburg 2013.

4 PhR, §289, 242.

zwischen *Gesinnung* und *Besonderheit* mit all ihren intrinsischen Problemen aus. Abschließend werde ich meine Aufmerksamkeit auf die *Grundlinien* richten, die uns helfen können, die Implikationen dieser praktischen Kategorie in Hegels späterem politischem Denken weiter zu verstehen.

2   Zwischen Moralität und Privatrecht: Hegels Theorie der Gesinnung in den Jugendschriften

Im *Leben Jesu* stellt Hegel eine originelle Theorie der christlichen Gemeinde vor, die auf dem Begriff der *Gesinnung* gegründet wird. Nach der Lehre Jesu – hier interpretiert als ein Modell der Kantischen Moralität – können die Menschen eine „gute Gesinnung"[5] entwickeln, wenn sie das Sittengesetz beachten.[6] Die Befolgung desselben bedeutet nicht, dass die *sinnliche* Natur des Menschen geopfert werden muss, sondern dass sie der reinen Pflicht entsprechen muss. Mit anderen Worten skizziert Hegel eine frei von Kants *Religionsphilosophie* inspirierte Morallehre, die zugleich den Ansprüchen der reinen Vernunft und der Sinnlichkeit genügt.[7] Die Beachtung dieses praktischen Prinzips findet ihren Grund in der Erfüllung des Gebotes der Liebe, die sowohl als bedingungslose Gottesliebe als auch als Nächstenliebe verstanden wird.[8] Dank der Beachtung dieses Grundsatzes findet die Versöhnung zwischen Mensch

---

5   FS I, 260.

6   Es ist bekannt, dass Kants *Religion innerhalb der Grenzen der bloßen Vernunft* dieses Hegelsche unveröffentlichte Werk tief beeinflusst hat. Zu diesem Thema vgl. Della Volpe, Galvano, *Hegel romantico e mistico*, Firenze 1928, S. 35–46; Harris, Henry Silton, *Hegel's Development. Toward the Sunlight 1770–1801*, Oxford 1971, S. 197–224; Peperzak, Adrian, *Le Jeune Hegel et la vision moral du monde*, La Haye 1960, S. 35–70; Pinkard, Terry, *Hegel. A Biography*, Cambridge 2000, S. 58–69. Zum Unterschied zwischen den Hegelschen und Kantischen Theorien der Moralität siehe Tassi, Adriano, *Hegel a Berna. Le premesse di un sistema*, Soveria Mannelli 2004, S. 123–129. In diesem Werk zeigt Tassi auch wie sich verschiedene theologische und philosophische Quellen – z.B. die mystischen, vorkritischen und postkantischen – im *Leben Jesu* nebeneinander integrieren.

7   In Übereinstimmung mit der Lehre Johannes des Täufers fordert Jesus von seinen Jüngern eine radikale Veränderung – eine *Sinnesänderung* – ihrer sinnlichen Natur (FS I: 208). Dies bedeutet nicht eine Opferung ihrer Triebe und Wünsche, sondern ihre Reinigung und ihr Einssein mit der reinen Vernunft. Nach diesem Gebot kann ein neuer Mensch auferstehen, wenn die kämpfenden Naturen, die den menschlichen Geist ausmachen, versöhnt und in eine harmonische Einheit gebracht werden.

8   Siehe FS I, 260: „Es ist Ein Gott, und diesen sollst du von ganzem Herzen lieben, und ihm deinen Willen, deine ganze Seele, alle deine Kräfte weihn, diß ist das erste Gebot; das zweite ist diesem an Verbindlichkeit ganz gleich, und lautet so: liebe jeden Menschen, als wenn er du selbst wäre; ein höheres Gebot gibt es nicht."

und Mensch und Mensch und Gott in der christlichen Gemeinde statt, die dann als eine „Gesellschaft der reinen Geister"[9] strukturiert wird. Diese wird durch eine gemeinsame *gute Gesinnung* zusammengehalten, die die organische Entwicklung der menschlichen Natur und die Versöhnung des Endlichen mit dem Unendlichen verwirklicht.[10] Die geistige Erneuerung, die sich aus der Lehre Jesu ergibt, betrifft nur einen kleinen Teil der jüdischen Nation, die hauptsächlich an den Gott Abrahams und die geltenden Gesetzen und Normen gebunden bleibt. Politisch gesehen bedeutet dies, dass die christliche Gemeinde eine Art von Staat im Staat ist, d.h. ein fremdes Element, das in einer sozio-politischen Organisation enthalten ist, die jeder Art von religiösem Wandel feindlich gegenübersteht.[11] Es ist bereits klar, dass der Gegensatz zwischen einem erneuten moralischen Leben und der zeitlichen Macht eines despotischen Klerus mit dem Tod Jesu am Kreuz dramatisch endet. Die von Jesus erträumte neue Gesellschaft von Menschen stellte eine Bedrohung für das jüdische Priestertum dar, das seine politischen Privilegien und seine Führung unter römischer Herrschaft erhalten wollte. Der Tod Jesu wurde nicht nur von einem Kontrast zwischen verschiedenen religiösen Ansichten, sondern auch von politischen Gründen bestimmt, denn die christliche Gemeinde verkörperte ein Gesellschaftsmodell, das den religiösen Gewohnheiten und der sozio-politischen Hierarchie, die im jüdischen Staat etabliert waren, völlig entgegengesetzt war.

Eine weitere Darlegung dieses theologisch-politischen Themas findet sich in den Frankfurter Manuskripten (von *Text 54* bis *Text 60*). Hier untersucht Hegel insbesondere den radikalen Gegensatz zwischen der Art von intersubjektiven Beziehungen, die in der christlichen Gemeinde und in dem jüdischen Staat unabhängig voneinander stattfinden. Christen, die das Gebot der Liebe erfüllen, das hier als Aufhebung der Kantischen Moralität zu verstehen ist,[12] sind

---

9   FS I, 260.
10   FS I, 270: „Mein Vater, sagte er, meine Stunde ist gekommen, die Stunde, den Geist, dessen Ursprung Deine Unendlichkeit ist, in seiner Würde zu zeigen, und heimzukehren zu Dir! [...] Vollkommenster, bewahre sie [Jesu Schüler], daß nur Liebe zum Guten das höchste Gesetz in ihnen sey, das sie beherrsche! So sind sie eins, so bleiben sie vereinigt mit Dir und mir"
11   FS I, 273: „Sie [Hohepriester] klagten Jesum also an, daß er das Volk verführe, es zur Gleichgültigkeit gegen die Staatsverfassung verleite, woraus zuletzt die Weigerung entstehen werde, dem Kaiser den Tribut zu bezahlen, und daß er sich für einen König ausgebe."
12   FS II, 155: „Liebe Gott über alles und deinen Nächsten als dich selbst, als ein Gebot anzusehen, welches Achtung für ein Gesetz fordert, das Liebe befiehlt [...] Und seine Bemerkung daß Liebe, oder in der Bedeutung die er dieser Liebe geben zu müssen meint, alle Pflichten gerne ausüben nicht geboten werden könne fällt von selbst hinweg; weil in der Liebe aller Gedanken von Pflichten wegfällt".

wahrhaft versöhnt mit ihrem Nächsten und mit der Quelle der ewigen Liebe (Gott). Nach dem *Text 63* verwirklicht die christliche Gemeinde „die Erhebung endlichen Lebens zum unendlichen Leben",[13] denn „zwischen Mensch und Gott, zwischen Geist und Geist ist diese Kluft der Objektivität nicht; einer ist dem andern nur einer und ein anderer darin, daß er ihn erkennt".[14] Die sogenannte „Gesinnung der Menschenliebe",[15] die die Versöhnung des Gemütes mit dem Gesetz, des Menschen mit seinem Nächsten und des endlichen Geistes mit dem unendlichen Geist ermöglicht, erhebt die Jünger Jesus „über das Gebiet des Rechts, der Gerechtigkeit, der Billigkeit", „über die ganze Sphäre des Eigenthums".[16] Was genau die Macht hat, diese lebendige Einheit zu partikularisieren (die Sphäre des Eigentums), wird nun von den ersten Christen beiseitegelegt. Ihre brüderliche Gemeinschaft von Gleichen hält sich völlig von den gegensätzlichen Dynamiken fern, die in der rechtlichen und politischen Sphäre stattfinden, die von der Entgegensetzung aller gegen alle beherrscht wird.[17] Das Beiseitelegen sowohl jener rechtlichen Beziehungen – die in der Lage sind, das, was die Liebe als eins gesetzt hat, zu teilen – als auch jener politischen Ordnung – die das Privatrecht garantiert, regelt und verteidigt – impliziert jedoch nicht ihre Aufhebung in eine weiterentwickelte Form von Gemeinschaft. Jesu Wunsch, das jüdische Volk radikal zu verändern, wurde

---

13   FS II, 343.
14   FS II, 267–268.
15   FS II, 160: „Jedes Gebot kan darum nur ein Sollen ausdrücken, weil es ein allgemeines ist, es kündigt dadurch sogleich seine Mangelhaftigkeit an, daß es kein Seyn aussagt; einem solchen Gebot: du sollst nicht tödten, setzt Jesus die Gesinnung der Menschenliebe entgegen, die nicht nur jenes Gebot seinem Inhalt überflüssig macht, sondern auch ein Gebot seiner Form nach, die Entgegensetzung desselben als eines gebietenden gegen ein widerstehendes aufhebt, jeden Gedanken von Aufopferung, Zerstöhrung oder Unterjochung des Gemüthes entfernt, sie ist zugleich von einer reicheren lebendigen Fülle, als das kalte Gebot der Vernunft."
16   FS II, 175.
17   Zu der zersplitterten Macht des Eigentums siehe auch den berühmten *Text 49*. Vgl. FS II, 92: „Da zwar die Vereinigung der Liebe vollständig ist, aber nur unter den Liebenden stattfindet, so sind sie ausser demselben noch einer mannichfaltigen Entgegensetzung, eines mannichfaltigen Erwerbs und Besizes von Eigenthum und Rechten fähig." Auch in den Frankfurter Manuskripte betrachtet Hegel das Eigentum und die daraus ableitbaren intersubjektiven Beziehungen als Bedrohung der lebendigen Einheit der christlichen Gemeinde: der Besitz von *toten Dingen* untergräbt die versöhnte Einheit des Lebens und reduziert die Christen auf bloß wechselseitig entgegengesetzte Individuen. In diesem Kontext ist die Erhaltung einer *Gesinnung der Menschenliebe* mit der Flucht aus jener Sphäre der gegenseitigen Opposition – des Staates – verbunden, die all jene Beziehungen garantiert, die unter die Kategorie des *Privatrechts* subsumiert werden können.

vom bedingungslosen Gehorsam des letzteren gegenüber den etablierten religiösen Praktiken[18] und von seiner blinden Konformität mit jenen intersubjektiven Beziehungen, die unter die Kategorie des *Privatrechts* subsumiert werden können, frustriert. Die fehlende Revolution der jüdischen Spiritualität – und damit einer ganzen sozio-politischen Ordnung – bestimmte die unversöhnliche Trennung Jesu und seiner Jünger vom Rest der Welt.[19] Die christliche Gemeinde stellte somit ein selbständiges Element innerhalb des jüdischen Staates dar, die ihr völlig entgegengesetzt war.[20] Die Koexistenz dieser getrennten *Termini* im demselben sozio-politischen Raum führte zu einer gewaltigen Reaktion des einen entgegengesetzten Extrems gegen das andere. Der jüdische Staat brachte die etablierte Harmonie innerhalb der christlichen Gemeinde zutiefst durcheinander, indem er den Tod Jesu am Kreuz herbeiführte. Für Hegel bestimmte dieses tragische Ereignis das *Schicksal des Christentums*, „daß Kirche und Staat, Gottesdienst und Leben, Frömmigkeit und Tugend, geistliches und weltliches Thun, nie in Eins zusammenschmelzen können".[21] Was einst in der Liebe vereinigt war, wurde *de facto* auf ein äußeres intersubjektives Band reduziert. Was einst durch eine *Gesinnung der Menschenliebe* zusammengehalten wurde, wurde durch ein bloßes Objekt der Anbetung – den auferstandenen Jesus – ersetzt, das die lebendige Einheit des endlichen und unendlichen Lebens in eine bloß reflektierende Subjekt-Objekt-Beziehung verwandelte.[22]

---

18   Vgl. FS II, 287: „So aber wollten die Juden zwar etwas anders, als das bisherige; aber sie gefielen sich zu sehr in dem Stolze ihrer Knechtschaft, um das was sie suchten, in dem zu finden, was Jesus ihnen anbot."
19   Siehe dazu FS II, 290: „Soweit Jesus die Welt nicht verändert sieht, soweit flieht er sie und alle Beziehungen mit ihr."
20   FS II, 292: „Die Bürger des Reichs Gottes werden einem feindseligen Staate entgegengesetzte von ihm sich ausschliessende Privatpersonen [...]. Aus der Idee des Reichs Gottes sind zwar alle durch eine Staat gegründete Verhältnisse ausgeschlossen, welche unendlich tiefer stehen, als die lebendigen Beziehungen des göttlichen Bundes, und von einem solchen nur verachtet werden können, aber wenn er vorhanden war, und Jesus und die Gemeinde ihn nicht aufheben konnte, so bleibt das Schicksal Jesu und seiner ihm hierin treubleibenden Gemeine, ein Verlust an Freiheit, eine Beschränkung durch eine fremde Macht."
21   FS II, 328.
22   FS II, 314: „Diese höhere entgegengesetzte ist nicht die Erhabenheit des Gottes, die dieser nothwendig hat, weil in ihm der einzelne sich nicht selbst als ihm gleich erkennt, sondern in ihm der ganze Geist der vereinigten Alle enthalten ist – sondern sie ist positives, objektives, das soviel Fremdes, Herrschaft in sich hat, als im Geist der Gemeine Abhängigkeit ist. In dieser Gemeinschaft der Abhängigkeit, der Gemeinschaft durch einen Stifter zu sein, in dieser Einmischung eines Geschichtlichen, Wirklichen in ihr Leben, erkannte die Gemeine ihr reelles Band, die Sicherheit der Vereinigung, die in der unlebendigen Liebe nicht zum Gefühl kommen konnte."

Die politischen Angaben, die sich aus dem *Schicksal* der christlichen Gemeinde ergeben, können folgendermaßen zusammengefasst werden: 1) ein geistliches Leben, das in einer *Gesinnung der Menschenliebe* vereint ist, steht einer politischen Ordnung entgegen, die als Sphäre des Eigentums, oder der Entgegensetzung aller gegen alle, bestimmt wird, 2) zwischen diesen getrennten Termini findet keine echte Versöhnung statt, und 3) die christliche Gemeinde ist zum Untergang bestimmt, wenn der Staat, d.h. die objektive Sphäre all jener Beziehungen, die unter die Kategorie des *Privatrechtes* subsumiert werden können, nicht in eines ihrer konstitutiven Momente verwandelt wird.

3 Das Unethische im Ethischen denken: Sittlichkeit und Rechtschaffenheit in den Jenaer Schriften

All diese theoretischen Probleme, die in den *Jugendschriften* ungelöst bleiben, werden in den *Jenaer Schriften* neu formuliert, wo Hegel die Frage nach der Integration „der Sphäre des Eigentums" in seine Konzeption der *Sittlichkeit* aufnehmen wird. Dabei wird er den starren Gegensatz zwischen einer *lebendigen* Gemeinde und einer von privaten Beziehungen gehaltenen *societas civilis* aufgeben. Er wird dann eine Staatsverfassung darlegen, die sich in verschiedenen *Ständen* mit eigentümlichen *Gesinnungen* artikuliert und in der Lage ist, sowohl den Individualismus als auch seine entsprechende *unsittliche Gesinnung* zu ertragen.

In dieser Richtung ist Hegels erstes relevantes theoretisches Ergebnis *Das System der Sittlichkeit*. Nach einem theoretischen Schema, das Schellings obersten Begriffen der Vernunft sehr ähnlich ist,[23] definiert Hegel das *Volk* als eine lebendige Totalität oder als „Indifferenz, Differenz und absolute Indifferenz".[24] Dies führt dazu, dass der Staat, hier als *lebendige Verfassung* gedacht, nicht nur ein kompaktes und undifferenziertes Ganzes ist, sondern auch eine organische Totalität, die ihre konstitutiven Momenten *für-sich* und in ihrer

---

23   Vgl. Schelling, Friedrich Wilhelm Joseph, *Bruno oder über die göttliche und natürliche Prinzip der Dinge. Ein Gespräch*, in *Schellings Werke, II*, München 1927, S. 191: „Vortrefflich, so daß kaum dich aufmerksam zu machen brauche, daß der erste unter diesen Begriffen der quantitativen Indifferenz oder dem Begriffe selbst, der zweite aber, weil er ein Setzen der Indifferenz in die Differenz, eine Aufnahme des Verschiedenen unter das Eine voraussetzt, dem Urtheil entspricht, der dritte aber, welcher Totalität, zu den beiden ersten ebenso sich verhält wie zum Begriff und Urtheil der Schluß."

24   SdS, 327.

absoluten Indifferenz enthält. In Ansehung dieser theoretischen Koordinaten skizziert Hegel eine recht komplexe Organisation der *Ständeverfassung*,[25] die durch bestimmte *politische Prinzipien* gekennzeichnet ist. Neben den *sittlichen Anlagen* des *ersten* und *dritten Standes*, die entsprechend ihrer besonderen Bildung eine politische Perspektive annehmen,[26] die auf dem absoluten Vorrang des Ganzen vor den Teilen beruht, stellt der *zweite Stand* ein *unsittliches*, aber notwendiges, Element der Sittlichkeit dar. Der *Stand der Rechtschaffenheit* findet seine wirtschaftliche Grundlage in all jenen Beschäftigungen, die vom *Privatrecht* geregelt werden. Diese konkreten Tätigkeiten verknüpfen sich mit seiner *Handlungslogik*: seine Maximen richteten sich nur auf *besondere* Interessen und sein Leben innerhalb des Staates kann nur in Bezug auf den Beitrag zu den Bedürfnissen des *ersten Standes* und des ärmsten Teils der Bevölkerung als *sittlich* definiert werden.[27] Mit anderen Worten ist seine Erhebung zu einer *sittlichen* Perspektive ohne „Lebendigkeit" und „Allgemeinheit",[28] weil sie nur von privaten und utilitaristischen Gründen bestimmt wird. Einerseits garantiert sein Beitrag zu den Bedürfnissen des *ersten Standes* die materielle Reproduktion einer sozialen Gruppe, die den Staat und jene intersubjektiven Beziehungen, die in der Sphäre der politischen Ökonomie stattfinden,

---

25 Zum Einfluss klassischer Quellen, wie Platon und Aristoteles, auf die Hegelsche Konzeption von *Stände* siehe Ellmers, Sven, *Platonische Motive in Hegels Sittlichkeitslehre*, in: Ellmers, Sven; Herrmann, Steffen (Hrsg.), *Korporation und Sittlichkeit: zur Aktualität von Hegels Theorie der bürgerlichen Gesellschaft*, Paderborn 2017, S. 73–101, S. 84ff.; Ilting, Karl-Heinz, *Hegels Auseinandersetzung mit der aristotelischen Politik*, in: Philosophisches Jahrbuch, Vol. 71 (1963/64), S. 38–58; Pöggeler, Otto, *Hegel und die griechische Tragödie*, in: ders., *Hegels Idee einer Phänomenologie des Geistes*, München 1993, S. 79–110; Riedel, Manfred, *Zwischen Tradition und Revolution. Studien zu Hegels Rechtsphilosophie*, Stuttgart 1982, S. 116–127. Für eine weitere Analyse von Hegels politischem Denken in der Jenaer Zeit vgl. Chiereghin, Franco, *Dialettica dell'Assoluto e ontologia della soggettività*, Padova 1980, S. 83–135; Lukács, Georg, *Der junge Hegel: Über die Beziehung von Dialektik und Ökonomie*, S. 366–539; Rosenzweig, Franz, *Hegel und der Staat*, Frankfurt am Main 2010, S. 137–253; Siep, Ludwig, *Anerkennung als Prinzip der praktischen Philosophie. Untersuchung zu Hegels Jenaer Philosophie*, München 1979.

26 SdS, 334–339: „Der absolute Stand hat die absolute reine Sittlichkeit zu seinem Prinzip [...] und auf Seiten des ersten Standes ist ebenfalls die Arbeit gesetzt, aber die absolut indifferente, die der Regierung und Tapferkeit [...]. Seine Sittlichkeit [des Bauernstandes] ist das Zutrauen dem absoluten Stande, welche jenes Verhältniß und Einwirkung haben muß [...]. Er ist um seiner Totalität willen auch der Tapferkeit fähig, und vermag in dieser Arbeit und in der Gefahr des Todes sich an den ersten Stand anzuschliessen."

27 SdS, 338: „Das höchste wozu dieser Stand durch Tätigkeit in seiner Production sich erschwingt, ist theils der Beytrag zu den Bedürfnissen des ersten Standes, theils Hülfe den bedürftigen."

28 SdS, 338.

verteidigt. Andererseits spiegelt seine Hilfe für den ärmsten Teil der Bevölkerung eine Maßnahme wider, die darauf abzielt, ihn wieder in das *System der Sittlichkeit* einzugliedern und damit seine politische Degeneration zu vermeiden.

Das *System der Sittlichkeit* ist eine *absolute Indifferenz*, und zwar wegen seiner Fähigkeit, *in sich* die Entgegensetzung und das Einssein seiner Andersheit – d.h. die Unsittlichkeit des *Standes der Rechtschaffenheit* – zu enthalten. Für Hegel hat dieses logische und politische Verhältnis einen echt theoretischen Grund: Nach dem *Naturrechtaufsatz* besteht die *Tragödie des sittlichen Lebens* in der Unterscheidung und Identität jener antithetischen *sittlichen Mächte*, durch die der Staat sich gliedert. Sittliche und unsittliche *Stände* und *Prinzipien* setzen sich im Staat zusammen, der „unmittelbar eine gedoppelte Natur, und sein Leben ist das absolute Eins-seyn dieser Naturen".[29] Logisch gesprochen bedeutet dies, dass das sittliche Leben sich als eine organische Totalität entwickeln kann, wenn es „die absolute Einheit der Einheit und des Gegensatzes"[30] in sich enthält. Politisch gesprochen bedeutet dies, dass es „das System der politischen Oekonomie"[31] mit einem *Ständesystem* in Einklang bringen muss, das in der Lage ist, das Unsittliche in das Sittliche zu resorbieren.[32]

Nicht so weit entfernt von diesem logischen und politischen Modell, das den Individualismus mit einem bestimmten *Stand* identifiziert und als ein Moment des *Systems der Sittlichkeit* begreift, legen die *Vorlesungen über die Philosophie des Geistes 1805–06* eine Theorie der Sittlichkeit dar, die zum Teil kongruent mit und zum Teil verschieden von dem oben diskutierten Inhalt ist. Ein wesentlicher Unterschied zwischen diesem unveröffentlichten Manuskript und den anderen *Jenaer politischen Schriften* liegt in der *Ständeverfassung*. Statt eines ersten eigens für Regierung und Krieg eingesetzten

---

29   NR, 459.
30   Schelling, Friedrich Wilhlem Joseph, *Bruno oder über die göttliche und natürliche Prinzip der Dinge*, S. 191.
31   NR, 450.
32   Hegel zitiert Gibbons *History of the Decline and Fall of the Roman Empire* und zeigt die Verbindung des Niederganges des Römischen Reiches mit dem Überwiegen des *Standes der Rechtschaffenheit* über die anderen Stände. Siehe dazu NR, 456–457: „Der lange Friede und die gleichförmige Herrschaft der Römer führte ein langsames und geheimes Gift in die Lebenskräfte des Reichs [...] Der persönliche Muth, aber sie besaßen nicht mehr diesen öffentlichen Muth, welcher von der Liebe zur Unabhängigkeit, dem Sinne der National-Ehre, der Gegenwart der Gefahr, und der Gewohnheit zu befehlen genährt wird [...]. Mit diesem allgemeinen Privatleben, und für den Zustand, in welchem das Volk nur aus einem zweyten Stande besteht, ist unmittelbar das formale Rechtverhältniß, welches das Einzelseyn fixiert und absolut setzt, vorhanden."

Standes kommt die Figur des *Beamten* ins Spiel. Statt eines eher abstrakten *zweiten Standes* tritt also das moderne Bürgertum in den Vordergrund. So statt eines groben Bauerntums kommt ein *Bauernstand* zum Vorschein, das mehr in die Dynamiken des modernen Staates integriert ist. Trotz dieser „modernen" sozio-politischen *Ständeverfassung* bleibt Hegels Konzeption der Prinzipien – hier als *Gesinnungen* gekennzeichnet – unverändert. Sowohl der *Bauernstand* als auch der *öffentliche Stand* werden von einer *sittlichen Gesinnung* beseelt, die ihren Grund in dem unmittelbaren Vertrauen auf das Ganze[33] oder in der Erfüllung von allgemeinen Zielen findet.[34] Im Gegenteil dazu sind *Bourgeois* und *Kaufmänner* ausschließlich auf die Maximierung ihres Nutzens bedacht, der die konkreten Formen einer Anhäufung von Reichtum[35] oder einer unbegrenzten Ausbeutung der Arbeitskraft annimmt.[36] Die Bewahrung der soziopolitischen Konstitution hängt von der Fähigkeit des *Systems der Sittlichkeit* ab, seine konstitutiven Elemente entwickeln zu lassen und sie in seine organische Identität zurückzubringen. Diese Dynamik erfordert konkret das weise Handeln der Regierung, das die Autonomie seiner Bestimmungen ermöglicht, und die Einrichtung eines Justizsystems, das in der Lage ist, die Verstöße der *Stände* unterschiedlich zu bekämpfen. Dazu merkt Hegel an:

---

[33] JSE III, 267: „Steuern und Abgaben bezahlt er, weil es so ist [...]. Aber unmittelbar sieht er diß nicht ein, sondern [nur, daß] eben Geld von ihm gezogen wird, die Geschäftsmänner auch leben müssen, und der vornehme Herr, der Fürst, eben der vornehme Herr, der Fürst ist—So läßt er sich das Recht auch mehr wie einen Befehl auflegen, und verlangt nur, nicht daß er die Sache einsehe, sondern daß nur mit ihm gesprochen werde, was er thun [solle]. und [wozu er] commandirt sey."

[34] JSE III, 273: „Der öffentliche Stand arbeitet für den Staat [...] Seine Gesinnung ist, daß er seine Pflicht erfüllt, er erhebt das bestimmte allgemeine, zum Wissen des Allgemeinen; er sieht in seinem bestimmten Thun das Absolute, Moralische Gesinnung – der Geist hat sich über den Charakter erhoben – er thut ein Allgemeines."

[35] JSE III, 269: „Er genießt darin sich selbst, seinen Werth und Rechtschaffenheit, diß hat er sich erarbeitet und vor sich gebracht Nicht den Genuß des Vergnügens genießt er, sondern, daß er diesen Genuß hat, die Einbildung von sich selbst."

[36] JSE III, 269: „Die Gesinnung des Kaufmannstandes ist also dieser Verstand der Einheit des Wesens und des Dinges – so reell ist einer, als er Geld hat; – die Einbildung ist verschwunden – Die Bedeutung hat unmittelbares Daseyn – das Wesen der Sache ist die Sache selbst – Der Werth ist klingende Münzte. – Es ist das formale Prinzip der Vernunft vorhanden [...]. Es ist die Abstraction von aller Besonderheit, Charakter u.s.f. Geschicklichkeit des Einzelnen; die Gesinnung ist diese Härte des Geistes, worin der Besondere ganz entäussert nicht mehr gilt, – strictes Recht, der Wechsel muß honorirt werden, es mag zu Grunde gehen, was will – Familie – Wohlstand, Leben u.s.f. – gänzliche Unbarmherzigkeit – Fabriken Manufakturen gründen gerade auf das Elend einer Klasse ihr Bestehen."

> Die Krafft der Regierung besteht darin, daß jedes System als ob es allein wäre, frey sich und unabhängig seinem Begriffe nach ausbildet, – und die Weisheit der Regierung, jedes zugleich nach dem Stande zu modificieren, d.h. von der Strenge des abstracten Begriffes nachzulassen für ihr lebendiges Eingeweide – wie Adern und Nerven den verschiedenen Eingeweiden nachgeben, und sich nach ihnen richten und bilden [...]. In Ansehung des Gerichtlichen – es muß für den Bauernstand die leichtere, gröbere Justiz – für den Kaufmann die harte stricte des Wechselrechts vorhanden sey [...]. Auch in Ansehung des peinlichen [Rechts] kann Unterschied, Modificationen in Ansehung der Strafe statt finden – die formale steiffe Gleichheit ist eben das, was den Charakter nicht schont, – dasselbe verletzt in dem einen Stande tiefer, oder Herstellung unwiederbringlich, was im anderen nicht schädend ist.[37]

Es scheint mir, dass Hegel jenes logische Schema weiterentwickelt hat, das es ihm erlaubte, sowohl die Verwirklichung als auch die Aufhebung der *unorganischen unterirdischen Mächte* in die *absolute Indifferenz* des *Systems der Sittlichkeit* zu fassen. Im Rahmen der *Vorlesungen* wird das Unsittliche mit dem Sittlichen dank einer flexiblen politischen Struktur und einem unterschiedlich strengen Rechtssystem versöhnt. Hegel wird genau diese Ideen in den *Grundlinien der Philosophie des Rechts* aufgeben, weil er den Individualismus des *zweiten Standes* als eine potentiell subversive Kraft betrachten wird, die theoretisch in die Natur aller *Stände* eindringt. Es geht nicht mehr um die Ausarbeitung einer Theorie, die eine *unsittliche Gesinnung* in ein *sittliches Ständesystem* oder in eine flexible politische Ordnung integriert, sondern um den Entwurf einer politischen Verfassung, die sich gegenüber der allgegenwärtigen individualistischen Logik des *Bürgertums* behaupten und ihr widerstehen kann.

4 Besonderheit, Korporation und Institutionen in Hegels Grundlinien der Philosophie des Rechts

Die soeben analysierten Inhalte werden in den *Grundlinien der Philosophie des Rechts* eine neue und originelle Synthese finden. Die Veröffentlichung der *Wissenschaft der Logik* stellt die theoretische Grundlage für das Verständnis jenes logischen Schemas dar, das zur Beschreibung der grundlegenden

---

37   JSE III, 271–272.

sozio-politischen Dynamiken, die im modernen Staat stattfinden, verwendet wird.[38] In Bezug auf die diskutierten Themen dieses Aufsatzes kann man sagen, dass die *Gesinnung* des *zweiten Standes* mit dem logischen Moment der *Besonderheit* verbunden wird. *Besonderheit* findet bekanntlich ihre konkrete Verwirklichung in der *bürgerlichen Gesellschaft*, die Hegel als „das System der in ihre Extremen verlornen Sittlichkeit"[39] definiert hat. Was im *System der politischen Ökonomie* verwirklicht wird, ist der besondere Wille oder die *Willkür* der Einzelnen,[40] d.h. „das Recht der Besonderheit des Subjectes, sich befriedigt zu finden, oder, was dasselbe ist, das Recht der subjectiven Freyheit".[41] Dieses Recht ist nicht nur typisch für den *Stand der Industrie*, sondern es ist auch ein allgemeines Prinzip, das von den *Ständen*, in welche die moderne Gesellschaft sich gliedert, unterschiedlich verwirklicht wird. Meiner Meinung nach liegt hier der wichtigste Unterschied zwischen den *Jenaer Schriften* und dem späteren politischen Denken Hegels: Individualismus ist nicht mehr eine praktische Handlungsweise verbunden mit einem besonderen *Stand*, sondern auch ein praktisches Prinzip jener gesellschaftlichen Gruppen, die früher von reinen *sittlichen Gesinnungen* gekennzeichnet wurden. Hegels Definition des *Patriotismus* als jene *Gesinnung*, „daß mein substantielles und besonderes Interesse, im Interesse und Zwecke des Andern (hier des Staates) als im Verhältniß zu mir als Individuum bewahrt und enthalten ist",[42] wird von einer politischen Verfassung gerechtfertigt, die der potentiell zersplitternden Macht der *Besonderheit* wiederstehen kann.

---

38   Entscheidend sind auch die *Vorlesungen über das Naturrecht und Staatswissenschaft* (*Heidelberg 1817/18*), in denen Hegel erstmals den Unterschied zwischen *bürgerliche Gesellschaft* und Staat einführt. In diesem Manuskript wird auch eine Theorie der *Gesinnung* skizziert, die vorwegnimmt, was Hegel in den *Grundlinien der Philosophie des Rechts* darstellen wird. In der Tat ist es möglich, die Definition von *Gesinnung* als die Ehre, die sich aus der Angehörigkeit zu einem bestimmten *Stand* ergibt (vgl. Wa, §107 und PhR, §207), die Konzeption des *Patriotismus* (vgl. Wa, §141 und PhR, §268) und der politischen Ständevertretung (vgl. Wa, §§131-154 und PhR, §§273-316) fast synoptisch zu lesen. Was Hegel in den *Grundlinien* weiter analysieren wird, ist die sozio-politische Funktion der Korporationen: diese sozio-ökonomischen Institutionen werden den ersten notwendigen Schritt darstellen, um jene unsittlichen Tendenzen zu rationalisieren, die von der Verwirklichung der besonderen Freiheit der Individuen in der *bürgerlichen Gesellschaft* folgt.
39   PhR, §184, 160.
40   Zur Unterscheidung zwischen *Willkür* und *freiem Willen* und zur Irreduzibilität der praktischen Philosophie auf bloß deterministische Schemata siehe Vieweg, Klaus, *Das Denken der Freiheit*, S. 67–85, wo die Hegelsche Kritik an der Phrenologie Galls als Alternative zum dominierenden neurowissenschaftlichen Verständnis des Menschen als „Knecht seiner Neuronen" interpretiert wird (ebd., S. 84).
41   PhR, §124, 110.
42   PhR, §268, 211.

Die *bürgerliche Gesellschaft* spiegelt sofort den Verlust der Einheit und der entsprechenden *Gesinnung* der Familie wider.[43] In den sozio-ökonomischen Dynamiken, die im *System der politischen Ökonomie* stattfinden, zeigt sich nicht nur die wirkliche Entgegensetzung zwischen *Besonderheit* und *Allgemeinheit*, sondern auch ihre fortschreitende Auflösung und Aufhebung. Der Prozess, durch den die Individuen ihre Angehörigkeit zu einem bestimmten *Stand* entscheiden, drückt die erste konkrete Entwicklung einer *sittlichen Gesinnung* in dem sogenannten „Verstandsstaat"[44] aus:

> Die sittliche Gesinnung in diesem System ist daher die Rechtschaffenheit und die Standesehre, sich und zwar aus eigener Bestimmung durch seine Tätigkeit, Fleiß und Geschicklichkeit zum Gliede eines der Momente der bürgerlichen Gesellschaft zu machen und als solches zu erhalten.[45]

Standesehre und *Anerkennung* werden denjenigen Individuen zugeschrieben, die ihren *Status* im Bereich der Sphäre der *allseitigen Abhängigkeit* frei bestimmen.[46] Die Angehörigkeit zu einem bestimmten *Stand* und die Übernahme

---

43   Die *Familie* ist die erste Form des sittlichen Lebens. Nach PhR, §158, §163 und §173 ist die Liebe jene allumfassende *sittliche Gesinnung*, die den ganzen Haushalt zusammenhält. Der Vorrang des Ganzen – das Wohl der Familie – vor den Teilen – das besondere Interesse ihrer Mitglieder – findet in diesem Gefühl seine eigentliche Grundlage. Verbunden mit Liebe stärken *Zutrauen* und *Gehorsam* dieses sittliche Band. Das gegenseitige *Vertrauen* – meine Interessen werden gewahrt und im Interesse eines anderen (in diesem Fall der Familie) erhalten – und der Respekt vor der Autorität der Eltern sind jene Gefühle, durch die die Individuen aus ihrer natürlichen Unmittelbarkeit erhoben und in ein Beziehungsmodell integriert werden, das die *substantiellen* und *besonderen* Interessen zusammensetzt. Die *Familie*, oder die erste *sittliche Wurzel* des Staates, zeigt eine Art unmittelbarer Identität von *Allgemeinheit* und *Besonderheit*, die noch nicht durch die *Willkür* der Individuen vermittelt wird. Deswegen erfordert die volle Entwicklung einer *sittlichen Gesinnung* auch das Aufbrechen des natürlichen Seins der Familie, die freie Entwicklung der Familienmitglieder als konkrete Personen und die fortschreitende Integration der privaten Interessen in eine sozio-politische Dimension, die das Gemeinwohl ohne die Verletzung der Privatinteressen garantieren kann.

44   PhR, §183, 160.

45   PhR, §207, 173.

46   Auch zufällige Faktoren spielen eine entscheidende Rolle bei der sozio-ökonomischen Realisierung der Einzelnen. Vgl. PhR, §200, 169: „Die Möglichkeit der Theilnahme an dem allgemeinen Vermögen, ist aber bedingt, theils durch eine unmittelbare eigene Grundlage, (Kapital) theils durch die Geschicklichkeit, welche ihrerseits wieder selbst durch jenes, dann aber durch die zufälligen Umstände bedingt ist, deren Mannigfaltigkeit die Verschiedenheit in der Entwicklung der schon für sich ungleichen natürlichen körperlichen, und geistigen Anlagen hervorbringt – eine Verschiedenheit, die in dieser Sphäre der Besonderheit nach allen Richtungen und von allen Stufen sich hervorthut und mit

bestimmter Lebensprinzipien können als eine Einschränkung der Willkür der Individuen betrachtet werden. In der Tat erfordert die Angehörigkeit zu einem bestimmten *Stand* nicht nur die Entwicklung spezifischer Arbeitsqualifikationen, sondern auch die Annahme einer bestimmten Weltanschauung. Diese erste konkrete Form von *Sozialisation* wird von der Teilnahme der Individuen am korporativen System weiterentwickelt. Korporationen stellen „die zweyte in der bürgerlichen Gesellschaft gegründete sittliche Wurzel"[47] dar, die die schon analysierten Anerkennungsprozesse stabilisieren[48] und zur Bildung gemeinsamer Einsichten beitragen.[49] Die gegenseitige Unterstützung zwischen den Mitgliedern einer Korporation ist eine weitere Folge ihrer Angehörigkeit zu dieser Institution: innerer Zusammenhalt und gemeinsame Interessen werden durch die Integration in ein sozio-ökonomisches System gestärkt, in dem die Dimension des *Ich* zunächst mit der Perspektive des *Wir* ersetzt wird.

Hegels Konzeption eines korporativen Systems richtet sich auf den *zweiten Stand*, der mehr als der *allgemeine* und *substantielle Stand* mit der *bürgerlichen* Handlungslogik verbunden ist.[50] Im Gegensatz zum *Stand der Industrie*, der erst einen korporativen und dann einen politischen Subsumierungsprozess durchlaufen muss, besitzen diese *Stände* eine stabilere *sittliche Gesinnung* wegen der unmittelbaren Unterstützung der Krone oder der Erfüllung

---

der übrigen Zufälligkeit und Willkühr die Ungleichheit des Vermögens und der Geschicklichkeit der Individuen zur nothwendigen Folge hat."

47 PhR, §255, 199. Hegel betrachtet die Familie bekanntlich als die erste Wurzel des sittlichen Lebens. Zur Funktion der Familie in den *Grundlinien* siehe oben, Fußnote 43.

48 PhR, §253, 198: „Ohne Mitglied einer berechtigen Corporation zu seyn, (und nur als berechtigt ist ein Gemeinsames eine Corporation) ist der Einzelne ohne Standesehre, durch seine Isolierung auf die selbstsüchtige Seite des Gewerbs reducirt, seine Subsistenz und Genuß nichts stehendes."

49 PhR, §254, 198: „In der Corporation liegt nur insofern eine Beschränkung des sogennanten natürlichen Rechts, seine Geschicklichkeit auszuüben und damit zu erwerben, was er zu erwerben ist, als sie darin zur Vernünftigkeit bestimmt, nemlich von der eigenen Meynung und Zufälligkeit, der eigenen Gefahr wie der Gefahr für andere, befreyt, anerkannt, gesichert und zugleich zur bewußten Thätigkeit für einen gemeinsamen Zweck erhoben wird." Siehe dazu: Schülein, Johannes-Georg, *Die Korporation als zweite Familie in Hegels Theorie der bürgerlichen Gesellschaft*, in: Ellmers, Sven; Herrmann, Steffen (Hrsg.), *Korporation und Sittlichkeit: zur Aktualität von Hegels Theorie der bürgerlichen Gesellschaft*, S. 101–117.

50 PhR, §250, 196: „Der ackerbauende Stand hat an der Substantialität seines Familiens- und naturlebens in ihm selbst unmittelbar sein concretes Allgemeines, in welchem er lebt, der allgemeine Stand hat in seiner Bestimmung das Allgemeine für sich zum Zwecke seiner Thätigkeit und zu seinem Boden. Die Mitte zwischen beyden, der Stand des Gewerbes, ist auf das Besondere wesentlich gerichtet und ihm ist daher vornemlich die Corporation eigenthümlich."

allgemeinerer Ziele. Der *substantielle* und *allgemeine Stand* nehmen mit unterschiedlichen Intelligenzgraden eine *politische* und *patriotische Gesinnung* an, die dem Ganzen vor den Teilen – dem Gemeinwohl vor den Privatinteressen – den Vorrang und die unbestrittene Priorität gibt. Das bedeutet aber nicht, dass diese *Stände* gegen *Partikularismus* immun sind: Hegels Entwurf, eine Reihe politischer Mechanismen zu deduzieren, die ihre individualistische Entartung verhindern müssen, beweist, dass *Besonderheit*, unabhängig von der Verbindung eines *Standes* mit *Allgemeinheit*, eine Macht ist, die die innere Stabilität des modernen Staates untergräbt. Dank einer politischen Ordnung, die die Privatisierung der Institutionen verhindert und den Individuen die konkrete Möglichkeit gibt, ihre *Gesinnungen* zu erhalten und weiterzuentwickeln, wird *Besonderheit* und ihre Logik vernünftig in das *System der Sittlichkeit* aufgenommen.

Die institutionellen Organe des Staates sind in ein System von *checks and balances* eingebunden, das wiederum die Förderung allgemeiner Ziele und die Stabilisierung jener *politischen Gesinnung* garantiert, die Hegel als *Patriotismus* definiert hat. In Bezug auf die *Regierungstätigkeiten* kann man sagen, dass die Staatsbeamter – die Mitglieder des *allgemeinen Standes* – ausschließlich universelle Ziele fördern und auf die Verwirklichung universeller Einsichten ausgerichtet sind, die das Gemeinwohl garantieren müssen. Dieser *Stand* ist die Personifizierung von *Allgemeinheit* und *Patriotismus*. Keine Spur von Individualismus ist wahrnehmbar in den Tätigkeiten dieser Bürger, die scheinbar reine Pflicht erfüllen. Im Gegensatz dazu spiegelt Hegels Hinweis auf eine interne Hierarchie und auf eine externe Kontrolle der Regierungstätigkeit durch die *Korporation*[51] eine realistische Tatsache wider. Einzelne Interessen können in den *allgemeinen Stand* eindringen und damit seine politische Aufgabe und seine *sittliche Gesinnung*, die streng mit seiner Regierungsrolle verbunden ist, untergraben. Kurz gesagt, die mögliche Umwälzung der praktischen Prinzipien des Beamten, die einer Priorisierung der *Besonderheit* über die *Allgemeinheit* entspricht,[52] wird durch hierarchische (innere) und korporative (äußere)

---

51 PhR, §295, 245: „Die Sicherung des Staates und der Regierung gegen den Mißbrauch der Gewalt von Seiten der Behörden und ihrer Beamten liegt einerseits unmittelbar in ihrer Hierarchie und Verantwortlichkeit, andersseits in der Berechtigung der Gemeinden, Corporationen, als wodurch die Einmischung subjectiver Willkühr in die den Beamten anvertraute Gewalt für sich gehemmt und die in das einzelne Benehmen nicht reichende Kontrolle von Oben, von Unten ergänzt wird."

52 Hegels Wille, den Vorrang der Allgemeinheit vor der Besonderheit aufrechtzuerhalten, scheint mir mit den praktischen Implikationen zusammenhängt, die sich aus Schellings *Philosophie und Religion* und *Philosophischen Untersuchungen über das Wesen der menschlichen Freiheit* ergeben. In der Tat resultiert für Schelling das Böse aus der

Kontrollen begrenzt, die das Auftreten unsittlicher Tendenzen in der Regierungstätigkeit eindämmen können.

Die *gesetzgebende Gewalt* und ihre Mitglieder – die Repräsentanten sowohl des *substantiellen* als auch des *Gewerbesstandes* – sind ebenfalls in einen Mechanismus von *checks and balances* eingebunden. Der Mangel von Abgeordnetenwahlen[53] und das kollegiale „Mitberathen und Mitbeschließen über die allgemeinen Angelegenheiten"[54] stellen jene institutionellen Mittel dar, durch die die verschiedenen sozio-ökonomischen Interessen sich miteinander verbinden, allgemeinen Zielen gefolgt werden und eine *sittliche Gesinnung* – die sich aus der *Anerkennung* der institutionellen Aufgabe der Abgeordneten ergibt – politisch hervorbracht und aufrechterhalten wird. Die in der *bürgerlichen Gesellschaft* bereits angefangenen *Anerkennungsprozesse* (die Angehörigkeit zu einem *Stand* und zu einer *Korporation*) finden hier ihre Erfüllung. Die nun politisch entwickelte *Wir-Perspektive* ermöglicht den Abgeordneten beider Kammern, politische Gesichtspunkten anzunehmen, die sich nicht nur mit *gemeinsamen* oder *korporativen* Interessen vermischen, sondern auf das Wohl des Ganzen ausgerichtet sind. Mit dieser *Gesinnung* ist auch die erzieherische Funktion der *gesetzgebenden Gewalt* verbunden. Durch ihre öffentlichen Debatten haben die Abgeordneten die Möglichkeit, die nicht politisch

---

Subversion der konstituierenden Prinzipien des Menschen, d.h. aus der Priorisierung der Individualität über den allgemeinen Willen. Meiner Meinung nach teilen und entwickeln in einer ähnlichen Weise die Freiheitsphilosophien Hegels und Schellings die Kantische Theorie – in der *Religion innerhalb der Grenzen der bloßen Vernunft* entwickelt – eines guten und bösen Prinzips. Zur Hegelschen Neubearbeitung dieser Kantischen Elemente siehe Menegoni, Francesca, *Die Frage nach dem Ursprung des Bösen in Hegel*, in: Merker, Barbara; Mohr, Georg und Quante, Michael (Hrsg.), *Subjektivität und Anerkennung*, Paderborn 2004, S. 228–243 (S. 235–239). Über Schellings Auseinandersetzung mit dem Problem des Bösen vgl. Höffe, Otfried, *Ein Thema wiedergewinnen: Kant über das Böse*, in: Höffe, Otfried und Piper, Annemarie (Hrsg.), *Über das Wesen der menschlichen Freiheit*, Berlin 1995, S. 11–35; Egloff, Lisa, *Das Böse als Vollzug menschlicher Freiheit*, Berlin/Boston 2016.

53 Zum korporativen Deputationssystem siehe PhR, §311, 256: „Indem sie Repräsentanten nach der Natur der bürgerlichen Gesellschaft von ihren verschiedenen Corporationen ausgeht, und die einfache Weise dieses Gages nicht durch Abstraktionen und die atomistischen Vorstellung gestört wird, so erfüllt sie damit unmittelbar jenen Gesichtspunkt, und Wählen ist entweder überhaupt etwas überflüßiges oder reduciert sich auf ein geringes Spiel der Meynung und Willkühr." Zum Majorat siehe PhR, §306, 253: „Für die politische Stellung und Bedeutung wird er [der *substantielle Stand*] näher constituirt, insofern sein Vermögen eben so unabhängig von Staatsvermögen, als von der Unsicherheit des Gewerbes, der Sucht des Gewinns und der Veränderlichkeit des Besitzes überhaupt [...]. Das Vermögen wird so ein unveräußerliches, mit dem Majorate belastetes Erbgut."

54 PhR, §314, 258.

aktiven Bürger zu erziehen, die deshalb ihre öffentliche Meinung bilden können, indem sie substanzielle Einblicke in das erhalten, was für das Ganze vorrangig ist. Hegels Meinung nach wird auch die Entwicklung aufrührerischer Bewegungen und *unsittlicher Gesinnungen*, die sich auf der Priorisierung besonderer oder zufälliger Perspektiven über allgemeinen Inhalten gründen, durch diese politische Aktivität begrenzt, die darauf abzielt, jene Bildungsinstrumenten zu geben, die es einer Gemeinschaft – auf der Grundlage der freien Presse – erlauben, an der Bestimmung ihrer kollektiven Bedürfnisse und Ziele teilzunehmen.

Zum Schluss kann man sagen, dass eine *politische Gesinnung*, die Hegel als *Patriotismus* gekennzeichnet hat, sich durch die Aufnahme der Bürger in sozio-politischen Institutionen aufrechterhält. Diese wiederum erfüllen ihre bestimmten Funktionen dank der aktiven Beteiligung der Bürgerschaft an der Bestimmung ihres Gemeinwohls. Ohne eine politische Verfassung, die in der Lage ist, die freie Entwicklung der *Besonderheit* und ihre Rationalisierung in sozio-politischen Strukturen zu gewährleisten, wäre der moderne Staat der unwiderstehlichen Zersplitterungskraft des Individualismus unterworfen. Diese Hegelsche Lehre spiegelt noch heute das Schicksal der westlichen Gesellschaft wider, die noch mehr am prekären Gleichgewicht jener Mächte zu hängen scheint, die die sogenannte *Tragödie des sittlichen Lebens* erklären. Der Rückbezug auf Hegels Theorie der freien Staatsbürgerschaft stellt einen Weg dar, eine Reihe von sozio-politischen Dynamiken, die von unserer globalisierten Welt noch nicht gelöst sind, besser zu verstehen und ihnen wirksam zu begegnen, da die praktischen Probleme, denen wir uns heutzutage stellen müssen, immer noch mit der Hegelschen Frage nach der vernünftigen Entwicklung jener *unterirdischen Mächte* verbunden sind, die ein notwendiges und problematisches Moment des *Systems der Sittlichkeit* beschreiben.

Verabsolutierte äußere Reflexion

Gegenwärtige Transzendentalphilosophie im Spiegel der Hegelschen Logik

Christian Krijnen

1 Zur Forschungslage

[1] Zum Thema *Logik und Moderne – Hegels* Wissenschaft der Logik *als Paradigma moderner Subjektivität* hat es Mitte des letzten Jahrhunderts unter Einfluss des südwestdeutschen Neukantianismus innerhalb der damaligen Transzendentalphilosophie eine Debatte gegeben, die, wie mir Hans Friedrich Fulda in einem persönlichen Gespräch mal mitteilte, die Hegel-Renaissance in Heidelberg mitausgelöst haben dürfte. Ich meine die Debatte anlässlich Werner Flachs *Negation und Andersheit*.[1] Die bis heute aktuelle Frage, wie sich die Philosophien Kants und Hegels zueinander verhalten, wessen Position die fundamentalphilosophisch stärkere ist und wie beide Positionen sich gegebenenfalls in eine fruchtbare Synthese überführen lassen, wird in dieser Schrift beantwortet – freilich im Sinne der kantianisierenden Transzendentalphilosophie, nicht eines spekulativen Idealismus. Während Flachs Darlegungen keinen Geringeren als Richard Kroner, einst selber Schüler und Assistent des südwestdeutschen Schulhaupts Heinrich Rickerts, zu einer intensiven und anerkennenden Auseinandersetzung motiviert haben,[2] wurde *Negation und Andersheit* von Hans Georg Gadamers damaligen Assistenten Reiner Wiehl in einer Rezension verrissen.[3] Trotz allem Unverständnis für die Kroner so begeisternde Denkbemühung damaliger Transzendentalphilosophie, deutet Wiehl durchaus auf einen bedeutsamen methodisch wunden Punkt der Flachschen Schrift hin: der vorausgesetzte transzendentale Deutungsrahmen. Tatsächlich liegt Flachs Arbeit Rickerts Heterologie qua Lehre von der

---

[1] Flach, Werner, *Negation und Andersheit. Ein Beitrag zur Problematik der Letztimplikation,* München/Basel 1959.

[2] Vgl. zur Auseinandersetzung zwischen Kroner und Flach: Kroner, Richard, *Zur Problematik der Hegelschen Dialektik. Bemerkungen im Anschluß an eine Schrift von Werner Flach.* In: Hegel-Studien 2 (1963), S. 303–314; Flach, Werner, *Kroner und der Weg von Kant bis Hegel. Die systematischen Voraussetzungen der Kronerschen Kantkritik,* in: Zeitschrift für philosophische Forschung 12 (1958), S. 554–579; Flach, *Negation und Andersheit,* S. 20ff.

[3] Wiehl, Reiner, *W. Flach: Negation und Andersheit. Ein Beitrag zur Problematik der Letztimplikation,* in: Philosophische Rundschau 10 (1962), S. 120–134.

ursprünglich synthetischen Einheit und die Reflexionsphilosophie Hans Wagners zugrunde.[4]

In ihnen wird versucht, die Transzendentalphilosophie auf eine neue Ebene ihrer Bestimmtheit zu bringen und dabei wesentliche Gehalte auch der Philosophie Hegels zu integrieren. Für diese Integration geben freilich kantische Gesichtspunkte den Leitfaden ab. Schon der späte Wilhelm Windelband, ebenfalls ein Schulhaupt des südwestdeutschen Neukantianismus, hatte die „Erneuerung des Hegelianismus" nicht nur begrüßt, sondern zugleich dagegen Partei ergriffen, dass die „Dialektik als Ganzes wieder die Methode der Philosophie" bilden könne.[5] In der kantianisierenden Transzendentalphilosophie bildet entsprechend auch in den avanciertesten Ausprägungen die Dialektik, wie es dann heißt, nicht die Methode der Philosophie, sondern sie wird methodisch verengt zu jenem Prinzip, das zuständig ist für die „Begründungsverhältnisse im Bereich der Begriffe", wie Wagner sich ausdrückt,[6] oder die „Fundierung in der Bestimmung", wie Flach in seiner späten *Erkenntnislehre* sagt.[7]

Bei der Debatte über ‚Negation und Andersheit' geht es also nicht zuletzt um die Methode der Philosophie. Die in der Forschung gängige Methodik der Behandlung dieser Frage ist eine Auseinandersetzung mit der Struktur des Ursprungs des Denkens. Ist der Ursprung, wie bei Rickert, heterothetisch oder, wie bei Hegel, als negative Selbstbezüglichkeit des Denkens zu denken, also negationstheoretisch? Rickert hat Hegels Konzept der ‚Natur des Denkens' nicht übernommen und zugleich den südwestdeutschen Neukantianismus und sodann die Transzendentalphilosophie Wagners und Flachs durch seine Heterologie geprägt. Dem heterologischen Ansatz gemäß ist das ursprüngliche Verhältnis ein reines *Korrelationsverhältnis*. Hegel indes präsentiert mit seiner dialektischen (genauer: spekulativen) Methode ein Verhältnis von negativer Selbstbezüglichkeit: ein *Negationsverhältnis*. Hegel vertritt einen

---

4 In der Einleitung von *Negation und Andersheit* (S. 10) verweist Flach auf die „Voraussetzungen und Leitlinien" seiner Untersuchung, nämlich die „geltungslogische Reflexion", wie sie bei Kant, Hegel und sodann in Neukantianismus und Phänomenologie lebendig geworden sei; die Reflexionslehre Wagners bilde den systematischen Repräsentanten des Forschungsstandes.

5 Windelband, Wilhelm, *Die Erneuerung des Hegelianismus* (1910), in: *Präludien. Aufsätze und Reden zur Philosophie und ihrer Geschichte*, 1. 5. Aufl. Tübingen 1915, S. 273–289, (S. 288).

6 Wagner, Hans, *Philosophie und Reflexion*, 3. Aufl. München/Basel 1980, S. 118. Beim frühen Flach heißt es, die Dialektik sei „Methode", „methodisches Prinzip der Begründung" (Flach, *Negation und Andersheit*, S. 56).

7 Flach, Werner, *Grundzüge der Erkenntnislehre. Erkenntniskritik, Logik, Methodologie*, Würzburg 1994 [im Folgenden: EL], S. 285, 288 f. (vgl. das ganze Kapitel 3.1 über die sog. erkenntniskonstituierenden Prinzipien der Identität, des Widerspruchs und der Dialektik).

Quasi-Monismus der (selbstbezüglichen) Negation, Rickert einen Quasi-Monismus der Korrelation: weder der eine noch der andere als Letztprinzip eine in sich undifferenzierte Einheit. Während Rickert philosophiemethodisch gewissermaßen an der transzendentalen Analytikvorstellung Kants festhält, will Hegel diese mit der transzendentalen Dialektik ineins denken. Die Forschung ist in Bezug auf die Triftigkeit der Rickertschen Kritik bis heute allerdings nicht zu einer einhelligen Einschätzung gekommen.[8]

Anstatt nun Rickerts Hegel-Kritik und Argumentation für die Heterologie erneut en detail zu analysieren,[9] und damit den Ausgangspunkt von Flachs Studie über Negation und Andersheit als Strukturanalyse der ‚Letztimplikation', d.h. des Denkens als ursprünglicher synthetischer Einheit, will ich die Sache von ihrem geistphilosophischen Ende her aufrollen, d.h. von Flachs eigener Grundlegung der Erkenntnis. Dazu exponiere ich zunächst das Problem, das Flachs *Grundzüge der Erkenntnislehre* mit zu bewältigen hat, von einer übergeordneten philosophiemethodischen Perspektive, die hilfreich ist, um das Verhältnis von Kants Transzendentalphilosophie und Hegels spekulativem Idealismus genauer zu fassen: der Perspektive des *Formalismus*, der

---

[8] Während Wagner und Flach ebenso wie etwa Wolfgang Marx oder, trotz aller Reserve, zunächst auch der Vf. sich für Rickert ausgesprochen haben, diskutieren Hegel-Forscher wie Hartmann, Theunissen oder neuerdings auch Wetzel ebenfalls Rickerts Kritik der Dialektik, kommen jedoch zu einem positiven Befund zugunsten Hegels (Hartmann, Klaus, *Zur neuesten Dialektik-Kritik*, in: Archiv für Geschichte der Philosophie 55 (1973), S. 220–242, (S. 226ff.); Hartmann, Klaus, *Die ontologische Option*, Berlin 1976, S. 62ff.; Hartmann, Klaus: *Hegels Logik*, hrsg. von Olaf Müller. Berlin 1999, S. 8ff.; Theunissen, Michael, *Sein und Schein. Die kritische Funktion der Hegelschen Logik*, Frankfurt am Main 1978, S. 246; Wetzel, Manfred, *Psyché und materialer Lógos*, Würzburg 2017, S. 577ff.). Jüngst hat Fabbianelli versucht, Fichtes spätere *Wissenschaftslehre* als Alternative für Hegels Dialektik der Negation ins Spiel zu bringen, wobei Flachs *Negation und Andersheit* ihm Hilfestellung leistet und er Fichtes Transzendentalphilosophie als Heterologie im Sinne Rickerts zu deuten versucht (Fabbianelli, Faustino, *Sameness and Otherness in the Free Principle of Philosophy. Fichte's 'Wissenschaftslehre' in Comparison to Hegel's ‚Science of Logic'*, in: *Metaphysics of Freedom? Kant's Concept of Cosmological Freedom in Historical and Systematic Perspective*, hrsg. von Christian Krijnen, Leiden/Boston 2018, S. 157–172). Und schließlich ist Wagners Lehre von der primär-konstitutiven Apriorität neuerdings ebenfalls auf Interesse zahlreicher Forscher gestoßen (vgl. die Beiträge von Bunte, Ganglbauer, Krijnen, Lippitz, Wetzel und Zeidler in Krijnen, Christian u. Kurt Walter Zeidler (Hrsg.), *Reflexion und konkrete Subjektivität. Beiträge zum 100. Geburtstag von Hans Wagner (1917–2000)*, Wien 2017). Es ist eine Lehre, die Rickerts Heterologie in die kantianisierende Transzendentalphilosophie der Nachkriegszeit überführt.

[9] Vgl. Krijnen, Christian: *Philosophie als System. Prinzipientheoretische Untersuchungen zum Systemgedanken bei Hegel, im Neukantianismus und in der Gegenwartsphilosophie*, Würzburg 2008, Kap. 1–3.

Kants Transzendentalphilosophie und die kantianisierende Transzendentalphilosophie auszeichnet.[10]

[2] Nachdem Hegel am Ende seiner ‚Wesenslogik' philosophiehistorisch gesehen den Rationalismus und Empirismus durchlaufen hat, heißt es am Anfang der ‚Begriffslogik', die „*ursprünglich-synthetische* Einheit der *Apperzeption*" gehöre zu den „tiefsten und richtigsten Einsichten" von Kants *Kritik der reinen Vernunft* (II 221):[11] Kant habe die „*Einheit,* die das *Wesen* des *Begriffs*" ausmacht, als ursprünglich synthetische Einheit der Apperzeption, des „*Ich denke* oder des Selbstbewußtseins" gedacht und damit die Äußerlichkeit von Ich und Verstand bzw. Begriff und Gegenstand überwunden. Allerdings sei Kants Rückführung in die Einheit des Selbstbewusstseins als absolute Grundlage unzureichend, weil das Verhältnis des Begriffs zur „Realität" qua „Objektivität" dem Begriff als „Subjektivität" doch „gegenübergestellt" (II 223, vgl. 223ff.), das Verhältnis von Anschauung und Begriff, Verstand und Sinnlichkeit, Form und Inhalt als ein bloß abstraktes Verhältnis begriffen werde (‚Formalismus'). Es fehlt bei Kant das hegelsch verstandene „Prinzip der Bestimmung" (E §508), d.h. die jedwede Äußerlichkeit aufhebende Realisierung des Begriffs durch seine Momente des Allgemeinen, Besonderen und Einzelnen. Mit Hegel gesprochen müsse über die bloße „*Vorstellung*" des Verhältnisses von „*Verstand*" und „*Ich*" bzw. „*Begriff*" zu einem „*Ding und seinen Eigenschaften und Akzidenzien*" zum „*Gedanken*" fortgegangen werden (II 221). Der spekulativ verstandene Begriff erweist sich sodann als die eingeklagte absolute Grundlage (vgl. auch II 220). – In Bezug auf Kants praktische Philosophie liegt die Sache in puncto Formalismus nicht anders: Kants Formalismus vermag es Hegel zufolge nolens volens nicht, die Wirklichkeit der Freiheit zu begreifen.

---

10 Vgl. etwa Krijnen, Christian, *Freiheit als ursprüngliche Einheit der Vernunft. Hegels begriffslogische Lösung eines Kantischen Problems*, in: *Natur und Geist*, hrsg. von Wolfgang Neuser u. Pirmin Stekeler-Weithofer. Würzburg 2016, S. 25–52; Krijnen, Christian, *Freiheit und geltungsnoematische Struktur oder wie tief reicht das axiotische Grundverhältnis der Transzendentalphilosophie?*, in: Krijnen/Zeidler 2017, S. 205–224; Krijnen, Christian, *Kants Konzeption kosmologischer Freiheit. Ein metaphysischer Rest?*, in: Revista de Estudios Kantianos 2 (2017), S. 179–195; Krijnen, Christian, *Die Wirklichkeit der Freiheit begreifen. Hegels Begriff von Sittlichkeit als Voraussetzung der Sittlichkeitskonzeption Kants*, in: Folia Philosophica 39 (2018), S. 39–146; Krijnen, Christian, *Der „Kulturimperativ" als Geltungsverwirklichungsforderung. Hegels Formalismusproblem im Gewand kantianisierender Kulturphilosophie,* in: *Kultur. Interdisziplinäre Zugänge*, hrsg. von Hubertus Busche, Thomas Heinze, Frank Hillebrandt u. Franka Schäfer, Wiesbaden 2018, S. 419–452.

11 Georg Wilhelm Friedrich Hegel wird wie folgt zitiert: I = *Wissenschaft der Logik*. Erster Teil. Hrsg. von Georg Lasson (Leipzig 1951); II = *Wissenschaft der Logik*. Zweiter Teil. Hrsg. von Georg Lasson (Leipzig 1951); E = *Enzyklopädie der philosophischen Wissenschaften im Grundrisse* (1830), hrsg. von Friedhelm Nicolin und Otto Pöggeler, Hamburg 1991.

Auch dem Kantischen Guten fehlt seiner Abstraktheit oder seines Formalismus wegen ein „Prinzip der Bestimmung", also die Methodenstruktur der ‚Realisierung des Begriffs'. ‚Form' und ‚Inhalt' (‚Materie') bzw. konkreter und mit Blick auf die praktische Vernunft formuliert: Natur (Triebe und Neigungen) und Freiheit (kategorischer Imperativ der Sittlichkeit) bleiben einander folglich äußerlich entgegengesetzt.

Dieser Formalismus ist ebenfalls charakteristisch für das axiotische Grundverhältnis der späteren Transzendentalphilosophie, d.i. für jenes grundlegende Verhältnis, aus dem heraus die Transzendentalphilosophie in Fortführung des Fundierungsgedankens Kants versucht, die Kultur als die Welt des Menschen zu verstehen: die Korrelation von Wert – Subjekt – Kultur.[12]

Hinsichtlich der Erkenntnisgrundlegung hat Flach das Verhältnis von Transzendentalphilosophie und spekulativem Idealismus einmal so bestimmt, dass bei Hegel im Begriff als der Vermittlung in ihrer sich vollbringenden Totalität die Negativität total werde; die Vermittlung übernehme damit die Funktion der ursprünglichen synthetischen Einheit, sodass Hegel Analytik und Dialektik vereine, und damit zwei Prinzipienfunktionen, die bei Kant und Rickert strikt geschieden blieben: Konstitutivität und Regulativität. Die Heterologie, also Rickerts sublimierter Kantianismus, könne zwar in ihrer Prinzipienanalyse zur Feststellung der Momente der Bestimmungsfunktion kommen, letztlich zur Aussage der „Korrelation" dieser Momente; sie könne diesem Verhältnis jedoch keine „Dynamik" abgewinnen.[13] Bei Hegel indes würden die „konstitutionstheoretischen Verhältnisse der Urteilskonstitution" durch die „methodologischen Verhältnisse der Erkenntnisorganisation" überlagert, konstitutive und regulative Prinzipien der Erkenntnis konfundiert; es komme zu einem „überzogenen Methodenkonzept" (EL 289).

Mit dem Gesichtspunkt der Bestimmungsdynamik kehrt Flach einen systematisch wichtigen Gedanken hervor. Sofern in der kantianisierenden Transzendentalphilosophie eine Dynamik der Prinzipien in Anschlag gebracht werden kann, liegt er im korrelativen Zusammenhang jener ‚Stufen von ‚Apriorität'. Diese reichen von der Ursprungssynthesis der Heterothesis über die Logik des Urteils bis hin zur konkreten Gegenstandsbestimmung durch

---

12 Vgl. zum axiotischen Grundverhältnis Krijnen, Christian, *Nachmetaphysischer Sinn. Eine problemgeschichtliche und systematische Studie zu den Prinzipien der Wertphilosophie Heinrich Rickerts,* Würzburg 2001, Kap. 2.3, 6.3, 7.2f., sowie neuerdings Krijnen, *Freiheit und geltungsnoematische Struktur.*

13 Flach, Werner, *Kritizistische oder dialektische Methode? Analyse und Bewertung,* in: *Der Neukantianismus und das Erbe des deutschen Idealismus. Die philosophische Methode,* hrsg. von Detlev Pätzold u. Christian Krijnen, Würzburg 2002, S. 9–20, (S. 18f.).

methodische Prinzipien. Die Dynamik in der Bestimmung ist nicht spekulativer, sondern korrelativer Art. Die Letztheitsmomente bilden also nur ein *Moment* im Ganzen der Gegenstandsbestimmung, nämlich deren primärkonstitutive Apriorität. Um das Denken als Prinzip von Gegenständlichkeit oder Objektivität zureichend zu qualifizieren, bedarf es einer Mannigfaltigkeit zusätzlicher, wenn auch logisch nachgeordneter Prinzipien, die sich nach Gruppen oder Stufen von Transzendentalität unterscheiden lassen: es ergibt sich ein geltungsfunktional geordnetes Prinzipiengeflecht.

Diese transzendentalphilosophische Bestimmungsdynamik ist von der spekulativen Begriffsentwicklung als Selbstbestimmung des Allgemeinen über das Besondere zum Einzelnen unterschieden: Sie ist nicht negationstheoretischer, sondern heterothetischer Art. Überwindet sie aber wirklich den Formalismus, den Hegel rücksichtlich Kants festgestellt hat?

Im Folgenden gehe ich kurz auf die Transzendentalphilosophie Rickerts, Wagners und des frühen Flach ein, anschließend kommt Flachs späte *Erkenntnislehre* (1994) zur Sprache. Von hier aus lassen sich anschließend Lehrstücke Hegels einbringen. In dieser Weise ergibt sich eine neue Sicht auf das Problem von *Negation und Andersheit*. Es wird sich zeigen, dass die sog. geltungsnoematische Struktur der Transzendentalphilosophie trotz allem (Inhaltslogischen) formal bleibt, das heterothetische Prinzip sich also doch zu wenig bewegt. Mit Blick auf die Denkentwicklung Flachs lässt sich geradezu eine bemerkenswerte Transformation der Lehre von der primär-konstitutiven Apriorität feststellen, die den Formalismusvorwurf recht zwanglos heraufbeschwört. Methodisch gesehen ist Flachs späte Erkenntnislehre, mit Hegel gesprochen, *äußere Reflexion*.

2 Zur Transformation der Lehre von der primär-konstitutiven Apriorität

Der Ursprung von Objektivität erweist sich für Rickert als heterothetisch verfasst. Hiernach besteht das Minimum logischer Gegenständlichkeit aus den Momenten des Einen und des Anderen.[14] Die reine Heterogenität konstituiert das Denken rein als Beziehung und enthält bloß diesen reinen Beziehungssinn.

---

14   Rickert, Heinrich, *Das Eine, die Einheit und die Eins. Bemerkungen zur Logik des Zahlbegriffs*, 2. Aufl. Tübingen 1924, S. 8ff.; Rickert, Heinrich, *System der Philosophie. Erster Teil: Allgemeine Grundlegung der Philosophie*, Tübingen 1921, S. 50ff. Zu Rickerts Gegenstandsmodell vgl. Flach, *Negation und Andersheit*; Krijnen, *Nachmetaphysischer Sinn*, Kap. 5; Krijnen, *Philosophie als System*, Kap. 2 u. 3.

Die Sphäre reiner Heterogenität des Gegenstandsmodells geht der Sphäre des bestimmenden Denkens, die bei Rickert die des Urteils ist, logisch voran. Mit Blick auf Wagner und den frühen Flach könnte man jene als die der primärkonstitutiven Apriorität bezeichnen; sie bestimmt das Denken rein als solches, betrifft Gegenständlichkeit überhaupt, die Ursprungssynthesis selbst: Durch sie gibt es Logisches. Rickert expliziert dieses logische Urphänomen als Korrelation von Form und Inhalt, wobei dieser Inhalt freilich kein besonderer (dieser, jener) Inhalt ist, sondern der „Inhalt überhaupt", der daher selbst formal genannt werden muss, also zum Denken, zu den formalen Faktoren des theoretischen Gegenstandes überhaupt gehört. Das Denken involviert eine Selbstbeziehung auf Inhalt.

Als Fundament von Gegenstandsbestimmung ermöglicht diese primärkonstitutive Apriorität zwar gegenständliche Bestimmtheit, urteilslogische Bestimmung von Gegenständen, ist jedoch nicht selbst gegenstandsbestimmend, urteilendes Denken. Sie betrifft, urteilslogisch ausgedrückt: die Struktur der reinen Setzung von Etwas und damit zugleich den Bestimmungsansatz gegenständlicher Bestimmung des gesetzten Etwas durch Anderes (Prädikation). Die Prinzipienschicht des Ursprungs bildet selbst ein Moment im Ganzen der Gegenstandsbestimmung. Auf ihr ruht die, sagen wir mit Blick auf Wagner und den frühen Flach, sekundär-konstitutive Apriorität gegenstandskonstituierenden Sinnes: die Prinzipien gegenständlicher Bestimmung im Urteil. Das Urteil leistet also keine Synthesis in reiner Heterogenität. Die südwestdeutschen Neukantianer folgen vorwiegend Rickerts Heterologie.[15] Stets tritt an die Stelle von vermeintlich Geltungsfremdem eine Stufung von Prinzipien der Erkenntnis: Stufen transzendentaler Apriorität eben.

Nicht anders liegt es bei Wagner und dem frühen Flach. Wagner versteht die Apriorizitätenlehre geradezu als Antwort auf die Frage nach der Bestimmtheit des Denkens qua Prinzip von Gegenständlichkeit und damit als des Absoluten.[16] Das Absolute ist Wagner zufolge „Selbstbeziehung auf ein von ihm selbst begründetes und ihm selbst verschiedenes Anderes, um in dieser Selbstbeziehung auf das Andere in diesem Anderen sich selbst zu bestimmen".[17] Als absoluter Grund aller Bestimmtheit kann es seine Bestimmtheit nur in sich selbst haben, ist somit sich selbst, urteilslogisch ausgedrückt, Subjekt und Prädikat.

---

15 Vgl. Krijnen, Christian, *Das konstitutionstheoretische Problem der transzendentalen Ästhetik in Kants ‚Kritik der reinen Vernunft' und seine Aufnahme im südwestdeutschen Neukantianismus*, in: *Kant im Neukantianismus. Fortschritt oder Rückschritt?*, hrsg. von Marion Heinz u. Christian Krijnen, Würzburg 2007, S. 109–134.
16 Vgl. Wagner, *Philosophie und Reflexion*, §§15-17, 19, 22, 23.
17 Ebd., S. 128.

So läuft Wagners Gedankengang auf die ursprüngliche Bestimmtheit des absoluten Prädikats qua Bestimmungsgrund des Absoluten hinaus. Wagners Stufen der Apriorität, d.h. die Erkenntnisprinzipien, sind in erster Linie nichts anderes als die inhaltliche Bestimmtheit des Absoluten, das das Denken als Prinzip von (in diesem Fall: theoretischer) Gegenständlichkeit ist. Schon die Rede von Stufen deutet an, dass es unterschiedliche Typen von Prinzipien gibt. Sie bilden ein Gefüge von sich implizierenden und darin bestimmenden vollständig disjunktiven (Rickert: heterothetischen) Momenten, die von der primär- und sekundär-konstitutiven Apriorität bis hin zum Regulativ- und Systematisch-Apriorischen reichen.

Die skizzierte Apriotätenlehre steht im Hintergrund von Flachs frühen Schriften. Hier betont Flach geradezu, dass das heterothetische Prinzip den Ursprung rein logischer Gegenständlichkeit als Relation von Relata konstituiert.[18] Negation gehöre zur Sphäre der „Bestimmung" bzw. „Prädikation", des „Urteils", des „bestimmenden Denkens".[19] Das Prinzip der Heterothesis konstituiere die Erkenntnisrelation selbst, liege den logischen Prinzipien des bestimmenden Denkens (Identität, Widerspruch und Dialektik) also noch *zugrunde*;[20] die „ursprünglich-synthetische Einheit der geltungslogischen Letztheitsmomente" mache den „Ursprung" aus.[21] Freilich kann auch Flach zufolge die Selbstbegründung des geltungslogischen Ursprungs nur intragnoseologisch erfolgen, wie Flach sagt, in einer eigentümlichen „reflexiven Konstitutivität" der Momente des Ursprungs: Die Reflexion sei „Selbstexplikation und Selbstentfaltung" des Ursprungs.[22] Aus dem prinzipiellen Unendlichkeitssinn des Denkens erwachse Gegenständlichkeit, und zwar als „immanente Vermittlung" der „reinen Heterogeneitätsstruktur".[23]

3 Zur Kritik der Flachschen *Erkenntnislehre*

[1] In Flachs später *Erkenntnislehre* gibt es, was das Verhältnis von Heterologie, primär- und sekundär-konstitutiver Apriorität betrifft, gravierende Differenzen im Vergleich zur frühen Lehre. Namentlich das Problem der Synthesis

---

18 Flach, *Negation und Andersheit*, Kap. I, vgl. II.
19 Ebd., Kap. III-IV.
20 Ebd., Kap. IV-VII.
21 Flach, Werner, *Zur Prinzipienlehre der Anschauung. Bd. 1: Das spekulative Grundproblem der Vereinzelung*, Hamburg 1963, S. 23.
22 Ebd., S. 23.
23 Ebd., S. 34.

des Ursprungs erfährt eine systematisch unzureichende Behandlung. Dadurch verliert Flachs Erkenntnislehre nicht zuletzt in ihrem grundlegenden Teil viel an Überzeugungskraft, ja, es macht sich geradezu ein Kantischer Formalismus von Form und Inhalt bemerkbar, der sich aus methodischen Gründen eben auch formaliter nicht mehr über den in der Ursprungssynthesis begründeten Kontinuitätssinn des Denkens bewältigen lässt. Selbstverständlich ist Flachs *Erkenntnislehre* als eine strikt geltungsreflexive Erkenntnislehre konzipiert. Sie soll in „selbstanalytischer Explikation" auf ein „funktionales Modell des Wissens in seiner Geltungsbestimmtheit" führen (EL 33).[24] In diesem Modell aber glänzt die Heterologie und damit die Thematik der primär-konstitutiven Apriorität, was ihre ausdrückliche Thematisierung betrifft, – durch Abwesenheit.[25] Daher gilt es zunächst, ihre thematische Stelle zu rekonstruieren. Es müsste sich sodann zeigen lassen, dass Flach seinem eigenen Reflexionsansatz nur unzureichend gerecht wird: statt Selbstkonstitution äußerlich Begriffe einschleust.

Flachs funktionales Modells des Wissens besteht aus vier, den Wissensbegriff in seiner Geltungsbestimmtheit charakterisierenden Komponenten: Intention, Aufgabe, Leistung und Gehalt (EL 144). Sie hängen notwendig zusammen, und zwar korrelativ. Flach bestimmt die Komponenten daher genauer als „Momente" (EL 156). Ihr Zusammenhang sei einer von wechselseitiger Exklusion, Implikation und Limitation unterschiedener Wissensmomente, kurz: von „korrelativer Einheit oder Einheit durch Korrelation" (EL 159). Damit kommen gewiss Aspekte der Heterologie bzw. der primär-konstitutiven Apriorität zur Sprache. Sie kommen es jedoch insofern nur ‚abstrakt', als sie zur Deskription der Bestimmungsstücke des funktionalen Modells des Wissens herangezogen werden. Die Ursprungssynthesis selbst ist weder im funktionalen Modell des

---

24 Vgl. zu diesem Modell EL Kap. 2.1. Vgl. auch die Vorbildung bei Wagner, *Philosophie und Reflexion*, §1.

25 Der späte Flach erwähnt die Thematik der primär-konstitutiven Apriorität so gut wie immer in kritischer Abwendung von Wagners Unterscheidung von primär- und sekundär-konstitutiver Apriorität (EL 184f., 194, 214f., 273f.). Eigenbestimmtheit und Gehaltlichkeit des Gedankens fielen auseinander (EL 214). Flachs Kritik an der Unterscheidung von primär- und sekundär- konstitutiver Apriorität scheint mir insofern überspitzt, als Wagner selber immer wieder den erkenntnisfunktionalen Sinn der primär-konstitutiven Apriorität und der ihr eigenen formalen Logik betont, die Unterscheidung zweier Apriori-täten somit gewissermaßen ‚abstrakt' ist; Flach erörtert die Unterscheidung von Anschauung und Denken in seiner *Erkenntnislehre* immerhin selbst auch ‚abstrakt'. Überspitzt ist die Kritik jedoch vor allem, weil es Flach nicht gelingt, den positiven Sinn der primär-konstitutiven Apriorität in seine späte Erkenntnislehre zu integrieren. Er überstrapaziert vielmehr den Kantischen Ansatz von Anschauung und Begriff zuungunsten des *geltungsfunktionalen* Sinnes der synthetischen Einheit der Apperzeption.

Wissens noch in der Bestimmung der Art von Notwendigkeit des Zusammenhangs seiner Momente und deren Einheit thematisch.

In einem weiteren Reflexionsschritt gelangt Flach vom Wissensmodell über die Diskussion der „Geltungsqualifikation des Wissens" (EL Kap. 2.2) zur „Definitheit der Erkenntnis" (EL Kap. 2.3). In der Diskussion der Geltungsqualifikation des Wissens habe sich nämlich herausgestellt, dass es die geltungsnoematische Struktur sei, in der die Selbstkonstitution der Erkenntnis sich zu vollbringen vermag. Die geltungsnoematische Struktur ist die Ermöglichungsstruktur der Erkenntnis. In ihr erfolgt die Ermöglichung der Erkenntnis (qua Noema), und die ist freilich „Selbstermöglichung", „Selbstkonstitution" (EL 180). Der erste, grundlegende Teil der Flachschen Erkenntnislehre, die „Erkenntniskritik" (EL Kap. 2), zentriert sich deshalb um die Bestimmung der geltungsnoematischen Struktur (der Struktur des Noema [Gehalts] in seiner Geltungsbestimmtheit). Sie sei das „zentrale Stück der Bestimmung der Erkenntnis" und biete sodann auch den Anknüpfungspunkt für die „Entwicklung des ganzen Inhalts der Erkenntniskritik und der Erkenntnislehre überhaupt".[26]

Die Ermöglichungsstruktur der Erkenntnis ist als geltungsnoematische Struktur zu begreifen. Erneut kommen in abstrakt-deskriptiver Weise Aspekte des heterothetischen Grundverhältnisses zur Sprache, also ohne sie geltungsfunktional als Ursprungssynthesis zu denken. Im Gedanken der Ermöglichung als Selbstermöglichung, also als Selbstkonstitution, liegt für Flach erstens, dass die Selbstkonstitution der Erkenntnis in der geltungsnoematischen Struktur ein Verhältnis von „Grund und Begründetem" in sich enthält; zweitens, dass über dieses „einseitige Begründungsverhältnis" hinaus, Grund und Begründetes auch in einem „wechselseitigen Bedingungsverhältnis" stehen, die geltungsnoematische Struktur also ein der Geltungsqualifikation des Wissens immanentes Prinzipienverhältnis ist; und drittens, dass das, was in der Selbstkonstitution als Grund fungiert, den Charakter des „Prinzips" bzw. qua Mehrheit von Konstituentien des Prinzipieninbegriffs hat. Dieser Grund ist die Geltung selbst. Flach führt diesbezüglich den Begriff der Apodiktizität ein: Das Prinzip sei die Geltung als „apodiktische" Bestimmtheit der Erkenntnis. Es begründe die Erkenntnis qua Konkretum, d.h. die Erkenntnis als prinzipiierte Erkenntnis, „Prinzipiatum". Auch das Prinzipiatum sei die Erkenntnis in ihrer Geltung, die Geltung jedoch in ihrer „kontingenten" Bestimmtheit: Prinzip und Prinzipiatum stehen sich laut Flach wie apodiktische und kontingente Bestimmtheit gegenüber und sind zugleich als Geltungsbestimmtheit

---

26   Vgl. dazu und zum folgenden Absatz EL 182f.

aneinander gebunden. Deshalb kann Flach zum Schluss kommen, dass es in der Erkenntnisbegründung auf die „Vermittlung" von apodiktischer und kontingenter Geltungsbestimmtheit ankommt. Die geltungsnoematische Struktur hat ebendiese Funktion der Vermittlung. In ihr vollbringe sich die Selbstkonstitution der Erkenntnis.

[2] Mit dieser, sagen wir mit dem frühen Flach, reflexiven Konstitutivität der geltungsnoematischen Struktur wird sichtbar, dass die geltungsnoematische Struktur das gesuchte Analogon für die Rickertsche Heterothesis bzw. die Wagnersche primär-konstitutive Apriorität insofern bildet, als sie auch die Problematik der Ursprungskonstitution mit zu bewältigen hat. Ist dem so, dann muss der Blick auf ein ganzes Bündel von Problemen fallen, die mit Flachs selbstanalytischer Etablierung der Ermöglichungsstruktur der Erkenntnis verbunden sind.

Erstens ist das Verhältnis von Apodiktizität und Kontingenz ein wesentlich *spezielleres* als das von den Ursprungsmomenten, die das Denken selbst charakterisieren. Die Momentbestimmtheit überhaupt des, mit Rickert und dem frühen Flach gesprochen, Einen Und Anderen ist im Verhältnis von Apodiktizität und Kontingenz offenbar zwar vorausgesetzt, das Verhältnis von Apodiktizität und Kontingenz jedoch nicht aus dieser vorausgesetzten Ursprungseinheit ‚selbstanalytisch' (‚selbstkonstituierend'), also in der Weise einer immanenten Bedeutungsklärung entwickelt: nicht geltungsreflexiv ‚gesetzt', sondern nur ‚vorausgesetzt'. Die Einführung des Verhältnisses von Apodiktizität und Kontingenz genügt dem methodischen Fundierungsanspruch der reflexiven Konstitutivität also nicht. Auch Voraussetzen ist Setzen.

Zweitens kommt es unter dem Titel der „Definitheit der Erkenntnis" (EL Kap. 2.3) zu Bestimmungen, die mit den eingeführten Bestimmungen von Apodiktizität und Kontingenz inkompatibel sind: Die durch die geltungsnoematische Struktur bewerkstelligte Vermittlung von Apodiktizität und Kontingenz führe zu einer „Proportion" (EL 186). Nur in ihrer proportionalen Vereinigung seien Apodiktizität und Kontingenz Charakteristika der Erkenntnis, genauer: in ihrem Zusammen seien sie das eine Charakteristikum der Erkenntnis, das deren Definitheit sei. Damit bringt Flach zwar erneut Aspekte der Ursprungseinheit des Denkens als Erkenntnis zum Ausdruck, aber er will die Momente der Apodiktizität und Kontingenz zugleich näher verstanden wissen als die „Konstitutionsrücksichten" oder „konstitutiven Apriori" des „Denkens" und der „Anschauung" (EL 186f.). Der Begriff des Denkens stehe für den Apodiktizitätsanteil an der Definitheit der Erkenntnis, der der Anschauung für den Kontingenzanteil. Diese Ineinssetzung von Apodiktizität und Kontingenz mit den Konstitutionsrücksichten des Denkens und der Anschauung ergibt sich allerdings nicht aus einer selbstanalytischen Bestimmung der bislang erreichten Bestimmungen von Apodiktizität und Kontingenz bzw. ihres Verhältnisses. Sie widerspricht ihr sogar: beide waren eingeführt nicht als Konstitutionsrücksichten oder Anteile an der Erkenntnis als dem Noema, sondern als Erkenntnis qua Prinzip und Prinzipiiertes also als Konstituierendes und Konstituiertes. Das Kontingente etwa wäre dann einmal das Prinzipiierte und einmal ein Anteil am Prinzipiierten, das Apodiktische einmal das Prinzipiierende, einmal ein Anteil am Prinzipiierten.

Diese Ambivalenz der Grundbestimmungen der geltungsnoematischen Struktur setzt sich nicht nur fort im historischen Teil von Flachs Ausführungen zur Definitheit der Erkenntnis, wo Flach Kants Lehre von der Apriorität der Anschauung mit der Geltungskontingenz und die der Apriorität des Denkens mit der Geltungsapodiktizität der Erkenntnis qua Definitheit der Erkenntnis verbindet (EL 187f.). Vielmehr bestätigt sie sich auch in den nachfolgenden systematischen Überlegungen zum Verhältnis von Anschauung und Denken:

Zusammen charakterisieren Anschauung und Denken laut Flach die Definitheit der Erkenntnis, eines jeden Noema. Sie erfüllen unterschiedliche Geltungsfunktionen, die sich für eine nähere Artikulation der geltungsnoematischen Struktur fruchtbar machen ließen. Das Denken prinzipiiere das Noema als „wohlunterschiedenen Wissensgehalt" (EL 190). Insofern seien „Einheit und Gliederung" integrale Bestandteile der Definitheit des Noema. Damit bringt Flach erneut einen entscheidenden Aspekt des heterothetischen Ursprungsverhältnis ein: Denken sei „Relationalität" (EL 190f.). Entsprechend sei das Noema sowohl einheitlicher wie gegliederter Sinn. In diesem Kontext führt Flach den Begriff der „Synthesis" ein: der Sinn sei Synthesis, Verbindung einer Mannigfaltigkeit zur Einheit. Gleichwohl fasst Flach, drittens, die Synthesis nicht als Ursprungssynthesis, d.i. in ihrer heterothetischen oder primärkonstitutiven Dimension:

Sinn sei zwar eine Verbindung von Mannigfaltigem, dieses Mannigfaltige nimmt Flach jedoch unmittelbar als das „Gegebene der Erkenntnis", das Gegebene, das dem „Zugriff" durch die Synthesis offen stehe. Insofern verbindet die Synthesis das „Heterogene" zu einem „Homogenen"; dieses Heterogene ist jedoch nicht das einer reinen Heterogeneität des Ursprungs, sondern das von Gegebenem. Ursprungstheoretisch gesehen handelt es sich bei der Synthesis also um eine von schon synthetisierten Einheiten. Zudem betont Flach – Kants Stämmelehre wohl fortschreibend –, dass der Sinn des Noema sich durch Homogeneität auszeichnet, das Mannigfaltige als solches dieser Ordnung entbehre und sich durch seine Heterogeneität gegen diese Ordnung abhebe; das Mannigfaltige wahre diesbezüglich gegenüber der Synthesis seine „Selbständigkeit" (EL 191). Flach setzt somit Einheiten jenseits der Ursprungssynthesis voraus, Einheiten, die die Bedingung der Denkbarkeit immer schon erfüllen müssen. Während Rickert und der frühe Flach noch so etwas wie eine Form ‚Inhalt überhaupt' kennen, die der logische Ort für das Alogische ist, kommt es beim späten Flach zur Entgegensetzung von Form bzw. Apodiktizität und Inhalt bzw. Kontingenz. Deshalb kann Flach sich die Sachlage so zurechtlegen, dass die Synthetisierung des Gegebenen „gleichursprünglich" mit der durch das Denken verbürgten Geltungsapodiktizität die durch die Anschauung verbürgte Geltungskontingenz in die Definitheit des Noema einbringt, das Apriori des Denkens und das der Anschauung für die Definitheit des Noema notwendig sind. Darin liegt schließlich auch noch, dass Geltungskontingenz nicht ist, was sie ursprünglich sein sollte: prinzipiierte Erkenntnis. Mit Rickert und dem frühen Flach gesprochen denkt der späte Flach die geltungsnoematische Struktur immer schon als Urteilsstruktur, denkt sie also auf der Fundierungsebene nicht der reinen Heterogeneität, sondern auf der der *Heterogeneität in der Homogeneität.*[27]

Viertens findet sich in Flachs Ausführungen zur Definitheit der Erkenntnis und der Anschauung dieselbe urteilslogische Präfigurierung.[28] Als gleichursprüngliches konstitutives Gegenstück zum Denken mache die Anschauung mit diesem die Definitheit des Noema aus. Flach konzipiert sie nicht ursprungs-, sondern urteilstheoretisch. Entsprechend ist sie „das Viele zum Einen, das Mannigfaltige zum Einen, das Heterogene zum Homogenen" (EL 195). All dies ist von Flach in seiner „abstrahierenden Erörterung" (EL 194, vgl. 186) der Anschauung (wie vorher des Denkens) nicht deduziert, d.h. nicht Ergebnis einer selbstanalytischen Konstitution (geltungsreflexiven Sinnklärung o.ä.),

---

27 Vgl. zu Flachs Ineinssetzung von geltungsnoematischer Struktur und Urteilsstruktur auch EL 192f. über den problemhistorischen Stand der Forschung. – Aschenberg, Reinhold, *Erkenntnis der Erkenntnis. Inwiefern und in welchem Sinne ist Flachs Erkenntnislehre Transzendentalphilosophie?*, in: *Geltung und Begründung. Perspektiven der Philosophie Werner Flachs*, hrsg. von Thomas Göller u. Christian Krijnen, Würzburg 2007, S. 9–30 (S. 14f.), hat zu Recht festgestellt, dass bei Flach an die Stelle einer Exposition von Urteilsfunktionen, wie bei Kant, eine konstruktive Durchdringung der Bestimmungsfunktionalität des Urteils tritt, lässt aber diese urteilslogische Ausrichtung selbst unbefragt (obwohl Wagners Lehre von der primär-konstitutiven Apriorität die Befragung hätte veranlassen können). In seiner Replik hat Flach mit Blick auf die Urteilslogik geradezu von der „Basisebene der Letztbegründung" gesprochen (Flach, Werner, *Thematik, Methodik und Systematik der Philosophie*, in: Göller/Krijnen 2007, S. 115–150 [S. 14]). Ebenso führt Aschenberg (*Erkenntnis der Erkenntnis*, S. 14f.) Unterscheidungen Flachs wie Grund/Begründetes, Prinzip/Prinzipiat, apodiktische/kontingente Geltungsbestimmtheit an, befragt deren Deduktion jedoch nicht. Während Aschenberg versucht, den transzendentalphilosophischen Charakter von Flachs *Erkenntnislehre* kritisch zu diskutieren, mache ich den hier wirksamen transzendentalphilosophischen Rahmen selbst zum Problem.

28 EL 194ff., vgl. auch die problemhistorische Darlegung in El 196ff.

sondern präsentiert. Gleichwohl ist es plausibel, dass sich aus diesen Bestimmungen der Anschauung die Bestimmung der „Gegebenheit des Gegebenen" ergibt; die Gegebenheit des Gegebenen ist nichts als „Offenheit für den Zugriff der Synthesis", d.h. sie ist die Geltungsfunktionalität der Ordenbarkeit. Dem Denken ist das Anschauliche das Zu-Synthesisierende; für sich selbst ist es ohne Beziehung (Einheit[lichkeit]), Homogeneität), nur Material zu möglichem Sinn, Vorgegebenes. Ursprungstheoretisch gesehen aber muss es sich bei diesem Material zu möglichem Sinn immer schon um synthetische Einheit(en), also um etwas Einheitliches, Relationshaftes handeln; es wäre sonst nicht das, was es sein soll: Material, Zu-Synthetisierendes, Gegebenes, Vorgegebenes, Zu-Bearbeitendes. Das ist das Eine. Das Andere ist, dass die Anschauung die Konstitutionsrücksicht der Kontingenz vertritt; Kontingenz ist also auch hier nicht prinzipiierte Erkenntnis. Eine umfassende Bestimmung des Denkens als der geltungsnoematischen Struktur, in der Denken und Anschauung nicht als Gegenstücke konzipiert sind, sondern die Geltungsfunktion der Anschauung oder Kontingenz sich als Moment des Denkens selbst erweist, fehlt. An die Stelle der Heterothesis oder Ursprungssynthesis des Denkens als des reinen Beziehungssinns logisch äquivalenter Momente, aus dem heraus sich allererst urteilslogische Verhältnisse ergeben können, tritt ein *Dualismus,* der als solcher noch fundierungsbedürftig ist.

Fünftens tritt dieses ursprungstheoretische Defizit besonders eindrucksvoll zutage im Teil der *Erkenntnislehre,* der auf dem fundierenden, der die ‚Kritik' ist, aufbaut: der ‚Logik' (EL Kap. 3). Dass die kritischen Bestimmungen der Erkenntnis sich nicht in der Weise einer selbstanalytischen Konstitution, sondern einer äußeren Reflexion ergeben, dokumentiert sich gleich zu Beginn der Flachschen ‚Logik': Während die ‚Kritik' die „Ausgliederung" und damit auch die „ansatzmäßige Bestimmung" der Erkenntnis zur Aufgabe habe (EL 133), soll die ‚Logik' im Anschluss an die Ergebnisse der ‚Kritik' die Probleme der „Struktur der Erkenntnis", welche zuerst die Probleme der „Etablierung" dieser Struktur seien, bearbeiten (EL 247). Die ‚Logik' hat laut Flach entsprechend zunächst zu ermitteln, „wie die geltungsnoematische Struktur sich bildet" (und sodann, wie sie sich ausbildet, d.h. welche konstitutiven Möglichkeiten sie einschließt). Sie ermittle die Prinzipien, „denen die Bildung der geltungsnoematischen Struktur verdankt" sei, und lege die „eine grundlegende Struktur" frei, mit welcher die Erkenntnis „sich konstituiert" (EL 247). Das Logische, so Flach pointiert, ist die „prinzipielle Geltungsbestimmtheit des Wissens, seine geltungsnoematische Struktur". Die ‚Logik' fange entsprechend mit der Lehre von den „erkenntniskonstituierenden Prinzipien" an, denn die geltungsnoematische Struktur könne nur von ihrer Bildung her erklärt werden: das Wissen von der Etablierung der geltungsnoematischen

Struktur mache den „schlechthin fundamentalen Begriff des Logischen" aus (EL 248).

Die so exponierte Aufgabe der ‚Logik' ist strikte genommen unmöglich. Sie bestätigt nicht nur das Begründungsdefizit der Bestimmtheit der geltungsnoematischen Struktur, sondern macht auch deren unmittelbare Orientierung am Urteil sichtbar:

Wie gesagt, die ‚Logik' soll zunächst die Etablierung der geltungsnoematischen Struktur klären. Sie nimmt sich dazu in ihrem „ersten" (EL 264), grundlegenden Stück der erkenntniskonstituierenden Prinzipien an; die prinzipienanalytische Explikation des Begriffs der geltungsnoematischen Struktur ist sogar ihre „Hauptaufgabe" (EL 265). Das Problem dieser Flachschen Problemexposition ist jedoch, dass innerhalb der ‚Erkenntniskritik' die geltungsnoematische Struktur *schon etabliert* und ebenda ihre grundlegenden erkenntniskonstituierenden Prinzipien *schon expliziert* wurden. Es ist daher gar nicht mehr von der ‚Logik' zu ermitteln, wie die geltungsnoematische Struktur sich bildet; die Prinzipien, denen die Bildung der geltungsnoematischen Struktur verdankt ist, sind – jedenfalls in ihrem grundlegenden Bestand – schon ermittelt, und zwar: *vor-logisch*. Die Definitheit des Noema war Thema einer die Logik fundierenden Disziplin. Die geltungsnoematische Struktur wurde als Verhältnis von Denken und Anschauung bzw. Apodiktizität und Kontingenz bzw. Prinzip und Prinzipiatum dargelegt. Die ‚Logik' müsste im Anschluss an die introduzierte Ursprungsstruktur der Erkenntnis allenfalls die Ausbildung der geltungsnoematischen Struktur mittels nachgeordneter, freilich in der Weise einer Selbstkonstitution der Erkenntnis sich aus den ursprünglichen Prinzipien ergebenden Prinzipien darlegen.[29] Das auf der Ebene der ‚Erkenntniskritik' aufgezeigte Begründungsdefizit bleibt also in Kraft. Die ‚Logik' vermag ihm keine Abhilfe zu verschaffen. Sie handelt vielmehr von nachgeordneten, jedoch auf den begründungsfunktional defizitären Ursprungsprinzipien der geltungsnoematischen Struktur fundierten Prinzipien. Der selbstanalytische Fortgang der Erkenntnisbegründung von der erkenntniskritischen Fundierung zur logischen Bestimmung der geltungsnoematischen Struktur ist wegen der Kontamination des Problems der Etablierung der geltungsnoematischen Struktur nicht eigens thematisch. Der Übergang von der Sphäre reiner Heterogeneität der Ursprungsprinzipien in die der Homogeneität der Urteilsprinzipien bleibt unbestimmt. Offenbar

---

[29] In diesem Sinne der ‚Anreicherung' eines schon ermittelten Prinzipienbestandes durch nachgeordnete Prinzipien, näherhin die ‚erkenntniskonstituierenden Prinzipien', sollte die Rede von der Etablierung der geltungsnoematischen Struktur durch die Logik wohl verstanden werden.

nimmt Flach implizite Fundierungsstrukturen in Anspruch, wovon fraglich ist, ob sie sich in einem konsistenten Gedankengang reflexiver Konstitutivität explizit machen lassen.

Die in der ‚Logik' thematischen erkenntniskonstituierenden Prinzipien sind unmittelbar solche des Urteils. Durch den Begriff des Urteils begreift die ‚Logik' die geltungsnoematische Struktur. Das Urteil ist, wie Flach sagt, das Explikandum der Explikation der geltungsnoematischen Struktur (EL 264). Entsprechend diskutiert Flach sodann die eigene Bestimmtheit der geltungsnoematischen Struktur als Struktur von Urteilssubjekt (Bestimmungssubstrat), dessen Etablierung sich dem Prinzip der Identität verdankt (EL Kap. 3.1.1), Urteilsprädikat (Bestimmungsdeterminante), dessen Etablierung sich dem Prinzip des Widerspruchs verdankt (EL Kap. 3.1.2), und Urteilsrelation (Bestimmungseinheit von Bestimmungssubstrat und Bestimmungsdeterminante), deren Etablierung sich dem Prinzip der Dialektik verdankt (EL Kap. 3.1.3). Indem die Urteilsrelation für die konstitutive Einheit der Bestimmung steht, ist mit ihr die Konstitution der geltungsnoematischen Struktur und damit auch die Prinzipienlehre der Erkenntnis „vollendet" (EL 285). Im Ergebnis ist die geltungsnoematische Struktur durch die Prinzipienlehre der Erkenntnis vollständig expliziert; die geltungsnoematische Struktur ist ihrer eigenen Bestimmtheit nach bestimmt und zwar als die Funktionalität der Bestimmung (EL 290f.). Nach Flachscher Vorstellung hat alles Logische seine „Wurzeln" in jenen drei Prinzipien; indem die „Bildung" der Eigenbestimmtheit der geltungsnoematischen Struktur durchschaut ist, ist für Flach die Grundlegungsaufgabe der ‚Logik' erfüllt (EL 291).

Sechstens: Angesichts der Tatsache, dass der logischen Dimension des Urteils eine vor-logische des Ursprungs des Urteils vorausgeht, zugleich aber die Etablierung der geltungsnoematischen Struktur ein Geschäft der ‚Logik' ist und dieses Geschäft, wie die ganze Philosophie, der Methodik selbstanalytischer Konstitution verbunden ist, die erkenntniskonstituierenden Prinzipien gemäß Flachs *Erkenntnislehre* ihren Grund also nicht in sich selbst, sondern in anderem haben, wird die Einteilung der *Erkenntnislehre,* jedenfalls was das Verhältnis von ‚Erkenntniskritik' und ‚Logik' betrifft, problematisch. Es dürften pragmatische Gründe gewesen sein, die den späten Flach zu dieser Einteilung motiviert haben, denn sachlich gibt es keinen Grund für eine solche Zäsur. In Flachs Ausarbeitung führt sie wegen des Problems der Etablierung der geltungsnoematischen Struktur vielmehr zu schwerwiegenden systematischen Problemen.

Schon im nachkantischen Idealismus ist Kants enger Kritikbegriff als schlechthinnige Grundlehre, die jeglicher doktrinären Ausarbeitung des Systems der reinen Vernunft vorangeht, nicht mehr in der Weise Kants aufgenommen.[30] Der enge Kritikbegriff als Letztfundierungsstufe wird, in paradigmatischer Weise bei Hegel, in den Systemgedanken aufgehoben. Philosophie als Wissenschaft ist hier nur als totale Reflexion möglich. Die Fundierungsdimension der ‚Kritik' ist daher durch die methodische Struktur spekulativer Begriffsentwicklung, durch die ‚Realisierung des Begriffs', mit bewältigt. Hegels Begründungsprogramm ist das einer immanenten (selbstanalytischen, reflexiv-konstitutiven) Selbstproduktion des begreifenden Denkens, einer Selbstproduktion, in der jeder Fortgang im Weiterbestimmen des unbestimmten Anfangs einen Rückgang zu diesem Anfang bildet. Es gibt da also dem Anspruch nach keine äußerlich eingeschleusten Bestimmungen: Entweder eine Bestimmung verdankt sich dem selbstanalytischen Explikationsgang des Gedankens oder sie ist unberechtigt eingeführt, also grundlos. Hegel hat mal in Bezug auf Reinholds Anfang mit einem Hypothetischen bemerkt, dass es damit nicht sein Bewenden haben kann (1 55ff.; E §10 A), und gerade Flach wird nicht müde zu betonen, dass Philosophie apodiktisches Wissen beansprucht. Das auch für Flach maßgebende neukantianische Faktumtheorem löst die philosophische Analyse ja auch nicht in Kulturrelativismus auf, sondern im Laufe der philosophischen Analyse des Ausgangsfaktums geht die Philosophie methodisch gesehen von der ‚Analyse' in die ‚Synthese' über; dadurch überwindet sie die historische Bedingtheit und Hypothetizität, die das Faktum als Analysandum auszeichnet. Es wird in seinem Grund, der das Denken ist, zurückgenommen: als Ergebnis einer reflexiv-konstitutiven Analyse begriffen.

Siebtens geht aus dieser Analyse unmittelbar noch ein philosophiemethodisch ganz fundamentales Problem hervor: Die in Flachs Bestimmung der geltungsnoematischen Struktur äußerliche Introduktion von deren Grundbestimmungen und damit verbunden die Unterscheidung von Erkenntniskritik und Logik hängt an einer Differenz von *Sache* und *Darstellung* der Sache, die strikte genommen mit dem Programm einer Selbstkonstitution der Erkenntnis, einer reflexiv-konstitutiven Erkenntnisbestimmung, unverträglich ist. Sie zieht nämlich die Einführung von Sachverhalten jenseits einer geltungsfunktionalen Deduktion nach sich. Philosophie als Lehre von der

---

30   Vgl. zu Kants Unterscheidung von Kritik und System nach wie vor die vorzügliche Arbeit von Flach, Werner, *Transzendentalphilosophie und Kritik*, in: *Tradition und Kritik. FS Rudolf Zocher*, hrsg. von Wilhelm Arnold u. Hermann Zeltner, Stuttgart-Bad Cannstatt 1967, S. 69–83. Zur Transformation des Kritikbegriffs im nachfolgenden deutschen Idealismus und Neukantianismus vgl. Krijnen, Christian, *Kritik*, in: *Schlüsselbegriffe der Philosophie des 19. Jahrhunderts*, hrsg. von Christian Bermes, Ulrich Dierse u. Monika Hand, Hamburg 2015, S. 267–282.

Selbstkonstitution indes ist Philosophie aus einem Guss. Mit dem frühen Flach gesprochen, bringt sie die funktionale Stetigkeit des Denkens vom Ursprung bis zum Konkreten auf ihren Begriff.

4 Verabsolutierte äußere Reflexion: Zu Hegels Diagnose transzendentalphilosophischer Letztbegründung

Im Folgenden geht es nicht darum, Hegels Kritik der Transzendentalphilosophie darzustellen, sondern den Prozess immanenter Reflexion auf die Voraussetzungen gegenwärtiger Transzendentalphilosophie mit Hilfe Hegelscher Mittel fortzusetzen in der Absicht, die Selbstexplikation des aufgewiesenen ursprungstheoretischen Fundierungsdefizits genauer zu bestimmen. Es stellt sich in dieser Perspektive heraus, dass das reflexionslogische Profil der skizzierten transzendentalphilosophischen Geltungsreflexion das einer *verabsolutierten Wesenslogik* ist, näherhin einer verabsolutierten *äußeren Reflexion*.[31]

---

[31] In der Hegel-Forschung ist das Reflexionskapitel der Wesenslogik immer wieder als Kritik an der Transzendentalphilosophie gelesen worden. Vgl. etwa die im Anschluss an Liebrucks, Bruno, *Sprache und Bewußtsein*, Frankfurt am Main 1964–1979, entstandenen, gerade auch den größeren problemgeschichtlichen Zusammenhang thematisierenden Arbeiten von Ungler, Franz, *Zur antiken und neuzeitlichen Dialektik*, hrsg. von Michael Höfler u. Michael Wladika, Frankfurt am Main 2005; Ungler, Franz, *Individuelles und Individuationsprinzip in Hegels Wissenschaft der Logik*, hrsg. von Max Gottschlich u. Thomas Sören Hoffmann, Freiburg/München 2017; Wladika, Michael, *Hegels Kantkritik*, in: *Aufhebung der Transzendentalphilosophie? Systematische Beiträge zu Würdigung, Fortentwicklung und Kritik des transzendentalen Ansatzes zwischen Kant und Hegel*, hrsg. von Thomas Sören Hoffmann u. Franz Ungler, Würzburg 1994, S. 195–215; Gottschlich, Max, *Einleitung*, in: *Bruno Liebruck´s „Sprache und Bewußtsein". Vorlesung vom WS 1988*, hrsg. von Max Gottschlich, Freiburg/München 2014, S. 19–186; Gottschlich, Max, *Wenn Kant, dann Hegel. Zum Verhältnis von Transzendentalphilosophie und Dialektik nach Franz Ungler*, in: Wiener Jahrbuch für Philosophie XLVI (2014), S. 86–106. Vgl. aber auch die minutiöse und hilfreiche Rekonstruktion des Hegelschen Argumentationsgangs von Iber, Christian, *Metaphysik absoluter Relationalität. Eine Studie zu den beiden ersten Kapiteln von Hegels Wesenslogik*, Berlin/New York 1990. Freilich ist bei einer Deutung der Reflexionslogik als Kritik an Ontologie und Metaphysik stets im Auge zu behalten, dass die von Hegel unterschiedenen Reflexionsformen zugleich einen positiven Sinn für Hegels eigene Argumentation haben, also niemals bloße Kritik bzw. Darstellung einer philosophischen Position sind. Insofern sind Formulierungen wie „die Wesenslogik ist […] überhaupt eine Kritik des Verstandes" (Ungler, *Individuelles und Individuationsprinzip*, S. 157, Anm. 125), die Logik der Reflexion als „Darstellung der Reflexion eine Darstellung der Transzendentalphilosophie" (Gottschlich, *Einleitung*, S. 64) oder „die ersten beiden Kapitel der Wesenslogik, mit Ausnahme der bestimmenden Reflexion, die als solche erkannt ist, und des Widerspruchs, der als solcher erkannt ist, [sind] die Darstellung der

Kantischen Transzendentalphilosophie" (Wladika, *Hegels Kantkritik,* S. 201) ungenau. Das ändert freilich nichts an der triftigen Einsicht, dass der logische Status der Transzendentalphilosophie insofern die des Wesens ist, als das Denken sich selbst als Grund des Setzens aller Bestimmtheit, als Grund von Objektivität begreift. Die Reflexion ist die Sphäre der Vermittlung. Gleichwohl sieht die Transzendentalphilosophie den Begriff selbst, wie Ungler pointiert schreibt, noch als Wesen, nicht als Begriff (Ungler, Franz, *Die Kategorie Widerspruch,* in: Höfler/Wladika 2005, S. 135–155, (S. 146), oder wie Hegel sich ausdrückt, der reflektierende Verstand vereint die Unterschiede in ihrer Bezogenheit nicht „zum Begriffe" (E §114 A). Unverständlich jedoch wird die Sachlage, wenn ganze Textabschnitte zu Erläuterungen reduziert werden: Nach Hartmann, *Hegels Logik,* S. 168, ist Abschnitt C ‚Die Reflexion' nicht „Fortbestimmung" von A (‚Das Wesentliche und das Unwesentliche') und B (‚Der Schein'), sondern „theoretische Vertiefung" dessen, was mit Wesen gemeint ist. Dagegen ist für Hegel der Schein die Reflexion in ihrer Unmittelbarkeit (II 13), sodass er als Anfangsstadium der Bestimmung der Reflexion fungiert. Zu dieser Einschätzung passt gut, dass Hartmann die von Hegel unterschiedenen Reflexionsarten als „Akzentsetzungen" deutet (*Hegels Logik,* S. 169, S. 172); für Hegel indes ergibt sich die bestimmende Reflexion als Ergebnis einer immanenten Bedeutungsklärung der setzenden und äußeren Reflexion. Es ist überhaupt bemerkenswert, dass Hartmann, der sich immerhin eingehend mit der neueren Transzendentalphilosophie Wagners und Flachs beschäftigt hat, Hegels Bestimmung von Reflexion nicht in Bezug zum Reflexionsbegriff und -vorgang der Transzendentalphilosophie diskutiert. Noch die luzide Deutung von Quante, Michael, *Die Lehre vom Wesen. Erster Abschnitt. Das Wesen als Reflexion in ihm selbst,* in: *Kommentar zu Hegels Wissenschaft der Logik,* hrsg. von Michael Quante u. Nadine Mooren, Hamburg 2018, S. 275–324, hält nolens volens die Tendenz einer verselbständigten Kritik am Leben. Das liegt an seiner „Interpretationshypothese", Hegels Wesenslehre vom Modell des Selbstbewusstseins her verständlich zu machen (Quante, *Wesen als Reflexion,* S. 291f., vgl. S. 276f., S. 283f.). Diese Hypothese wird für das Ganze der Hegelschen Philosophie vielfach als Deutungsparadigma in Anschlag gebracht. Dagegen ist Hegel zufolge das Modell des (Selbst-)Bewusstseins ein defizientes Explikationsmodell philosophischer Sachverhalte. Die Logik ist auf dem absoluten Standpunkt spekulativer Philosophie, dem ‚Standpunkt des reinen Wissens' entwickelt, hat also zur Eingangsvoraussetzung, dass man das Paradigma des Bewusstseins und den für es konstitutiven ‚Gegensatz des Bewusstseins' überwunden hat. Gerade in der *Logik* und der *Enzyklopädie* tritt an die Stelle des Bewusstseinsparadigmas das der Idee. Philosophie ist Ideenlehre, keine Bewusstseinslehre. Es muss daher gerade in den programmatischen Interpretationsaussagen zu Ungenauigkeiten kommen. So soll die Seinslogik „ein System von selbständigen Bestimmtheiten in der Perspektive des nicht involvierten Beobachters" sein, sodass sie die „aktivistische" Verfasstheit der Gedankenbestimmungen verfehle und damit den „Subjektcharakter des Absoluten" (Quante, *Wesen als Reflexion,* S. 283). Das Absolute bzw. dessen Subjektcharakter wäre demnach der involvierte Beobachter, was jedenfalls in der Logik, die die Idee im abstrakten Element des Denkens thematisiert, nicht sein kann, ist sie doch eine Entwicklung, die sich (jedenfalls Hegels Anspruch nach) aus der ‚Sache selbst' ergibt. Ähnliches ließe sich in Bezug auf die Einschätzung sagen, Hegels Konzeption der Selbstbestimmung entfalte sich „in den auf normative Geltung ausgerichteten Phänomenen des Erkennens und Wollens (als den Grundmodi des Selbstbewusstseins) sowie den [...] Phänomenen des Gebens und Akzeptierens von Gründen." (Quante, *Wesen als Reflexion,* S. 284). Und läge ein „metaphysischer Realismus" der Seinslogik „zugrunde" (Quante, *Wesen als Reflexion,* S. 285 Anm. 11), es wäre übel um Hegel bestellt. Zugrunde liegt der

Hegels Logik ist bekanntlich eine Theorie des begreifenden Denkens. Dessen Begriff soll im Rahmen eines Selbstbestimmungsprozesses erzeugt werden. Movens dieses Prozesses ist die Dialektik, die der Begriff „an ihm selbst hat" (I 36), und die Dialektik ist die „Natur des Denkens selbst" (E § 11 A). Statt also ihre Bestimmungen als Bestimmungen von „Substraten" aufzufassen, die der „Vorstellung" entnommen sind, thematisiert Hegels Logik die Denkbestimmungen frei von solchen seienden Substraten der Vorstellung: er betrachtet die „Natur" der Gedankenbestimmungen und ihren „Wert" „an und für sich" (I 46f.). In diesem Kontext gibt Hegel auch gleich an, worauf es ihm methodisch ankommt, nämlich dass es im philosophischen Begreifen die *„Natur des Inhalts"* selbst ist, die sich *„bewegt",* der Inhalt also selbst seine Bestimmung „setzt und *erzeugt"* (I 6). Eine solche Logik ist eine Logik der (absoluten) Idee, d.i. des mit sich in seiner Objektivität zur Übereinstimmung gekommenen Begriffs. Sie vollzieht sich in einem immanenten Bestimmungsprozess vom Anfang des Denkens als des unbestimmten Unmittelbaren, das das Denken qua ‚Sein' ist, bis hin zur Vollendung dieser Selbstbewegung im Verständnis seiner Bewegung, das das Denken qua ‚absolute Idee' ist. Diese Selbstbewegung oder ‚Realisierung' des ‚Begriffs' (und damit die Entfaltung des Zusammenhangs der ‚Denkbestimmungen') soll freilich in einer die Vernunft ‚befriedigenden', nämlich begründeten Weise erfolgen: in der ‚Form der Notwendigkeit' (E §9). Entsprechend hat die Philosophie für Hegel nur einen einzigen Inhalt und Gegenstand: die Idee, näherhin: die absolute Idee, die der „sich *begreifende Begriff"* (II 504), die *„absolute Wahrheit und alle Wahrheit"* ist (E §236, vgl. II 484).

Speziell die Wesenslogik bestimmt den Gedanken dabei nicht, wie die Seinslogik, in seiner *„Unmittelbarkeit",* d.i. den Begriff in seinem Ansichsein, sondern in seiner *„Reflexion* und *Vermittlung",* d.i. den Begriff in seinem Fürsichsein (E §83, vgl. I 41 ff.). Hier wird zunächst, in der Reflexionslogik, die Bewegungs- und Beziehungsweise der Gedankenbestimmungen selbst thematisch.[32] Die in der Seinslogik der direkt-intentionalen Ausrichtung des Seinsdenkens wegen vorherrschende Unbezogenheit der Bestimmungen wird dabei in der Wesenslogik in Relationalität umgewandelt; das, was ist, ist

---

Seinslogik genetisch der Weg zu ihr, methodisch das reine Sein als (begründeter) Anfang des Argumentationsgangs und logisch die absolute Idee als Grund von allem. Nachdem das durchaus auch erhellende bewusstseinsphilosophische Deutungsparadigma in den letzten Dezennien sein fruchtbares Werk für die Hegel-Forschung getan hat, wäre es an der Zeit, es bezüglich der Philosophie des reifen Hegel durch das komplexere der Idee zu ersetzen.

32 Vgl. Hegels Charakterisierung der Form des Fortgangs des Begriffs als „Übergehen" in der Seinslogik und „Scheinen in Anderes" in der Wesenslogik (sowie „Entwicklung" in der Begriffslogik): E §§161 mit 84, 111 Z, 240f.; II 21, 242, 272 u.ö.

nur innerhalb eines relationalen Bestimmungsgefüges, hat seinen Grund im Wesen als das Bestimmtheit Verleihende (Setzende, Bestimmende, Vermittelnde). Dieser Vorgang ergibt sich aus der Bestimmung des Seins selbst, ist ihm also immanent.

Indem die Wesenslogik im Zuge einer immanenten Gedankenentwicklung aus der Seinslogik hervorgeht, bewältigt Hegel das in der Transzendentalphilosophie diagnostizierte Problem der Differenz von Sache und Darstellung. Schon der Anfang der Seinslogik muss alle Bestimmungen aus sich selbst entwickeln, sodass die Sache des Denkens nicht vom Denken der Sache verschieden, sondern mit ihm identisch ist, genauer: der Anfang ist gerade als Anfang einer spekulativen, nicht mehr auf dem ‚Standpunkt des Bewusstseins' entwickelten Logik indifferent hinsichtlich einer solchen Unterscheidung. Freilich führt die Wesenslogik zur Begriffslogik; die Wesensbestimmungen werden also noch auf die Subjektivität des Begriffs zurückgeführt, wo die Letztbegründung schließlich auf der logischen Ebene als absoluter Idee erfolgt. Hegel überführt die wesenslogischen Verhältnisse somit zum einen in den Begriff selbst. Zum anderen entwickelt er sie im Zuge eines Bestimmungsfortgangs, der Rückgang in den Grund ist, aus dem Anfang der Philosophie mit dem Sein als dem unbestimmten Unmittelbaren. Das Wesen ist so das „*in sich* gegangene Sein" (E §112 A), das durch die „Negativität seiner selbst sich mit sich vermittelnde Sein", und die Bestimmungen des Wesens nur „*relative*", noch nicht (wie im Begriff) „schlechthin in sich reflektiert" (E §112), „unvollkommene Verknüpfung von der *Unmittelbarkeit* und der *Vermittlung*" (E §114).

Tatsächlich erarbeitet Hegel sich mit dieser Entwicklung vom Sein zum Wesen einen neuen Reflexionsbegriff, der sich grundlegend von dem der Transzendentalphilosophie unterscheidet. Denn Reflexion ist hier trotz aller Rede bzw. allen Anspruchs von Selbstkonstitution primär konzipiert als Reflexion eines Subjekts auf die Geltungsprinzipien, die das Konkretum, als das Geltungsphänomen, das es ist, in seiner Objektivität oder Geltungsbestimmtheit bestimmen:[33] Reflexion ist Reflexion-auf-Vorliegendes. Hegel indes thematisiert die diesem Reflexionsbegriff logisch vorangehende Bedeutung von *Reflexion als solcher selbst*. Diese Bedeutung ergibt sich im Zuge der fundierenden

---

[33] Es wäre interessant, die jeweiligen Reflexionsbegriffe eingehend miteinander zu vergleichen. Vgl. zum Reflexionsbegriff gegenwärtiger Transzendentalphilosophie etwa Wagner, *Philosophie und Reflexion*, §§1ff.; Wagner, Hans, *Reflexion* (1973), in: *Kritische Philosophie. Systematische und historische Abhandlungen*, hrsg. von Karl Bärthlein u. Werner Flach, Würzburg 1980, S. 57–63; Wagner, Hans, *Das Problem der Reihenfolge in der Lösung philosophischer Aufgaben* (1963), in: Bärthlein/Flach 1980, S. 15–21; EL Kap. 1.2; Flach, *Thematik, Methodik und Systematik*.

Bestimmung des Seins als des Unmittelbaren, als das durch die „Negativität seiner selbst sich mit sich vermittelnde Sein"; Reflexion erweist sich als ein reines Verhältnis von Unmittelbarkeit und Vermittlung des Denkens. Hegel qualifiziert die Wesenslogik geradezu als „Abhandlung der wesentlich sich setzenden Einheit der Unmittelbarkeit und der Vermittlung" (E §65 A).

Der so konzipierte Begriff „absoluter Reflexion" differenziert sich in einem spekulativen Bestimmungsprozess sodann als setzende Reflexion, äußere Reflexion und bestimmende Reflexion. Der Reflexionsbegriff ergibt sich somit im Rahmen eines immanenten Bestimmungsprozesses reflexiver Konstitutivität. Er erweist sich als thematisches Ergebnis und erhält seine Bestimmtheit daher durch seine Funktion für das begreifende Denken. Wenn man so will, verfolgt Hegel, mit Flach gesprochen, einen rein geltungsnoematischen Ansatz, d.h. Hegels Logik handelt vom Gedanken als objektivem Denken. Im Reflexionsbegriff wird dabei die Bewegung objektiven Denkens selbst thematisch. Für Hegel kennzeichnet sie sich durch eine selbstbezügliche Negativität, die sich in drei Formen entwickelt. Sie reichen von einer unmittelbaren Form, die die setzende Reflexion ist, über die äußere Reflexion zur in sich reflektierten Form, die die bestimmende Reflexion ist. Die Begriffe, mit denen die Reflexion dergestalt qualifiziert wird, rechtfertigen sich dadurch, dass sie sich als intrinsische Bestimmungsstücke dieser Entwicklung ergeben. Durch dieses reflexiv-konstitutive methodische Profil erfüllt Hegel den Anspruch einer Selbstkonstitution.

Dieses Verhältnis von Selbstbeziehung und Negation, das die Reflexion ist, deckt durch die drei Reflexionsformen das ganze Spektrum von Unmittelbarkeit und Vermittlung ab. Es gibt hier keine verselbständigten Substrate der Relation mehr, sondern ein dynamisches System absoluter Relationalität, das ihre eigene Bestimmtheit generiert. Mit Blick auf Flach gesprochen, wird die geltungsnoematische Struktur dergestalt logisch dynamisiert, dass dem Anspruch der Selbstkonstitution Genüge getan wird. Zwar will die neuere Transzendentalphilosophie durch ihre Konzeption der Heterologie den ‚Gegensatz des Bewusstseins' (Subjekt-Objekt, Form-Inhalt o.ä.) überwinden, aber dieses Lehrstück wird vom späten Flach zum einen nicht mehr eigens in die Grundlehre integriert, sondern von einem urteilslogischen Ansatz beiseite gedrängt, während gerade dieser urteilslogische Ansatz durch allerlei Bestimmungen qualifiziert wird, die sich nicht aus der Sache selbst ergeben, also ihm von außen zuwachsen.

Gerade in Hegels Erörterung der *äußeren Reflexion* wird der vorausgesetzte Gegensatz des Bewusstseins als Reflexionswissen, als Reflexion-auf-Vorliegendes, kritisch diskutiert bzw. diese Form von Reflexionswissen als äußere Reflexion ausgewiesen. Die äußere Reflexion hat ihren Sinn nur als

Moment der absoluten Reflexion, während sie als verabsolutierte (‚Verstandesreflexion') eine logische Unmöglichkeit ist. In diesem Kontext kommen Sachverhalte zur Sprache, die für die bei Flach festgestellte Problematik relevant sind.

In der setzenden Reflexion erweist sich Unmittelbarkeit als eine durch die Reflexion konstituierte; die Reflexion setzt sich selbst als Unmittelbares und setzt sich damit in ihrem Setzen zugleich voraus. Setzen und Voraussetzen sind Momente der reflektierenden Bewegung des Wesens; sie lassen sich daher nicht mehr eindeutig gegeneinander abgrenzen und bestimmen, sodass die setzende Reflexion in die äußere Reflexion übergeht. Während erst die bestimmende Reflexion die Einheit von Unmittelbarkeit und Reflexion insofern adäquat denkt, als sie durch die Reflexion selbst gesetzt ist, ist sie in der äußeren Reflexion zunächst in ihre Extreme von Unmittelbarkeit und Reflexion verloren (11 17): die Reflexion gerät in ein äußeres Verhältnis zu sich selbst, tritt sich selbst als Unmittelbarkeit entgegen. Sie setzt entsprechend ein Sein, eine Unmittelbarkeit voraus, um sich als deren immanente Reflexion begreifen zu können. Es ist dies für Hegel paradigmatisch in der sog. ‚Reflexionsphilosophie' der Fall. Noch in einer Anmerkung zum Abschnitt über die äußere Reflexion kritisiert Hegel, dass sich die Reflexion auf das Unmittelbare als ein Gegebenes bezieht, um das Allgemeine (Regel, Prinzip, Gesetz, Wert) daran zu finden und also „nur *äußere* Reflexion" ist (11 19), Reflexion „in subjektivem Sinne" (11 18). Anders als bei Hegel ist die äußere Reflexion hier nicht ein Moment der absoluten Reflexion, sondern sie ist selbst absolut, verabsolutierte äußere Reflexion.

Es mag überraschen, die Geltungsreflexion der neueren Transzendentalphilosophie als äußere Reflexion zu kennzeichnen. Immerhin war der Neukantianismus selbst schon gegen Kants Dualismen angetreten und Rickerts wirkungsmächtiges Lehrstück der Heterologie war nicht zuletzt der Versuch, eben im Ursprung des Denkens eine ursprüngliche Bezogenheit differenter Momente aufzuweisen und dieses heterothetische Verhältnis sodann für das System der Philosophie bestimmend werden zu lassen. Zudem kommt es dabei zu einer differenzierten Sicht auf den Anfang der Philosophie. Es lassen sich diesbezüglich genetische, methodische und logische Aspekte unterscheiden. Hegels Logik wird auf dem Standpunkt spekulativen Denkens entwickelt, und dieser Standpunt muss zunächst von einem philosophierenden Subjekt allererst erreicht werden, sei's nun, dass es über die *Phänomenologie* oder den sog. Entschluss, rein denken zu wollen (1 52-54), in die Logik hineinkommt. Dass das philosophische Begreifen in einer anfänglichen Phase seiner Selbsterkenntnis der Vernunft bei einem Konkretum ansetzt, kann also nicht die Pointe der Kritik sein. Der Punkt ist vielmehr, dass der Reflexionsbegriff selbst einer Deduktion bedarf, in begründeter Weise ‚gesetzt' werden muss. Zwar haben die Neukantianer mit ihrem Faktumtheorem die Relevanz gegebener Geltungsansprüche, deren Inbegriff die Kultur ist, für die philosophische Reflexion herausgearbeitet; aber, wie am Beispiel Rickert gezeigt, dieser Anfang der Philosophie geht durchaus mit einer Ursprungserklärung aus dem Denken einher.

Der späte Flach indes betont zwar das faktumtheoretische Moment der Reflexion, gibt jedoch die Ursprungserklärung preis. Methodisch gesehen ist ihm Philosophie Reflexionswissen, Reflexion auf den Geltungsanspruch und damit, was die Erkenntnis betrifft, Selbstverständigung der Erkenntnis; sie ist dies von Anfang an: Als Erkenntnislehre ist sie durchgängig Reflexion qua „Vergewisserung der Geltungsbestimmtheit des Wissens im Wissen", „selbstbezügliche Bestimmung des Geltungsanspruchs des Wissens".[34] Das reflexive Wissen wird dabei ausdrücklich als das „Andere des positiven Wissens" genommen (EL 53). Flach will damit sowohl die intrinsische Beziehung als auch die Gegensätzlichkeit wie die Komplementarität von positivem Wissen und Reflexionswissen zum Ausdruck bringen. Das reflexive Wissen thematisiert die Geltungsbestimmtheit des positiven Wissens ihrer Struktur und Prinzipien nach (die Reflexion schließt dabei sich selbst als das Rechtfertigungswissen, das sie ist, natürlich ein) (EL 64). Die Positivität des positiven Wissens gehört insofern zum reflexiven Befund, als sie die Geltungsqualifikation ist, bei der die Reflexion ansetzt; die Philosophie hat sie als „Resultante" der Geltungsbestimmtheit des Wissens zu begreifen (EL 54). Reflexion ist also gedacht als Reflexion auf Vorliegendes. Sie hat, wie Hegel sagt, das Allgemeine daran auszumachen. Dieses Allgemeine ist zweifelsohne auch in der Transzendentalphilosophie, wie Flach sich ausdrückt, von obliquer und fundierender Thematik (EL 54 f.).

Die skizzierte transzendentalphilosophische Reflexion nimmt ihren Ausgang bei einer unmittelbaren Voraussetzung – dem Faktum des theoretischen Geltungsanspruchs – und entfaltet sich als Reflexion so, dass sie bezüglich dieser Voraussetzung auch ein Setzen ist. Aber nicht nur ist dieser Anfang der äußeren Reflexion beim Unmittelbaren für Hegel nur ein scheinbarer Anfang (das Ausgangsfaktum erweist sich im Übrigen auch für die Transzendentalphilosophie

---

34 EL 41 u.ö. Vgl. dazu das ganze Kapitel 1.2 über die Methode der Erkenntnislehre. Vgl. auch die pointierte Darstellung in Flach, *Thematik, Methodik und Systematik*, S. 120ff. Auch hier führt der Geltungsanspruch direkt-gegenständlichen Wissens in die Philosophie, die diesen Anspruch auf seinen Grund geht und sich dabei als die schlechthinnige Fundierungswissenschaft, die sie ist, einschließt. Ihrer Methodik nach ist sie Reflexion (reflexives Wissen), näherhin: dem direkt-gegenständlichen Wissen seines Geltungsanspruchs wegen immanente Geltungsreflexion.

als Konstitut, folglich als Gesetztes), da die vorausgesetzte Unmittelbarkeit als unvermittelt gilt, als Faktum des Geltungsanspruchs, nicht als Voraussetzung und damit als Moment der Reflexion selbst, also von der Reflexion in dieser Voraussetzungsfunktion gesetzt. Die Folge jenes Umgangs mit bloß vorausgesetztem Unmittelbarem ist vielmehr, dass die Reflexion an diesem Gegebenen nur ihm „äußerliche Bestimmungen" setzt (II 17). Gerade die Analyse der geltungsnoematischen Struktur und der Methodik der Geltungsreflexion des späten Flach bekräftigen diesen Vorwurf: den Vorwurf der Äußerlichkeit von Bestimmungen, die selbst nicht deduziert und insofern äußerlich gegeben sind, deren Anwendung auf ein unmittelbar gegebenes Substrat, während die geltungsnoematische Struktur doch, mit Hegel gesprochen, „nicht als ein jenem Unmittelbaren äußerliches, sondern als dessen eigentliches Sein" gilt, der Begriff der „absoluten Reflexion" also offenbar vorausgesetzt ist und es im Rahmen der äußeren Reflexion notwendigerweise bleibt (II 19). Das vorausgesetzte Sein ist in seiner Unmittelbarkeit der Bestimmtheit durch die Reflexion entzogen. Es ist jedoch nur ein der Reflexion vorausliegendes Substrat, weil die Reflexion in ihrem Voraussetzen ihr Setzen außen vor lässt. So kommt es zur Vorstellung einer unmittelbaren Voraussetzung, die gleichwohl Ergebnis eines Setzens und damit des Denkens ist. Eben aufgrund dieser Äußerlichkeit des Gegebenen wie dessen Bestimmungen wird die Reflexion zu etwas, was sie gerade nach Flach nicht sein soll: nicht Selbstkonstitution, Selbstvergewisserung der Erkenntnis, selbstbezügliche Bestimmung des Geltungsanspruchs des Wissens, wie Hegel sagen würde: Bewegung der Sache selbst, sondern Tätigkeit eines Subjekts, das sich auf ein unmittelbar Gegebenes mittels unmittelbar gegebenen Bestimmungen bezieht. In Hegels spekulativem Idealismus tritt an die Stelle eines solchen krypto-ontologischen Fundaments die Reflexion selbst. Die Reflexion wird von Hegel, um die Flachsche Wendung nochmals aufzugreifen, als reflexive Konstitutivität konzipiert: Die Reflexion setzt eine Bestimmung so, dass sie selbst nur unter der Bedingung des Gesetztseins dieser Bestimmung gedacht werden kann. Reflexion ist Einheit von Gesetztsein und Insichreflektiertsein, Unmittelbarkeit und Vermittlung.[35]

35 Begriffe wie Apodiktizität und Kontingenz charakterisieren bei Hegel zudem keineswegs die Grundstruktur objektiven Denkens, sondern haben ihre Stelle im Wirklichkeitskapitel der Wesenslogik (II 169ff.); gleiches gilt ceteris paribus für die Begriffe Form und Inhalt, die bei Hegel im Grundkapitel der Wesenslogik abgehandelt werden (II 63ff.). Sie sind also, nach Hegelschen Maßstäben, Ergebnis einer recht ausführlichen immanenten Deduktion, die darüber hinaus noch einen weiten Weg durch die Begriffslogik vor sich hat. Erst hier wird die, mit Flach gesprochen, geltungsnoematische Struktur als Idee qualifiziert.

Das Metaformat der Subjektivität des Wesens

Claudia Wirsing

1 Die Metaperspektive des Subjektformats: Ein Problemaufriss

Philosophie ist für Hegel, wo sie in ihrer einzig wahren Gestalt als *Wissenschaft* auftritt, die Lehre von den Formen, Entwicklungsgesetzen und Entwicklungsstadien notwendiger Begriffsstrukturen aus *sich* selbst *als* aus dem Ganzen, das sie zugleich in ihrer Entfaltung explizieren und realisieren.[1] Die *Logik* als philosophische Teildisziplin ordnet sich dem ein, indem sie *kategoriale reine* Begriffe als den „logische[n] Subtext der Entwicklung des Geistes"[2] entfaltet und diesen als einen durchgängigen, autonomen, evolutionären *Verwirklichungs- und Begründungszusammenhang* inszeniert, der sich damit als Ganzes selbst trägt und rechtfertigt. Michael Quante hat den darin wirksamen systematischen Impetus als die Hinsicht der *Logik* auf das Ganze des Hegelschen Systems pointiert folgendermaßen zusammengefasst:

> In seiner *Wissenschaft der Logik* versucht Hegel zu zeigen, dass Subjektivität ein Netzwerk von Kategorien ist, die auseinander hervorgehen und sich zu einem vollständigen, alternativlosen und deshalb letztbegründeten System fügen. [...] Zugleich geht er entscheidend über Kant und Fichte hinaus, weil Hegel seine Logik zugleich als Ontologie betreibt. Das bedeutet, dass die so gewonnenen Kategorien nicht nur Denkbestimmungen sind, sondern zugleich auch die denkbare Struktur

---

1 Siehe die fast schon klassische Definition in der *Differenzschrift*: „Die Philosophie als eine durch Reflexion produzierte Totalität des Wissens wird ein System, ein organisches Ganzes von Begriffen, deren höchstes Gesetz nicht der Verstand, sondern die Vernunft ist; jener hat die Entgegengesetzten seines Gesetzten, seine Grenze, Grund und Bedingung richtig aufzuzeigen, aber die Vernunft vereint diese Widersprechenden, setzt beide zugleich und hebt beide auf." (TWA 2, S. 35ff.). Die Schriften Hegels werden nach der Theorie-Werksausgabe zitiert: Hegel, G.W.F., *Werke in zwanzig Bänden*, hrsg. Eva Moldenhauer/ Karl Markus Michel, Frankfurt am Main 1969ff. [Fortan abgekürzt: TWA mit Bandnummer und Seitenzahl].
2 Welsch, Wolfgang, *Absoluter Idealismus und Evolutionsdenken*, in: Vieweg, Klaus und Welsch, Wolfgang (Hrsg.), *Hegels Phänomenologie des Geistes. Ein kooperativer Kommentar zu einem Schlüsselwerk der Moderne*, Frankfurt am Main 2008, S. 655–689, (S. 666). Das Problem, ob und inwiefern das Verhältnis von Logik und Realphilosophie bei Hegel wirklich als das einer selbstgenerativen, dynamischen und autonomen Evolution (Logik) und einer statischen, das Logische gleichsam nur verdoppelnden Realisation (Realphilosophie) betrachtet werden kann, wie Welsch meint, bleibt hier undiskutiert (vgl. ebd., S. 661–667).

der Realität – Hegel spricht von Vernunft – ausmachen. An die Stelle der Annahme, dass wir uns im Denken auf ein unerkennbares, in seiner Struktur nicht zu erfassendes Ding an sich beziehen, tritt bei Hegel die These, dass es zwischen erkennendem Subjekt und zu erkennendem Objekt eine Strukturidentität gibt. Der Entwicklungsprozess, in dem sich die Kategorien auseinander entwickeln, ist die zugrunde liegende Einheit, aus der die Gegensätze von Geist und Welt, von erkennendem Subjekt und zu erkennender Realität hervorgehen. Zugleich ist dieser Entwicklungsprozess ein selbstbezüglicher, rein intern ablaufender Prozess der Selbstdifferenzierung, -entwicklung und -bestimmung, da diese eine Substanz, die Hegel auch ‚das Absolute' nennt, kein von ihr Unterschiedenes sich gegenüber hat, sondern alle Unterschiede aus sich selbst hervorbringt. Diese Wesensverfasstheit der Substanz, sich in selbstbezüglichen Prozessen zu differenzieren und darin ihr eigenes Wesen zu realisieren, ist das Ziel der gesamten Entwicklung und die Grundstruktur der Realität überhaupt. Die Realität ist für Hegel insofern ‚wirklich', als sie vernünftig ist, das heißt sich als Manifestation dieses einen Selbstbestimmungsprozesses begreifen lässt.[3]

Mit welchem Recht und aus welchen Gründen Hegel eine begriffliche Einheit der „Gegensätze von Geist und Welt" annehmen kann, bleibt demnach zu zeigen. Die Dringlichkeit des Problems freilich zeigen gerade die Debatten um Idealismus und Realismus in der Gegenwartsphilosophie, welche sich der Voraussetzung einer kategorialen Reflexion auf den Bestimmungshintergrund des Realen *nicht* genügend stellen, und folglich nicht erklären können, *wie* Gegebensein und Bezugnehmen logisch aufeinander abgestimmt sind. Aber eben diese Bergründungsleistung muss ein sinnvoller Begriff von Realität leisten können, wenn er die Einheit von Geist und Welt nicht einfach voraussetzen will. Eine ausschließlich „idealistische" oder „realistische" Position kann folglich die Bedingungen ihrer Analyse auch nur einseitig einfangen und nicht hinreichend begründen, weil sie das begriffliche und evaluative Theoriedesign ihrer Position immer schon voraussetzen muss, und damit in der Beantwortung ihrer Frage stets normativ Stellung bezieht. Dass auch solche idealistischen bzw. realistischen Neuansätze, wie sie bspw. in jüngster Zeit von Markus Gabriel vertreten werden, oft gerade deshalb unbefriedigend bleiben, weil sie die Voraussetzungen stets nur neu verlagern, statt ihre Fundamente zu klären,

---

3 Quante, Michael, *Die Wirklichkeit des Geistes: Studien zu Hegel*, Berlin 2011, S. 31f.

zeigt sich in drastischer Weise in der fehlenden kategorialen Begründungsleistung des von Gabriel selbst eingeführten „Neuen Realismus"[4]:

> An *irgendeiner* Stelle muss man eine Wirklichkeit *einführen*, die selbst nicht konstruiert ist. Man muss *irgendwo anfangen* und *annehmen*, dass man zu diesem Anfangspunkt einen direkten Zugang hat. Der Realismus ist *deswegen* unvermeidbar.[5]

Zwar lautet dessen „Grundidee [...] dass wir die Wirklichkeiten, auf die wir Bezug nehmen, tatsächlich begrifflich und perspektivisch vermittelt erfahren. Diese Begriffe und Perspektiven sind selbst Wirklichkeiten und deswegen ihrerseits erkennbar."[6] Gleichwohl löst er das Verhältnis der komplexen Bestimmungsrichtungen, wie sie in der Minimaldefinition von Realität überhaupt geregelt werden, bereits von Anfang an nach einer Seite hin auf, indem er *in diesem* Verhältnis bereits das bestimmte Unbestimmtsein (Realismus) als das kausal und rational tragende *principium* voranstellt. Hegels Analyse der Reflexionsbestimmungen aber hat gezeigt, dass es kein Erstes, Grundlegendes im Verhältnis von vorausgehender bestimmter Unbestimmtheit (Objekte der äußeren Welt als das Reale) und Bestimmen (Denktätigkeit des Subjekts) geben kann. Weder ist die Realität ein Erstes, welches vom Subjekt nur abgebildet wird, noch ist das Subjekt ein Erstes, welches die Realität bloß konstituiert.

Der vorliegende Beitrag nun konzentriert sich auf die besondere Form der Subjektivität in Hegels Wesenslogik. Ihre Besonderheit zeichnet sich dadurch aus, dass alle Bestimmungen des Seins in ihr erstmals aus der *Metaperspektive des Subjektformats* reformuliert werden, d.h. ihre primäre Perspektive sachhaltiger Unterschiede erfährt eine zusätzliche Codierung durch die Form der Selbstheit, in Bezug auf welche diese Unterschiede verstanden werden. Denn indem das Wesen als Logik „absoluter Relationalität"[7] und begrifflicher Vermittlung *nichts anderes gegenüber* der unvermittelten, absolut äußerlichen Unmittelbarkeit des Seins ist, sondern vielmehr dieses Sein an sich selbst in dieses Wesen übergeht, beginnt die Wesenslogik bereits strukturell mit der

---

4 Gabriel, Markus, *Der Neue Realismus*, Berlin 2014.
5 Gabriel, Markus, „Wir Verblendeten", in: *Zeit Online*: http://www.zeit.de/2014/24/neuer-realismus-5-genforschung-neurowissenschaft, 5. Juni 2014, 8:00 Uhr DIE ZEIT Nr. 24/2014, S. 1. [Herv. C.W.] (Stand: 25.2.2020, 17:56 Uhr).
6 Ebd., S. 1. (Stand: 25.2.2020, 17:56 Uhr).
7 Vgl. grundsätzlich Iber, Christian, *Metaphysik absoluter Relationalität: eine Studie zu den ersten beiden Kapiteln der Wesenslogik*, Berlin 1990.

Einsicht, dass die Äußerlichkeit des Seienden nichts bloß Vorgängiges und die Immanenz des Begrifflichen nichts bloß Nachträgliches *gegeneinander* sein dürfen. Damit kommt erst in der Wesenslogik und der mit ihr verbundenen Grammatik der Bestimmbarkeit Hegels systematische Grundidee seit der *Phänomenologie*, die „Substanz als Subjekt" (TWA 3, S. 546) zu rekonzeptualisieren, explizit zum Tragen: Wobei der strukturelle Subjektcharakter eben vor allem darin liegt, das logische Gesamtbild der Wirklichkeit als Prozess der „Selbstrealisation" der Substanz des Wirklichen zu begreifen. „Selbstrealisation" aber muss, dies wird an Hand der Reflexionsformen zu zeigen sein, so verstanden werden, dass damit keineswegs eine Art Konstruktivismus der Wirklichkeit nach der Maßgabe eines absoluten oder empirischen Ich gemeint wäre: Damit würde man eben den Grundimpuls Hegels komplett ignorieren und seine Rede vom Subjekt als absolute Form zur Tätigkeit eines Ich degradieren. Vielmehr wird mit der Idee der „Selbstrealisation" der Substanz als Subjekt, also eines realen An-sich-Bestehenden (Substanz), das sowohl aus sich selbst und nur in der Selbst-Beziehung *verständlich*, als auch in seinem Ansichsein nur in der Form dieser Verständlichkeit *gegeben* sein kann, die realitätskategoriale Grundforderung der *Logik* benennbar: Der Unterschied des äußerlichen Gegebenseins des Realen als Substanz und der begrifflichen Rekonstruktion intentionaler Gehalte als Subjekt ist keine letztbegründende Differenz äußerlicher Relata, sondern selbst nur abgeleitet aus einer zugrunde liegenden Struktur des ‚Realen überhaupt', in der das An-sich-Bestehende immer schon einzig in der Weise begrifflicher Selbst-Verständlichkeit, d.h. als begrifflicher *Aus-sich* und *Durch-sich*-Erschließungszusammenhang zu begreifen ist. Die kategoriale Grundform des Realen, so die These dieses Beitrages, die ich im folgenden erläutern möchte, muss nach dem Modell *struktureller Subjektivität*, wie es sich dann später in der „Idee" vollständig ausbildet, als Identität von Allgemeinheit (Identität) und Besonderheit (Bestimmtheit in Gegensätzen), und das heißt als vorgängiges ontologisches wie epistemologisches Verschränktsein scheinbar letztgültiger bestimmter Gegensätze wie der von Geist und Welt, Begriff und Realität, Denken und Sein verstanden werden.

Die Substanz, die als Subjekt gänzlich *aus sich heraus* verständlich und nur in der logischen Beziehung des *Sich* als immer schon vorgängige Erschlossenheit für das Begreifen begreifbar ist, kann so nicht anders als wesentlich von begrifflicher Natur sein. Selbstrealisation als strukturelles Subjekt meint dementsprechend in unserer Hinsicht vor allem, einen Raum des Begrifflichen als eine logische Sphäre den Unterschieden von Denken und Welt, Begriff und Realität vorzuordnen. Denn subjektformativ kann das An-sich-Bestehende nur darin sein, die vollständige selbstbezügliche Verständlichkeit begrifflicher Erschließung zu realisieren und Realisierung einzig in dieser Zugänglichkeit zu vollziehen: nicht aber darin, bloßes Objekt einer konstruierenden Ich-Intentionalität zu sein.

Aus dieser subjektartigen Neuformatierung des Bestimmungszusammenhangs leiten sich also, zusammengefasst, strukturell-funktional mindestens zwei Forderungen an die Grammatik der Wesensbestimmungen ab. Zum einen muss das Wesen *aus sich selbst* entwicklungsfähig sowie rein ‚aus sich selbst heraus verständlich'[8] sein. Als „Absolutes" darf es nicht durch eine ihm äußerliche Reflexion als „Produkt, ein Gemachtes" (TWA 6, S. 14) erscheinen, sondern muss das, was es ist, *durch sich selbst* sein: Also darf es nicht auf Voraussetzungen basieren, die ihm als nicht subjekthaft prozessierbare äußerlich bloß vorgegeben sind, und damit nicht in der freien Selbstbeziehung einer Subjektstruktur generiert werden können. Zum anderen darf dem Wesen das *Bestimmtsein überhaupt* nicht verlorengehen, sondern muss ihm vielmehr in einer *anderen Form als dem Sein*, nämlich als *Selbstbestimmung*, zukommen. Der Ausdruck für die neue Gesamtformation des Wesens, welche diese Forderungen zusammenbringt, ist „*Anundfürsichsein*", das Hegel als „absolutes *Ansichsein*" (TWA 6, S. 14) begreift. Dergestalt ist das Wesen die „Wahrheit des Seins" (TWA 6, S. 13): Denn erst mit dieser subjektförmigen Ebene der Selbstbeschreibung geht das, was seinslogisch die Bestimmungen ausgemacht hat, ihnen aber als Wissen äußerlich blieb, auch in ihren Begriff ein. Das „Bewußtsein über die Form der inneren Selbstbewegung ihres Inhalts" (TWA 5, S. 49) als „Sichwissen" (TWA 5, S. 27) wird damit in den Beziehungen, die in die Bestimmungen eingehen, zur Beschreibung der Bestimmungen von sich selbst. Die Wesenslogik denkt also den *generativen* Charakter der Beziehungen *zwischen* den Kategorien als Raum ihres Bestimmtseins *in* die Selbstbeschreibung der Kategorien hinein. Den Wesensbestimmungen ist es immanent, sich wechselseitig *in sich selbst durch sich selbst aktiv* hervorzubringen, und nicht nur wie im Sein passiv und äußerlich ineinander überführt zu werden. Damit wird ein Begriff des Wesens als autogenerative autonome Struktur gewonnen, die den logischen Zusammenhang folgerichtig als Format von Subjektivität weiterentwickelt. Und es ist zugleich gerade diese Basis eines Begriffs *autonomer Subjektivität*, aufgrund derer Hegel einen logischen Begriff kategorialer Grundbedingungen des Realen entwerfen kann, ohne diese *auf* Subjektivität – im Sinne eines absoluten Konstruktivismus – verkürzen zu müssen. Vielmehr gilt es hier, im Raum des Wesens, Subjektivität zu verstehen als reflexive *Selbst*beziehung eines Ganzen, welches

---

8 Vgl. Henrich, Dieter, *Hegels Logik der Reflexion*, in: ders., *Hegel im Kontext*, Berlin 2010, S. 95–157, (S. 95).

seine Entgegensetzungen als Unterschiede *einer* begrifflichen Substanz verständlich machen kann.

Damit ist der Anspruch an die Wesenslogik gestellt: Es muss eine kategoriale Beschreibungsnorm des Verhältnisses von Realität und Denken geben, deren Objektivität dem Unterschied von (physikalisch-naturhaftem) Sein und Denken vorausgesetzt ist, als dieser notwendige Rahmen. Oder anders formuliert: Es muss eine Verhältniskategorie geben, die das Verhältnis von Unmittelbarkeit (Gegebenes) und Vermittlung (Reflexion) zu vermitteln weiß. Die Antwort kann nur in den Reflexionsformen gefunden werden, die uns grundlegend darüber Auskunft geben, wie Bestimmungsverhältnisse zu denken sind. Dies soll im Folgenden erläutert werden.

2 Der Umbau des Bestimmens: Die Reflexionsformen

2.1 *Zur Logik realer Voraussetzung*

In der Erörterung der *Kritik der reinen Vernunft* hinsichtlich ihrer Realitäts-Kategorien zeigt sich ein fundamentales Problem der Kantischen Ontologie: Kant muss, ausgelöst durch gewisse Prämissen und Konsequenzen seiner Epistemologie (bspw. die notwendige transitive Struktur des Erscheinungsbegriffs und die Bedingungen seines Gehaltvollseins), ein vorgängiges und unmittelbares An-sich-Bestimmtsein der Realität des „Ding an sich" als ihre integrale und wesentliche Form annehmen, um ihr nachfolgendes Bestimmtwerden durch das Subjekt allererst widerspruchsfrei denken zu können. Zugleich aber kann er dieses An-sich-Bestimmtsein der Realität des „Ding an sich" im Rahmen seines Gesamtsystems, was Bestimmtheit überhaupt ist und wie sie entsteht, nicht konsistent entwickeln. Kants Erkenntnistheorie verfällt demnach Hegels Kritik *unzureichend begründeter Voraussetzungen*, die von der Theorie selbst nicht mehr eingeholt werden können. Das theoretische Objekt wiederum bei Kant (Relativität des „Ding an sich"), welches den Gegenstand dieser Kritik unzureichend begründeter Voraussetzungen darstellt, ist zugleich seinem kategorialen Inhalt nach an sich nichts anderes als der Inbegriff der *uneinholbaren realen Voraussetzung selbst*: insofern nämlich das Ding an sich der stets zeitlich und ontologisch *vorausliegende* Bezugspunkt jedweder subjekthaften begrifflichen Intentionalität ist, und nach Kant in ihrer steten *Vorgängigkeit* dem Begrifflichen gegenüber als Unbestimmtes bzw. Unbestimmbares erscheinen soll.

Damit aber ist in gewisser Hinsicht eine präzise Aufgabe der Grundlagentheorie verbunden, die sich aus der problemorientierten Reformulierung des Kantischen Programms ergibt. Diese Aufgabe taucht im Theoriedesign Hegels, in der Entwicklung wahrhafter minimaler kategorialer Realitätsstrukturen, im Übergang zur Theorie der Reflexionsformen in der Wesenslogik folgerichtig wieder auf. Sie lautet: Eine Philosophie *kategorialer Realität überhaupt* im Raum des Logischen muss zu einem Teil notwendig eine *Logik der realen Voraussetzung* enthalten. Eine Voraussetzung ist nicht nur eine Metabestimmung von subjektiven Denkoperativen, sondern das ontologische Grundprinzip des Realen überhaupt in Bezug auf jedwede Akte von Subjektivität. In einer solchen Philosophie gilt es deshalb, das seinslogisch nur als unabhängiges und an sich unmittelbares „*Vorausseiende*" (Denkbare) der existenziell und formal stets vorgängigen Realität in den Zusammenhang begrifflicher Vermittlung, den es auch als dem Subjektiv-Begrifflichen gegenüber Vorausliegendes an sich haben muss, zu transformieren. Das heißt, das *Vorausseiende* des Realen überhaupt als *Voraussetzung* zu denken, bzw. die „reale Unterscheidung" als „reale Voraussetzung" zu reformulieren. Und eben dies unternehmen, in Zusammenführung der *Logik*, die Stufen der Reflexionsformen als Entwicklungsprozess.

2.2   *Die absolute Reflexion*

Hegel führt in den dritten Abschnitt des ersten Kapitels der Wesenslogik ein, indem er den Terminus „Reflexion" auf äußerst abstrakte Weise und in denkbar komprimierter Form erörtert, bevor er sich dann in drei Unterabschnitten den einzelnen Stufen der Reflexionsformen zuwendet. „Es ist hier nicht, weder von der Reflexion des Bewußtseins noch von der bestimmteren Reflexion des Verstandes, die das Besondere und Allgemeine zu ihren Bestimmungen hat, sondern von der Reflexion überhaupt die Rede." (TWA 6, S. 30f.) Reflexion meint hier also weder allgemeiner die Denktätigkeit des Verallgemeinerns überhaupt (im Sinne von ‚über etwas reflektieren'),[9] noch spezifischer die Denktätigkeit des Selbstbewusstseins, sich seiner eigenen Denkhandlungen bewusst zu sein (im Sinne von ‚reflexiv denken').[10] Reflexion überhaupt als die „reine absolute Reflexion" (TWA 6, S. 25) bezeichnet hier vielmehr eine *Logik von Bestimmtheit überhaupt* im Wesen.[11]

---

9   „Die Reflexion wird gewöhnlicherweise in subjektivem Sinne genommen als die Bewegung der Urteilskraft, die über eine gegebene unmittelbare Vorstellung hinausgeht und allgemeine Bestimmungen für dieselbe sucht oder damit vergleicht." (TWA 6, S. 30).

10 Vgl. zu den Bedeutungen von ‚Reflexion' Iber, *Metaphysik absoluter Relationalität*, S. 122f., S. 132f.

11 Ich folge hier Iber, der gegen große Teile der älteren Forschung (vgl. Iber, *Metaphysik absoluter Relationalität*, S. 133f.) die dezidiert nicht-subjektive, rein logische Struktur der Reflexion bei Hegel herausgearbeitet und weitergehend (für unsere Frage aber ohne Belang) diese subjektlose objektive Struktur der Reflexion sowohl als Lösungsmöglichkeit gegenüber den Aporien der Selbstbewusstseinstheorien des Idealismus, wo sie sich auf

Bestimmtheit überhaupt ist *Bestimmtwerden bzw. sich vollziehendes Bestimmen*. Im Wesen ist die Reflexion die Form, wie das Wesen (a) strukturell *in sich selbst mit sich in seinem Anderssein zusammenhängt*, (b) funktional dadurch mit sich vermittelt ist und (c) begrifflich-semantisch in dieser Vermittlung der eigene Grund der Bestimmtheiten ist, die in ihm anzusiedeln sind: d.h. die wesenslogische Art und Weise, wie Unmittelbarkeit und Vermittlung, Positivität und Negativität, Selbstbezüglichkeit und Beziehung-auf-Anderes, in der besonderen Form ihres *inneren* Zusammenhangs der „unendliche[n] Bewegung"[12] (TWA 6, S. 24) einer *Selbstbeziehung im Anderssein*, eine neue Grammatik der Bestimmtheit (also der Bestimmtheit von Bestimmtheit überhaupt) ermöglichen.

2.3   Setzende, äußere und bestimmende Reflexion

Die Stufe der *setzenden Reflexion* expliziert die reine absolute Reflexion unter der Problemstellung, alles Andersseins verschwinden zu lassen. Im Aspekt des „Gesetztseins" der Unmittelbarkeit beschwört Hegel die Gefahr eines logischen *Konstruktivismus* reinen Denkens als Selbstbeschreibung wesentlichen Bestimmtseins: nämlich alle an sich selbst *als* ungedacht bestimmten Gegenständlichkeiten einzig in der Weise des Effekts reiner begrifflicher Vermittlung zu fassen, als deren Produkt und damit ihrem Sein nach letztlich bloß als ‚Gedankendinge'.

In der *äußeren Reflexion* bezieht sich die Reflexion auf das vorausgesetzte Unmittelbare als auf ein ihr Äußerliches, d.h. auf ihr eigenes Nichtsein. Äußerlich ist die Reflexion also deshalb, weil sie das Unmittelbare als „eine Voraussetzung *hat*" (TWA 6, S. 28), „von dem sie als von einem Fremden anzufangen" (TWA 6, S. 29) beginnt, das Reflexionsprodukt (Unmittelbarkeit) also dem Reflexionsprozess als ein Anderes zu ihm unmittelbar voraussetzt, so dass, wie Iber treffend formuliert hat, „ihr Verhältnis zu sich keines der Re-flexion mehr ist"[13]. Bezüglich der äußeren Reflexion bezeichnet Hegel also mit dem Zusatz „real" erst einmal eine bestimmte Art von *Äußerlichkeit*, welche das seinslogische Grundverhältnis von Beziehungshaftigkeit überhaupt restituiert: ein

---

Reflexivität stützen müssen (ebd., S. 135–138), als auch gegenüber der ebenfalls subjektlosen Identitätsphilosophie Schellings ansieht (ebd., S. 139–141). Seine Lesart trifft sich darin mit meiner, die Form und Funktion von Reflexion im Wesen als etwas den Gegensätzen von Subjekt und Objekt, Ich und Welt selbst in ihrer einfachsten reinen Form noch *vorgelagertes* generatives Geschehen zu begreifen.

12   Unendlich ist diese Bewegung nicht im Sinne von endloser, sich in schlechter Unendlichkeit ohne Ergebnis vollziehender, sondern als eine solche, die zwischen Momenten verläuft, die in der Bewegung in ihr Anderes kein Anderes, sondern sich selbst erreichen.

13   Iber, *Metaphysik absoluter Relationalität*, S. 171.

Verhältnis, in welchem sich zwei Bestimmungen als äußerliche, nur ‚andere' gegeneinander gegenüberstehen – hier also das äußerliche Gegeneinander von Reflexion und Unmittelbarkeit (als Produkt der sich äußerlich werdenden Reflexion). Als „reale Reflexion" aber ist das Negative zur Reflexion (Unmittelbare) nicht *in* ihr (der äußeren Reflexion) aufgehoben, sondern ihr *seiendes Substrat* bleibt für die Reflexion im Sinne uneinholbarer Vorgängigkeit bestehen. D.h. „real" ist die „äußere Reflexion", weil sie das Reale (Unmittelbare) als seiendes Substrat für die Reflexion als Vorgängiges, d.h. äußerlich bestehen lässt.

Die Reflexion überhaupt ist, das zeigt die äußere Reflexion, als *ganzer* Zusammenhang nur voll bestimmt und bestimmungsfähig, wenn sie von einem Unmittelbaren als *Anderem* zu ihr anfängt. Ihre absolute Bestimmtheit im Ganzen nämlich, d.h. die vollständige Dynamik ihres Zusammenhangs von Vermittlung als Bestimmen überhaupt, kann sie nicht rein durch sich selbst erzeugen, indem sie alle Bedingungen und Parameter von Setzen und Gesetzsein selbst setzt. Sie ist stets verwiesen auf *ein Anderes als das Setzen*, das sich zugleich aber nicht einfach außerhalb des logischen Raumes des Bestimmens befindet, zu welchem das Setzen gehört. Jedes Bestimmen überhaupt ist auf ein Vorgängiges, *zu ihm anderes* Bestimmtsein verwiesen, mit dem es denselben Raum von *Bestimmtsein* teilt, den es gleichwohl nicht selbst hervorbringt, *um* dieses überhaupt erst bestimmen zu können. Die transitive Intentionalitätsstruktur von Bestimmen als logische Matrix realen Gegebenseins *von* etwas *für* jemanden ist nicht selbstgenügsam in dem Sinne, dass ihr absolut-unbestimmtes Objekt als bloße Materie von reiner Bestimmungslosigkeit und reiner Bestimmungsmöglichkeit wie ein ganz Anderes zu ihm gegeben ist. Bestimmen überhaupt verwirklicht sich erst dann selbstbestimmt *als* ein Bestimmen, wenn es auf ein Anderes als sein eigenes Bestimmen verwiesen ist, das aber gleichwohl an sich selbst schon bestimmt sein muss und deshalb kein Anderes gemäß der seinslogischen Ordnung von Unbestimmtheit/Bestimmtheit bzw. Unmittelbarkeit/Vermittlung ist – in dem Sinne also, als es einen übergreifenden Raum von Bestimmt*sein* als logisch vorgelagerte Ordnung eines Begrifflichen überhaupt konturiert, dem beide Seiten der absoluten Reflexion zugehören. Denn auch das unmittelbare Andere in der äußeren Reflexion ist schließlich gesetzt worden, und d.h. vor allem, es ist eine *bestimmte* Unmittelbarkeit im Raum des Begrifflichen überhaupt. Hier lässt sich also bereits erkennen, wie sich die seinslogische bestimmte Unbestimmtheit reformuliert.

Die *bestimmende Reflexion* schließlich führt diese nun bereits herausgearbeiteten Bedeutungsdimensionen der wesenslogisch *vollständigen formalen* Beschreibung kategorialer Realität zusammen, indem sie gemäß dem Prinzip der Aufhebung die setzende und die äußere Reflexion in Momente *eines* Verstehenszusammenhangs vereint. Die Grundform des Realen besteht in seiner Widerständigkeit, d.h. es muss als von sich selbst her dem Subjekt entgegenstehen (das Subjekt muss es als Anderes von sich selbst voraussetzen). Darin aber darf es dem Subjekt nicht als völlig anderes gegenüberstehen. Gegen Kant wird hier in der bestimmenden Reflexion *nicht* das Unbestimmbare, nur durch äußere Reflexion bestimmbare, sondern das in sich selbst bestimmbare Widerständige in Anschlag gebracht; die Widerständigkeit darf nicht nur vom Subjekt gesetzt werden, sondern muss an der Realität selbst bestimmbar sein. Das Reale bleibt das Andere zum Subjekt: weder kann es das Reale hervorbringen, noch vollständig durch seine Gedankenbestimmungen konstituieren – es bleibt diesem widerständig. Zugleich aber erkennt das Denken, dass *in* dieser *Widerständigkeit* eine Art von *immanenter Reflexion* am Werk ist, die mit den Begriffen des subjektiven Denkens übereinstimmt, weil sie regelhaft (nämlich nach den Normen des Realseins) konstituiert ist. Das ist *der im Realen wirksame Begriff*, welcher im Realen selbst immer schon angelegt sein muss. Der Unterschied von Unmittelbarkeit (Realität) und Vermittlung (Subjekt) ist damit kein bloß subjektiver (qua setzender Reflexion), sondern wohnt der Konfiguration von beiden immer schon inne bzw. geht diesen vorher. Folglich muss es eine *Verhältniskategorie absoluter Relationalität* geben, welche das Verhältnis von Bestimmen/Setzen (idealistisches Moment) und Unmittelbarkeit/Voraussetzen des Gegebenen (realistisches Moment) regelt. Ein solcher Begriff liefert die operative Norm oder Bedingungen dafür, wie das konstruktive Setzen (des Seins) und das realistische Gegen-setzen (Voraussetzen eines Gegebenen) sinnvoll gedacht werden muss. Und eben dies zeigt die *bestimmende Reflexion*: Das gegen das Setzen der Reflexion vorausgesetzte Reale des unmittelbaren Gegebenen, muss „in Wahrheit" an sich selbst *als* Setzen bestimmt sein, d.h. als Bestimmung bestimmt sein, ohne dabei aber sein Vorausgesetztsein (seine Widerständigkeit als Anderes) wie in der setzenden Reflexion ganz an das Setzen zu verlieren. Es muss gesetzt sein, aber an sich selbst und dabei als Eigenständiges in seiner Unmittelbarkeit gedacht werden.

3 Schlussbetrachtung

Für das Metaformat der Subjektivität des Wesens haben sich damit zusammengefasst folgende Merkmale herauskristallisiert:

Erstens, die besondere Form der Subjektivität des Wesens zeichnet sich dadurch aus, dass alle Bestimmungen des Seins jetzt erstmals aus der Metaperspektive des Subjektformats reformuliert werden. Diese Veränderung nun besteht in der *Integration des Für-Anderes-Sein in das An-sich-sein*. Das Ansichsein des Wesens ist dort absolut, wo ihm die Negativität als Beziehung auf Unterschiedenes und damit die *Bestimmtheit selbst* nicht mehr als äußerliche Beziehung zukommt. Indem das Wesen als Logik „absoluter Relationalität" und begrifflicher Vermittlung *nichts anderes gegenüber* der unvermittelten, absolut äußerlichen Unmittelbarkeit des Seins ist, sondern vielmehr dieses Sein an sich selbst in dieses Wesen übergeht, beginnt die Wesenslogik bereits strukturell mit der Einsicht, dass die Äußerlichkeit des Seienden nichts bloß Vorgängiges und die Immanenz des Begrifflichen nichts bloß Nachträgliches *gegeneinander* sein dürfen.

Zweitens, die Form, welches dieses Bestimmungsverhältnis am sinnvollsten ausdrückt, ist die der absoluten Reflexion. Der aus Hegels Reflexionsformen herausgearbeitete Begriff von Realität überhaupt hat sich als eine *reine Verhältniskategorie (absoluter Relationalität) von Bestimmungsrichtungen überhaupt* erwiesen, welcher die irreduziblen, nicht weiter rückführbaren oder weiter zu vereinfachenden *Verhältnisse von Bestimmungsrichtungen überhaupt* beschreibt, die ein *bezugnehmendes Subjekt überhaupt* (Reflexion) und seine *Beziehung auf ein Gegebensein überhaupt* (Unmittelbarkeit) konsistent gestalten. Damit formuliert dieser kategoriale Begriff von Realität die notwendigen logischen Bedingungen dafür, welchen einfachsten Bestimmungsregeln die grundsätzlichen Elemente von Bezugnehmen unterliegen, und wie Gegebensein überhaupt als Basisform des Realen an sich und durch Bezugnehmen auf es kategorial bestimmt ist.

Daraus ergeben sich drei zentrale Anforderungen: 1. Das Reale überhaupt muss als etwas bezüglich des Subjekts Anderes und vor dessen repräsentationalen Bestimmungen Liegendes gedacht werden. Eine sinnvolle Begründung von *kategorialer* Realität muss demnach von einer *subjektunabhängigen Voraussetzung* ausgehen, da der Gegenstand ihrer Betrachtung (Realität überhaupt) sich auf ein von der sozialen Wirklichkeit und ihren Bestimmungen unabhängiges Gegebensein bezieht. 2. Diese subjektunabhängige Realität wiederum darf, um sinnvoll, d.h. objektiv gedacht werden zu können, selbst nicht unbestimmt sein, muss also bereits an sich selbst eine Bestimmtheit haben, demnach in irgendeiner Form *begrifflich* sein; denn eine Begrifflichkeit von etwas Unbegrifflichen lässt sich nicht denken. Damit gemeint ist eine Begriffsstruktur *vor* den repräsentationalen Begriffsformen des Subjekts, welche damit 3. die *(Real)Norm der Objektivität* für eben diese nachträglich setzenden Subjektbestimmungen darstellen, sodass sich beide Bestimmungen (die begriffliche Bestimmtheit kategorialer Realität und die nachträglichen Subjektbestimmungen) deckungsgleich sind. Zugleich aber dürfen diese beiden Bestimmungen nicht dieselben sein, sondern sind verschiedene, nicht aufeinander rückführbare Arten von Bestimmtheit: aus der Subjektperspektive erscheint die Realbestimmtheit als etwas Unbestimmtes, das bestimmt werden muss. Und doch sind sie, auf der Ebene kategorialer Realität überhaupt, nur verschiedene Arten *einer* übergreifenden Bestimmtheit. Das heißt, in diesem Begriff von „Realität überhaupt" ist festgelegt, *wie* Gegebensein und Bezugnehmen, Bestimmtsein und Bestimmtwerden, Vorgängigkeit und Nachträglichkeit aufeinander logisch *abgestimmt* sind: und zwar so, dass ihre *Abstimmung* aufeinander den Gesamtraum eines objektiven Begrifflichen (Setzen zweiter Ordnung) zu denken nötigt, *innerhalb* dessen allererst die Verhältnisse von Unmittelbarkeit und Reflexion, Bestimmungslosigkeit und Bestimmtheit, Voraussetzen und Setzen, Gegebensein und Bezugnehmen als *relative* zu diesem Gesamtraum sinnvolle Beschreibungskategorien sind.

Die methodische Rolle des Widerspruchs bei Hegel

Folko Zander

Dass Hegel in der Bewertung des Satzes vom Widerspruch und des ausgeschlossenen Dritten von seinen Vorläufern abweicht, ist bekannt. Weniger bekannt sind seine sachliche Begründung und ihre Auswirkung auf seine Philosophie. Beides möchte ich hier kurz umreißen. Dabei werde ich zu darzulegen versuchen, dass Hegel den Satz des Widerspruchs insofern in Geltung lässt, als er zwar die Denkbarkeit des Widerspruchs zeigt, aber nur so, dass darin zugleich seine Auflösung gedacht wird. Weiter werde ich zeigen, dass beides, Widerspruch und seine Auflösung, nur als Moment der sogenannten bestimmten Negation in Anspruch genommen werden können. Schließlich werde ich verdeutlichen, dass der Widerspruch demnach das ist, welches den Gestalten des Bewusstseins und den Bestimmungen des Denkens notwendig anhaftet und deren Auflösbarkeit in eine andere Gestalt bzw. Bestimmung garantiert. Der Widerspruch erlaubt es somit, ein Ganzes von Gestalten des Wissens und Bestimmungen des Denkens abzuleiten.

Warum aber der Widerspruch? Wenn es darauf ankommt, Denkbestimmungen abzuleiten, dann wäre dies über die Zergliederung und Umformung eines Grundsatzes schwerlich zu leisten, weil dabei nichts Neues herauskäme. Deshalb ist der Weg Fichtes schon vielversprechender, neue Bestimmungen des Denkens auf dem Wege der Untersuchung von Gegensatzverhältnissen zu gewinnen. Allerdings konnte das Gegensatzverhältnis als solches nicht bewiesen werden, da von dessen Gegensatzgliedern als „Thatsache[n] des empirischen Bewusstseyns" lediglich ausgegangen wurde.[1] Dies schmuggelt zudem einen Dualismus in das System, welchen Fichte, Hegel zufolge, nicht überzeugend loswird.[2] Um dies zu vermeiden ist die Dualität aufzugeben und dennoch am Grundsatz des kontradiktorischen Gegensatzes festzuhalten. Dies aber scheint unmöglich; denn das würde bedeuten, dass eine Bestimmtheit des Wissens ihr eigener Gegensatz sein müsste. Das verstieße aber gegen den Satz des Widerspruchs. Da aber der Widerspruch nur zu vermeiden ist, wenn etwas in ein und derselben Hinsicht ist und nicht ist, so muss sich der Widerspruch durch den Aufweis verschiedener Hinsichten auflösen lassen. Dies ist Hegels

---

1 Vgl. Fichte, Johann Gottlieb, *Grundlage der gesamten Wissenschaftslehre*, in: *Fichtes Werke*, herausgegeben von Immanuel Hermann Fichte, Band I, Berlin 1971, S. 83-328 (S. 101).
2 Vgl. Hegel, Georg Wilhelm Friedrich, *Differenz des Fichteschen und Schellingschen Systems der Philosophie*, in: ders., *Werke* 2, Frankfurt am Main 1987, S. 60ff.

Weg. Als Verfahrensweise freilich kann sich dieser Weg nur erweisen, wenn in der Zergliederung von reinen Denkbestimmungen diese sich tatsächlich als widersprüchlich zeigen und über ihren Widerspruch hinausgehen; eine gelenkte Anwendung auf den Gegenstandsbereich wäre der Sache äußerlich, die Verfahrensweise würde sich nicht als dem Gang der Sache gemäß erweisen und bliebe unbewiesene Voraussetzung. Es soll hier gezeigt werden, wie Hegel getreu dieser Überlegung in seiner *Wissenschaft der Logik* diesen Anspruch verwirklicht. Der „Widerspruch" als wesentliche Voraussetzung dafür wird, wenig überraschend, im Abschnitt „Widerspruch" des Kapitels über die „Wesenheiten oder die Reflexionsbestimmungen" der *Wesenslogik* dargestellt.

Bevor ich diese Annahme begründe, möchte ich kurz vorausschicken, was in der *Wissenschaft der Logik* überhaupt geschieht, um meine Herangehensweise zu rechtfertigen. Es wird mit Verweis auf Hegel selbst behauptet, er habe eine nichtformale Logik im Sinn, was bedeute, dass in ihr von ihrem Inhalt nicht abgesehen werde. Das ist soweit ganz richtig. Dies wird nun aber so gedeutet, als habe Hegel eine Art von transzendentaler Logik im Blick,[3] in welchem das Gegebene voranstellend nach Art eines transzendentalen Objektes[4] schon mitgedacht werde. Die Bestimmungen der Logik wären dann Bestimmungen an einem möglichen Erfahrungsgegenstand oder zumindest an dem Gegenstand oder Substrat der Logik. Und das ist nun falsch, weil es die Logik von etwas Gegebenen abhängig und schwerlich verständlich machte, wieso Hegel darauf besteht, in seiner Logik nur *reine* Bestimmungen des Denkens abzuleiten. Diese Ableitbarkeit, mithin die Fähigkeit des Denkens, sich selbst Inhalte zu geben, macht das Nicht-Formale seiner Logik in Hegels Augen aus. Für meine Herangehensweise bedeutet das: Ich werde versuchen müssen, die Denkbestimmungen, die auf den Widerspruch und dessen Auflösung führen, tatsächlich als reine Denkbestimmungen ernst zu nehmen.

Hegel gibt jedoch selbst zu Missverständnissen Anlass. Er weist eine Auffassung von Logik in seiner *Einleitung* in die *Wissenschaft der Logik* zurück, wonach es sich hierbei um eine reine Formenlehre handele, welche nur zusammen mit einer Materie „reale Wahrheit" enthalten könne. Missverständlich

---

[3] So der Sache nach Taylor, Charles, *Hegel*, Cambridge University Press 1975, S. 30, S. 96; Gerhard, Myriam, *Hegel und die logische Frage*, Berlin/Boston 2015, S. 16; Nuzzo, Angelica, *Dialektisch-spekulative Logik und Transzendentalphilosophie*, in: Anton Friedrich Koch/Friedrike Schick/Klaus Vieweg/Claudia Wirsing (Hrsg.), *Hegel – 200 Jahre Wissenschaft der Logik*, Hamburg 2014, S. 257–273,(S. 262f.); Martin, Christian Georg, *Ontologie der Selbstbestimmung. Eine operationale Rekonstruktion von Hegels „Wissenschaft der Logik"*, Tübingen 2012, S. 9; Sarljemijn, Andries, *Hegelsche Dialektik*, Berlin/New York 1971, S. 124, S. 129.
[4] Vgl. Kant, Immanuel, KrV A 250.

wird seine Kritik durch den Gebrauch des Ausdrucks „Materie". In der von ihm missbilligten Auffassung wird „Materie" im Sinne einer sinnlich gegebenen Materie verwendet. Nach dieser Auffassung kann nur sinnlich Gegebenes gedacht bzw., wenn auch mit zwiespältigem Ergebnis, auf dessen Grundlage schließend weiterer Inhalt erzeugt werden. Logik und Gegebenheit verhalten sich ergänzend zueinander als Form und Stoff, die logische Form ist ohne Gegebenes leer und bleibt es auch, die Logik, entbehrte sie des sinnlichen Stoffes, nicht entwickelbar.

Dass die Logik rein formal sei, wird von Hegel bestritten. Das bedeutet nun nicht, wie es in vielen Logik-Kommentaren steht, dass logische Denkbestimmungen nur mit Bezug auf gedachte Phänomene denkbar sind,[5] dass Logik als ihren Inhalt das Wesen der Phänomene habe. Das ist zwar für Hegels Geistesphilosophie ganz richtig, in der es darum geht, Phänomene anhand ihres logischen Aufbaus zu begreifen, das Denken also in seinem Anderen, der Natur, wiederzuentdecken. Ganz und gar nicht stimmt dies aber für die *Logik*. Was nun aber *ist* der Inhalt der *Logik*, inwiefern verweist die Logik nicht auf Phänomene und ist dennoch nicht leer, sondern an ihr selbst erfüllt? Es sind ihre *eigenen* Bestimmungen, und zwar als reine Denkbestimmungen, unabhängig von allem Gegebensein. Hegel beansprucht, alle Denkbestimmungen abzuleiten, und die Methode dieser Ableitung besteht nun *nicht* darin, diese anhand der Bedingung der Möglichkeit von empirischer Erfahrung zu vollziehen – auch wenn Hegel in den vielen Beispielen, die er in den Haupttext einschiebt, genau diesen Anschein erweckt. Wenn er zum Beispiel in der *Wesenslogik* die Denkbestimmung des Unterschieds aus der der Identität ableitet, dann geschieht dies nicht anhand identischer gegebener Gegenstände, deren Denkbarkeit den Übergang zum Unterschied notwendig machte. Es geschieht aus den Bestimmungen der Identität allein als reiner Denkbestimmung, ohne den Bezug auf anderes. Ebenso verhält es sich mit allen anderen Denkbestimmungen der Logik. Wie solche Ableitungsschritte genau zu Stande kommen, dies herauszuarbeiten dürfte gerade bei der Denkbestimmung des Widerspruchs lehrreich sein wegen der oben herausgestellten Bedeutung. Der Widerspruch darf nicht gezielt angewandt werden, sondern muss sich rein aus der Sache des Denkens ergeben und dem Zusehen[6] der Entwicklung des Denkens erschließen – andernfalls wäre Hegel der Vorwurf einer willkürlichen Voraussetzung

---

5 So Günther, Gotthard, *Grundzüge einer neuen Theorie des Denkens in Hegels Logik*, Hamburg 1978, S. 187.
6 Die Figur des Zusehens als Gewährenlassen der notwendigen Entwicklung der Sache findet sich schon bei Fichte, Johann Gottlieb, *Erste Einleitung in die Wissenschaftslehre*, in: *Fichtes Werke*, herausgegeben von Immanuel Hermann Fichte, Band I, Berlin 1971, S. 417–449 (S. 435f.).

zu machen, aus Zwängen des Systems logischen Bestimmungen eine Eigenheit einzuimpfen, die sie sachlich gar nicht haben. Aus diesem Grund muss der Widerspruch sich aus logischer Notwendigkeit selbst ergeben. Da es sich beim Widerspruch um ein reflexives Verhältnis handelt, kann er gar nicht anders als in der *Wesenslogik* verhandelt werden, welches eine Logik reflexiver Verhältnisse ist.

1 Die selbständigen Reflexionsbestimmungen und der Widerspruch[7]

Die Denkbestimmung, von der her Hegel den Widerspruch ableitet, ist die des Gegensatzes, womit er den kontradiktorischen Gegensatz meint. Die Glieder dieses Verhältnisses nennt Hegel „das Positive" und „das Negative". Das Positive ist das, welches mit sich gleich, das Negative das, welches dem Positiven ungleich ist. Dem Gegensatz weist Hegel drei Bestimmungen nach: Erstens ist er reflexiv-negativ bestimmt: Jedes Verhältnisglied ist allein dadurch festgelegt, nicht das andere zu sein. Daraus ergibt sich als zweite Bestimmung des Gegensatzes die grundsätzliche Austauschbarkeit seiner Glieder. Denn dass das Eine die Negation des Anderen ist, trifft sowohl auf das Positive wie das Negative zu. Beachtenswert ist hier aber vor allem die dritte Bestimmung, in der der Gegensatz als selbständige Reflexionsbestimmungen vorliegt. Was das ist, wird deutlich, wenn die ersten Bestimmungen des Gegensatzes betrachtet werden. Da jedes Glied durch die Negation des Anderen bestimmt ist und dies für beide gleichermaßen gilt, so kann jedes durch die Negation seines anderen bestimmt werden, ist also allein für die Bestimmung der ganzen Beziehung hinreichend. Denn beide lassen sich problemlos so umtaufen, dass diesem Umstand Rechnung getragen wird. So wird aus dem Positiven das Nichtnegative und aus dem Negativen das Nichtpositive. Damit drücken sie selbst die Negation ihres Anderen aus und sind für sich für ihre Bestimmtheit hinreichend, mithin als Reflexionsbestimmung des Anderen nicht mehr bedürftig, sondern selbständig.

Die selbständigen Reflexionsbestimmungen hängen in ihrem Bestehen nun von etwas ab, was Hegel „Ausschluss des Anderen" nennt. Er meint: Das Andere ist das andere Reflexionsglied, der Ausschluss ist dessen Negation. Durch die Negation dieses Glieds soll sich jedes der Glieder selbständig bestimmen können. Also ist der Ausschluss für jedes beider Glieder wesentlich.

---

[7] Vgl. für den folgenden Abschnitt Hegel, Georg Wilhelm Friedrich, *Die Wissenschaft der Logik. Die Lehre vom Wesen* (fortan *Wesenslogik*), in: ders.:, Werke 6, S. 54–69.

Wir sind jetzt kurz davor, aus diesem Verhältnis den Widerspruch hervorgehen zu sehen. Dieser besteht nun darin, dass das, was sich zur Festsetzung jedes Gliedes als notwendig erwiesen hat, der Ausschluss des anderen Gliedes nämlich, tatsächlich als Zerstörung seiner Bestimmtheit erweist. Der Ausschluss des Negativen beim Positiven würde nicht zu dessen Festsetzung als Negativen, sondern zu ihr als Positiven führen, und umgekehrt. Damit wären beide in ein und derselben Hinsicht das Gegenteil ihrer selbst und so der Widerspruch. Wie kommt dieser nun genau zustande? Dies ist nun beim Positiven wie beim Negativen zu zeigen.

Wir haben beim einen wie beim anderen die Glieder als selbständige Reflexionsbestimmungen zu fassen. Das bedeutet für das Positive: Das Positive ist als Nichtnegatives zu nehmen. Damit ist zweitens das Positive dem Negativen ungleich. Das Ungleiche eines Anderen zu sein wurde aber oben als das Kennzeichen des Negativen eingeführt. Damit ist aber drittens das Positive das Negative. Das ist der Widerspruch des Positiven:

Der Widerspruch des Positiven:
- 1. Das Positive ist das Nichtnegative
- 2. Das Positive unterscheidet sich also von etwas, welches es nicht ist, dem Negativen
- 3. Das Positive ist das Negative des Negativen
- 4. Das Positive ist das Negative

Beim Negativen ergibt sich der Widerspruch ein wenig anders. Zunächst ist auch das Negative als selbständige Reflexionsbestimmung zu verstehen und somit als Nichtpositives. Damit ist es dem Positiven ungleich und somit das Negative des Positiven. Oben wurde aber das Negative als das eingeführt, welches dem Positiven ungleich ist. In der hier erreichten Lage sind aber beide Glieder, Positives wie Negatives, einander ungleich, da schließlich das Positive auch ein Negatives ist, nämlich das Negative des Negativen. Folglich verhalten sich jetzt zwei Negative zueinander. Damit ist dieses Verhältnis aber eine Selbstbeziehung, und als Selbstbeziehung wurde oben das Positive eingeführt. Und so ergibt sich, dass das Negative das Positive ist. Das ist der Widerspruch des Negativen. In beiden Fällen hat sich nun keine Bestimmtheit ergeben, beide, Positives wie Negatives haben sich, wie Hegel formuliert, in Null aufgelöst:

Der Widerspruch des Negativen:
- 1. Das Negative ist das Nichtpositive
- 2. Das Negative unterscheidet sich von etwas, welches es nicht ist, dem Positiven

- 3. Das Negative ist das Negative des Positiven, also bezieht sich Negatives auf Negatives, also liegt Selbstbeziehung vor
- 4. Das Negative ist das Positive

Gegen Autoren wie Kant, die behaupten, der Widerspruch lasse sich nicht einmal denken, zeigt Hegel dessen Denknotwendigkeit auf, um Gegensätze zu begreifen. Gegen formale Logiker, die den Widerspruch als ein Zeichen erkennen, falsche Prämissen gesetzt oder falsche Ableitungen gemacht zu haben, zeigt Hegel allerdings, dass sich der Widerspruch ebenso notwendig, wie er sich einstellt, wieder auflöst, und zwar so, dass die Bestimmtheit des Positiven wie Negativen sich erreichen lässt, dass der Widerspruch sich also nicht in Null, sondern in Bestimmtheit auflöst.

Entscheidend hierbei ist, dass das Positive als ausschließende Reflexionsbestimmung selbst das Negative setzt und sich ineins damit zum Negativen macht. Die getrennt vorgestellten Verläufe des Widerspruchs des Positiven und Negativen sind also ein Zusammenhang (um die Darstellung fasslicher zu machen, wurden zwei nicht zwingend notwendige Schritte eingespart):

- 1. Das Positive ist das Nichtnegative
- 2. Das Positive ist das Negative des Negativen
- 3. Das Positive ist das Negative
- 4. Das Negative ist das Nichtpositive
- 5. Das Negative ist das Negative des Positiven, also bezieht sich Negatives auf Negatives, also liegt Selbstbeziehung vor
- 6. Das Negative ist das Positive

Wenn dieser Zusammenhang klar wird, so nimmt es für das Positive ein glückliches Ende. Sollte sich im ersten Schritt (1.) durch den Ausschluss des Negativen das Positive ergeben, so missriet ihm dieser Schritt gründlich, denn er führte nicht zur festen Gründung des Positiven, sondern zu dessen Zerstörung (3.). Dieses Unglück ist aber nur ein vermeintliches, denn die Verkehrung des Positiven ins Negative ist nun Voraussetzung dafür, dass sich das Positive am Ende *doch* herstellt (8.). Es hat sich für das Positive als notwendig erwiesen, sich negativ zu werden, um positiv sein zu können. Das Positive hat so nicht sein Sein in sich selbst, sondern in einem Anderen. Sein Sein in einem Anderen zu haben ist aber das Merkmal des Grundes. In ihn als einer neuen Denkbestimmung hat sich also der Widerspruch aufgelöst.

Es muss aber noch bei diesem Verhältnis verweilt werden. Denn wenn das Positive erst im letzten Schritt, der Selbstbeziehung des Negativen, gegründet ist, dann ist das Positive richtig erst gefasst als „Zusammengehen mit sich".

Aber da erst als bei diesem Zusammengehen mit sich vom Positiven gesprochen werden kann, so ist es tatsächlich das Positive als Zusammengehen mit sich, welches in der Lage ist, als ausschließende Reflexion das Negative von sich auszuschließen (1.), somit sich selbst negativ zu werden (3.) und damit erst die Bedingung zu schaffen, mit sich zusammenzugehen (Übergang von 6. zu 1.):

>   Der Widerspruch löst sich auf:
>   – 1. Das Positive ist das Nichtnegative
>   – 2. Das Positive ist das Negative des Negativen
>   – 3. Das Positive ist das Negative
>   – 4. Das Negative ist das Nichtpositive
>   – 5. Negatives bezieht sich auf Negatives
>   – 6. Das Negative ist das Positive

Das Zusammengehen mit sich, als vermeintliches Resultat, geht also dem Ausschließen der Reflexionsbestimmung voraus, und ist erst so tatsächlich *Grund*. Hegel würdigt diesen Umstand auch sprachlich, indem er tatsächlich vom „Zusammen*gegangensein* mit sich" spricht. Ein weiterer wesentlicher Punkt ist der, dass das Positive in letzter Konsequenz um das Negative reicher geworden ist: Das, was ausgeschlossen werden sollte, wird damit tatsächlich *zusammen*geschlossen. Nicht der Ausschluss, sondern der Einschluss des Negativen macht das Positive erst möglich. Die Sicht auf die Negation, die Hegel hier beansprucht, darf also nicht mit der doppelten Negation verwechselt werden. Um hier keinen Zirkel zu unterstellen, muss darauf hingewiesen werden, dass hier keine logische Abhängigkeit eines nächsten Schrittes von seinem Vorgänger vorliegt, wie die Darstellung notwendig nahelegt. Tatsächlich bedingen sich alle Stufen – von Schritten sollte daher nicht gesprochen werden – gegenseitig. Was aus Gründen der Darstellung – der ratio cognoscendi – schrittweise erfolgen musste, ist nach der ratio essendi als gleichursprünglich anzusehen.

Das sind also Hegels Überlegungen im Abschnitt Reflexionsbestimmungen der *Wesenslogik* über den Widerspruch und seine Auflösung. Für die Ausgangsfrage indes scheint wenig gewonnen: Zwar ist gezeigt worden, wie der Widerspruch als *Denkbestimmung* abgeleitet wird und was unter dem Widerspruch zu verstehen ist. Dass der Widerspruch aber ein Merkmal ist, welcher *allen* Denkbestimmungen eignet und sie sich so zu einem Ganzen entwickeln lässt, ist noch nicht zu ersehen. Um diese Frage zu klären, will ich mich nun Hegels Äußerungen zur Bedeutung des Widerspruchs für den wissenschaftlichen Fortgang zuwenden.

2 Die Auflösung des Widerspruchs in der bestimmten Negation

In der Einleitung in die *Wissenschaft der Logik* ist vom „notwendigen Widerstreite der Bestimmungen des Verstandes" die Rede, wobei die Vernunft es ist, welches diese Bestimmungen aufeinander bezieht und als Widerspruch erkennt. Daraus sei aber nicht zu folgern, „als ob die Vernunft es sei, welche in Widerspruch mit sich gerate; sie erkennt nicht, daß der Widerspruch eben das Erheben der Vernunft über die Beschränkungen des Verstandes und das Auflösen derselben ist."[8] Hier haben wir also festgehalten, dass den Bestimmungen des Verstandes der Widerspruch eignet und dass die Vernunft dies nicht irrtümlich, sondern völlig richtig erkenne. Eine ergänzende Bemerkung dazu findet sich ebenso in der Einleitung. Sie sei in ihrer Gänze wiedergegeben:

> Das Einzige, *um den wissenschaftlichen Fortgang zu gewinnen* – und um dessen ganz *einfache* Einsicht sich wesentlich zu bemühen ist –, ist die Erkenntnis des logischen Satzes, daß das Negative ebensosehr positiv ist oder daß das sich Widersprechende sich nicht in Null, in das abstrakte Nichts auflöst, sondern wesentlich nur in die Negation seines *besonderen* Inhalts, oder daß eine solche Negation nicht alle Negation, sondern *die Negation der bestimmten Sache*, die sich auflöst, somit bestimmte Negation ist; daß also im Resultate wesentlich das enthalten ist, woraus es resultiert [...] Indem das Resultierende, die Negation, *bestimmte* Negation ist, hat sie einen *Inhalt*.[9]

Wir finden hier jede einzelne Bestimmung wieder, die sich am Widerspruch ergeben hat: Da ist der Widerspruch, der darin besteht, dass das Negative positiv ist. Die Negation seines besonderen Inhalts, von der hier die Rede ist, findet ihre Entsprechung darin, dass in der *Logik* das Negative *nicht* ausgeschlossen wird, sondern am Ende der Analyse des Widerspruchs ist das Positive um das Negative *reicher* geworden, es enthält das Negative – obwohl man in der *Logik* noch nicht unbefangen von *Inhalt* sprechen kann, da diese Denkbestimmung noch aussteht. Aber das ist auch nicht schlimm, denn worauf es hier ankommt, ist, dass am Ende eine Bestimmung und nicht bloß die Null erreicht ist – nämlich die Bestimmung des Positiven. Die *Logik* handelt also von den bestimmten Positiven überhaupt; die bestimmte Negation bestimmt das Positive.

---

8   Ders., *Die Wissenschaft der Logik. Die Lehre vom Sein* (fortan: *Seinslogik*), in: ders.: *Werke* 5, S. 38.
9   Ebd., S. 48.

Bevor ich zu einer inhaltlichen Füllung und damit Vereinbarkeit der Kategorie des Widerspruchs mit der bestimmten Negation übergehe, ist zu bemerken, dass im Zitat noch wesentliche Bestimmungen fehlen, und zwar die des Grundes. Dazu äußert sich Hegel leider nicht in der Einleitung, sondern im die Wissenschaft überhaupt einleitenden Textstück „Womit muss der Anfang der Wissenschaft gemacht werden?". Er schreibt:

> Man muß zugeben, daß es eine wesentliche Betrachtung ist – die sich innerhalb der Logik selbst näher ergeben wird –, daß das Vorwärtsgehen ein *Rückgang* in den *Grund*, zu dem *Ursprünglichen* und *Wahrhaften* ist, von dem das, womit der Anfang gemacht wurde, abhängt und in der Tat hervorgebracht wird. – So wird das Bewußtsein auf seinem Wege von der Unmittelbarkeit aus, mit der es anfängt, zum absoluten Wissen als seiner innersten *Wahrheit* zurückgeführt. Dies Letzte, der Grund, ist denn auch dasjenige, aus welchem das Erste hervorgeht, das zuerst als Unmittelbares auftrat.[10]

Hier finden wir das eben am Widerspruch und seinem Grund Ausgeführte wieder, wonach das, womit der Anfang gemacht wurde – in unserem Fall das ausschließende Positive – keineswegs der Grund dieses Anfangs ist. Dieser wird erst am Ende der Entwicklungsbewegung eingeholt und erweist sich so als dessen Ursprung. Hiermit ist eines der wichtigsten Züge des Denkens Hegels auf den Punkt gebracht: Das Unmittelbare ist nichts, woraus sich eine Vermittlung ergibt und daher verschieden von der Vermittlung. Sondern: Das Unmittelbare ist zugleich ein Vermitteltes. Die selbständige Reflexionsbestimmung des Positiven würde als logisch-unmittelbare in sich zusammenstürzen, wenn sie nicht den Grund einholte, deswegen sie überhaupt das Positive ist. Erst die Selbstbezüglichkeit des Negativen macht das Positive denkbar, welches das Negative aus sich ausschließen kann und somit in dieser Unmittelbarkeit deren Vermittlung offenbart. Die bestimmte Negation steuert so jede Denkbestimmung durch ihren Gegensatz zu ihrem Grund.

Dass der Widerspruch also allen endlichen Denkbestimmungen und allen Gestalten des Bewusstseins der *Phänomenologie* eignet, kann ganz allgemein daran gezeigt werden, dass jede von ihnen sich in ihrer Eigenheit, Unabhängigkeit und somit Beziehungslosigkeit auszusprechen versucht, damit aber nur für *einen* Gesichtspunkt steht, somit durch Ausschluss den Gegensatz dieses Gesichtspunktes nachgerade erzeugt und somit selbst zu einem

---

10   Ebd., S. 69.

gegensätzlichen Gesichtspunkt wird – nämlich des ausgeschlossenen und somit erzeugten.

Von der Bestimmung des Widerspruchs ist demzufolge nur zu erfahren, *dass* jede Position als endliche in ihren Gegensatz geraten muss. Jeder Bestimmung stellt sich unweigerlich eine zweite, gegensätzliche zur Seite. Diese Verzweifachung führt deshalb nicht zum *Zweifel*, weil an ihr die Endlichkeit dieser Bestimmung aufgebrochen wird und die feste Form in Fluss kommt[11] – womit Hegels Philosophie nach seinem Verständnis keine formale ist. Es ist die Einseitigkeit, welche eine zweite Seite dieser endlichen Bestimmung auf den Plan ruft. Diese zweite Seite, welche als gleichnotwendiger Gegensatz und somit als Widerspruch an der endlichen Bestimmung erscheint, gilt es nun, ob dieser Gleichnotwendigkeit zusammen mit ihrem Gegenstück in einer neuen, diesen Gegensatz widerspruchslos in sich fassenden Bestimmung auszudrücken. Diese enthält beide gegensätzlichen Bestimmungen als Grund in sich, da diese Bestimmungen „mit sich" in ihr zu einer neuen (gleichwohl aber auch ursprünglichen) Bestimmung „zusammengegangen" sind.

Dass Hegel an den durch bestimmte Negation gekennzeichneten Übergängen Gegensätze zu Widersprüchen entwickelt – oder besser: ihnen bei dieser Entwicklung zusieht – soll an einigen Beispielen gezeigt, zuvor aber ein naheliegender Einwand entkräftet werden: Wenn der Widerspruch als Denkbestimmung erst relativ spät in der *Logik* entwickelt wird, so erscheint es doch sehr zweifelhaft, ihm eine grundlegende Bedeutung für die Entwicklung *aller* Denkbestimmungen, noch weniger der Gestalten des Bewusstseins der *Phänomenologie*, zuzuweisen. Dem sei erwidert, dass die Bestimmungen des Denkens selbstverständlich als Voraussetzung von Wissenschaft überhaupt immer schon in Geltung sind. In der *Logik* werden sie lediglich ausgeführt und gerechtfertigt. Deswegen hat Hegel auch keine Probleme, den Widerspruch in der *Logik* auch vor dessen ausdrücklicher Behandlung im Abschnitt über die Reflexionsbestimmungen anzusprechen, da er auch dort schon *an sich* in Geltung ist, wo die Übergänge mittels der bestimmten Negation noch unter anderen Namen laufen, etwa im Übergang vom Sein über das Werden zum Dasein[12]

---

11 In den Worten von Pluder, Valentin, *Die Vermittlung von Idealismus und Realismus in der Klassischen Deutschen Philosophie. Eine Studie zu Jacobi, Kant, Fichte Schelling und Hegel*, Stuttgart-Bad Cannstatt 2013, S. 500: „Die Widersprüchlichkeit, einen Prozess verstehen zu wollen, indem er angehalten wird, äußert sich in der Widersprüchlichkeit der stillgestellten Momente."

12 *Seinslogik*, S. 112: „Das Werden ist das Verschwinden von Sein in Nichts und von Nichts in Sein und das Verschwinden von Sein und Nichts überhaupt; aber es beruht zugleich auf dem Unterschiede derselben. Es *widerspricht sich also* in sich selbst, weil es solches

oder von der Endlichkeit über Sollen und Schranke zur Unendlichkeit[13]. Deshalb lässt sich der Nachweis von Widersprüchen schon vom ersten Kapitel der *Phänomenologie des Geistes* an führen. Dort ist der erste, weil unmittelbare Gegenstand, an dem das Bewusstsein seine erste Erfahrung macht, das Einzelne. Es erweist sich aber, dass dies einzelne Diese in Wahrheit Nichteinzelnes ist, Allgemeines. Die Vertreter einer unmittelbaren Gewissheit sagen also „das Gegenteil dessen, was sie meinen"[14]. Dieser Widerspruch zwischen der Gewissheit des Unmittelbaren und seiner Wahrheit wird aber in der nächsten Gestalt des Bewusstseins nach seiner positiven Einheit genommen, indem nämlich die beiden Negativen des Widerspruchs der Sinnlichen Gewissheit – Einzelheit und Allgemeinheit – als *die* Allgemeinheit gedacht wird, als die sich die Einzelheit erwiesen hat. Der Gegensatz des Einzelnen und Nichteinzelnen geht positiv zusammen in der Gestalt des Dings, welches darum als der Grund der Sinnlichen Gewissheit genommen werden kann, als in ihm – der Gestalt des Dings im Wahrnehmungskapitel – dessen Erfahrung inbegriffen ist. Als Ding ist dieser Gegenstand des Bewusstseins bedingte Allgemeinheit, bei der Allgemeinheit, Einzelheit und Bewusstsein in ihrer Bedingtheit aufeinander erprobt werden. Das Ergebnis zeigt allerdings „unbedingte Allgemeinheit". Auch hier ist also ein Widerspruch das Ergebnis. Dies unbedingt Allgemeine ist nun der Gegenstand des Kapitels „Kraft und Verstand", und zwar wird es dort ausdrücklich als das Resultat der Wahrnehmung in „positive[r] Bedeutung" genommen, die gegen das Resultat im „negativen Sinne" abgesetzt ist.[15] Allerdings taucht nun das Problem auf, dass sich als Ergebnis dieses Kapitels keine Negation dieses „unbedingt Allgemeinen" einstellt, wie es nach den Gegensätzen Einzelnes – nicht Einzelnes, bedingt Allgemeines – unbedingt Allgemeines zu erwarten gewesen wäre. Aber bemerkenswerterweise wird aus der Figur der verkehrten Welt gefordert, „die Entgegensetzung in sich selbst, de[n] Widerspruch zu denken"[16]. Diesem wird entsprochen zunächst in der Denkfigur der Unendlichkeit, aus der schließlich das „Unterscheiden

---

    in sich vereint, das sich entgegengesetzt ist; eine solche Vereinigung aber zerstört sich." Hervh. v. Vf.

13 Ebd., S. 147: „Das Sollen für sich enthält die Schranke und die Schranke das Sollen. Ihre Beziehung aufeinander ist das Endliche selbst, das sie beide in seinem Insichsein enthält. Diese Momente seiner Bestimmung sind sich qualitativ entgegengesetzt; die Schranke ist bestimmt als das Negative des Sollens und das Sollen ebenso als das Negative der Schranke. Das Endliche ist so der *Widerspruch seiner in sich; es hebt sich auf, vergeht.*" Hervh. v. Vf.

14 Hegel, Georg Wilhelm Friedrich, *Phänomenologie des Geistes*, in: ders., Werke 3, S. 90.

15 Vgl. ebd., S. 107.

16 Ebd., S. 129.

des Ununterschiedenen" entwickelt wird. Für die geforderten Zwecke ist nun allein von Belang, dass das „Unterscheiden des Ununterschiedenen" nun gleichgesetzt wird mit dem Selbstbewusstsein. Damit ist nun der gesuchte Widerspruch gefunden, allerdings nicht zur Ausgangsgestalt des Verstandes, sondern zum Grundsatz des Gegenstandsbewusstseins überhaupt; es entsteht nun der Widerspruch zwischen dem Bewusstsein, dessen Gegenstand von ihm unterschieden, und dem Bewusstsein, dessen Gegenstand *nicht* von ihm unterschieden ist.

Aus dem bisher Gesagten dürfte nun Folgendes klar geworden sein: Es kann Hegel gar nicht unterstellt werden, Widersprüche zuzulassen. Würde Hegel Widersprüche in seinem System zulassen, dann könnten einzelne Denkbestimmungen oder Bewusstseinsgestalten gar nicht stimmig gefasst werden. Die Beweisführungen Hegels würden zum großen Teil nicht mehr gelingen, weil in ihnen der Satz des Widerspruchs tatsächlich anerkannt ist. So heißt es zum Beispiel vom Satz der Identität, seine negative Form sei der Satz des Widerspruchs.[17] Ansonsten könnte Identität nicht festgehalten werden, weil sie von der Nichtidentität nicht verschieden wäre. Aber auf genau dieser Verschiedenheit baut Hegel den Fortgang der Zergliederung der Reflexionsbestimmungen auf. Hegel könnte über den Widerspruch also gar nicht handeln, würde er den Satz des Widerspruchs aufgeben.

Hegel kann Widersprüche aber nur deshalb zulassen, da sie sich auflösen. Aus diesem Grund ist mit Hegel der Widerspruch „kein Schaden".[18] Es dürfte auch klar sein, dass Hegel nicht Denkbestimmungen und Bewusstseinsgestalten auf einen Widerspruch hin zuspitzt, den Widerspruch also gewollt herbeiführt. Dass es Widersprüche gibt, liegt nicht an ihm, sondern am Anspruch endlicher Bestimmungen, abschließende Bestimmungen zu sein. Dass sie dies nicht sind, zeigt sich an ihnen, und was sich zeigt, ist, dass ihre Wahrheit in der geregelten Verknüpfung aller Bestimmungen zu einem Ganzen liegt. Dieses Ganze ist gewissermaßen der letzte oder der tiefste Grund, auf denen alle Gründe aufruhen. Was in diesem Ganzen aufgehoben ist, sind also nicht die Widersprüche, das Ganze ist also nicht als ein Ganzes von Widersprüchen anzusehen, sondern als eine Gesamtheit von *Gründen*. Dies darf nun aber nicht dazu verleiten, in der Auflösung des Widerspruchs eine Art von Grundoperation zu sehen. Eine Operation, Herangehensweise oder vorausgesetztes Verfahren wäre der Sache der Logik äußerlich, wovon Hegel ein deutliches Bewusstsein hatte. Mit dem Widerspruch und dessen Auflösung wird lediglich

---

17   Vgl. *Wesenslogik*, S. 44.
18   Ebd., S. 78.

ein Merkmal aufgedeckt, welches alle endlichen Bestimmungen aufweisen, ungeachtet ihrer sonstigen Verschiedenheit.

Der Widerspruch bei Hegel taucht also an der Scharnierstelle zweier Denkbestimmungen und Bewusstseinsgestalten auf. Der Vorwurf, Hegel lasse den Widerspruch zu und mache daher seine Theorie gehalt- und regellos, geht ins Leere. In Wahrheit lässt Hegel gar keinen Widerspruch zu. Aber ist dies nicht eine allzu steile Behauptung? Lässt sie sich nicht mit Hegels eigenen Worten widerlegen?

In der Tat gebraucht Hegel missverständliche Wendungen. So fällt beispielsweise die Bemerkung, wonach alle *Dinge* an ihnen selbst widersprechend seien.[19] Dies hat in der Hegelforschung dazu geführt, dass untersucht wurde, wie es denn möglich sei, Dinge als an sich selbst widersprechend zu denken, welches meist auf einen vermeintlichen Widerspruch in der Ding/Prädikat-Struktur führte.[20] Ich halte diese Deutung nicht für überzeugend, nicht allein deshalb, weil „Ding" eine Denkbestimmung von vielen ist, welche von Hegel erst später in der *Wesenslogik* erörtert wird und die wohl kaum für Alles stehen kann. Stattdessen möchte ich dafür werben, den Satz so zu lesen, dass in ihm mit „Ding" dasjenige gemeint ist, was unter eine Denkbestimmung fällt. Die so gefassten Dinge sind dann insofern an ihnen selbst widersprechend, als sie an der Bestimmung teilhaben, unter die sie fallen.

Mit diesen Ausführungen ist hoffentlich deutlich geworden, dass Hegel seine Philosophie nicht unbekümmert und regellos, sondern mit größtem Bewusstsein der Schwierigkeit einer angemessenen wissenschaftlichen Darstellung betrieben hat; dass er seine Begrifflichkeiten nicht unscharf und zweideutig, sondern eindeutig und scharf abgegrenzt verstanden wissen wollte; und vor allem, dass er keine neue Logik „erfinden", sondern der Logik eine angemessene wissenschaftliche Gestalt geben wollte, der Widerspruch also nicht seine, Hegels, Neuerung, sondern ein die Endlichkeit von logischen Bestimmungen aufbrechendes sachliches Merkmal dieser Bestimmungen selbst ist, welche allererst deren wissenschaftliche Darstellung im Sinne Hegels erlaubt.

19 Vgl. ebd., S. 73.
20 Beispielhaft dazu die Studie von Wolff, Michael, *Der Begriff des Widerspruchs. Eine Studie zur Dialektik Kants und Hegels*, Königstein/Ts. 1981.

Die Wesenslogik als die Logik des Selbstbewusstseinskapitels der *Phänomenologie des Geistes*

Paul Cobben

In der *Phänomenologie des Geistes* (PhdG)[1] wird die subjektive Gewissheit des natürlichen Bewusstseins in einem Prozess der bestimmten Negation immer wieder in neuen Formen aufgehoben. Dieser Prozess ist eine notwendige Entwicklung, die auf jeder Ebene durch das erscheinende Wissen vermittelt ist. Das Ziel dieses Prozesses, das absolute Wissen, ist erreicht, wo das Wissen „es nicht mehr über sich selbst hinaus zu gehen nöthig hat, wo es sich selbst findet, und dem Begriff dem Gegenstande, der Gegenstand dem Begriffe entspricht." (PhdG, 57) Durch die Notwendigkeit dieses Prozesses „ist dieser Weg zur Wissenschaft selbst schon *Wissenschaft,* und nach ihrem Inhalt hiemit Wissenschaft der *Erfahrung des Bewusstseins.*" (PhdG, 61) In der *Einleitung* der großen *Logik* bezeichnet Hegel diesen Prozess als die Fortbewegung „von dem ersten unmittelbaren Gegensatz [des Bewusstseins] und des Gegenstandes bis zum absoluten Wissen". (Logik, 32)[2] Die *Logik* hat, nach Hegel, „insofern die Wissenschaft des erscheinenden Geistes [d.h. Die *Phänomenologie des Geistes,* P.C.] zu ihrer Voraussetzung, welche die Nothwendigkeit und damit den Beweis der Wahrheit des Standpunkts, der das reine Wissen ist, wie dessen Vermittlung überhaupt, enthält und aufzeigt." (Logik, 54/55) Obwohl der Standpunkt des reinen Wissens vielleicht auch ohne die *Phänomenologie des Geistes*, nämlich als freier Entschluss, eingenommen werden kann[3], lässt sich die Logik, in der dieses reine Wissen entwickelt wird, nicht von der Logik der *Phänomenologie des Geistes* lösen.[4] In der (kleinen) Logik der *Enzyklopädie der philosophischen*

---

1 Hegel, Georg Wilhelm Friedrich, *Phänomenologie des Geistes*, Hamburg 1999 (=PhdG).
2 Ders., *Wissenschaft der Logik,* Felix Meiner, Hamburg 1999 (=Logik).
3 „Soll aber keine Voraussetzung gemacht, der Anfang selbst *unmittelbar* genommen werden, so bestimmt er sich nur dadurch, dass er der Anfang der Logik, des Denkens für sich, seyn soll. Nur der Entschluss, den man, auch für eine Willkühr ansehen kann, nemlich dass man das *Denken als solches* betrachten wolle, ist vorhanden." (Logik, 56).
4 Houlgate, Stephen, *An Introduction to Hegel. Freedom, Truth and History,* Blackwell 2005, S. 50 behauptet: „The *Phenomenology*, as I understand it, can be bypassed by those who are prepared to carry out the free act of suspending all their *presuppositions* about thought and being, begin with the bare thought of 'pure being', and accept that, initially, being itself may not be understood to be anything beyond the bare, indeterminate immediacy of which thought is minimally aware." Um „alle Voraussetzungen suspendieren zu können" muss jedoch auf

Wissenschaften im Grundriss wird die notwendige Entwicklung des natürlichen Bewusstseins in der *Phänomenologie des Geistes* als eine rein immanente Entwicklung (die nicht durch das erscheinende Wissen vermittelt ist) wiederholt. Es stellt sich heraus, dass das Bewusstseins-, das Selbstbewusstseins-, und das Vernunftkapitel der *Phänomenologie des Geistes* eine logische Struktur haben, die in der *Seins-, Wesens-,* und *Begriffslogik* der *Enzyklopädie* auf eine reine Weise wiederholt wird. Die genaue Darstellung dieser Wiederholung ist jedoch zu kompliziert um in diesem Beitrag herausgearbeitet zu werden.[5]

Die These, dass jeder Paragraph in der *Seins-, Wesens-,* und *Begriffslogik* einem Stadium der logischen Entwicklung der Anfangskapitel der *Phänomenologie des Geistes* entspricht, ist insofern problematisch, als es namentlich nicht ohnehin deutlich ist, wie die Entwicklung im Selbstbewusstseinskapitel in der *Phänomenologie des Geistes* mit der Wesenslogik der *Enzyklopädie* zusammenhängt. Das Selbstbewusstseinskapitel wird getragen durch den Versuch, die Wirklichkeit des reinen Selbstbewusstseins zu denken. Dazu muss das reine Selbstbewusstsein mit dem Leben versöhnt werden. Die Wesenslogik dagegen wird getragen durch den Versuch, die Verwirklichung des Wesens zu denken. Die Verwirklichung des Wesens scheint jedoch den Begriff des Lebens überhaupt nicht zu benötigen, sondern vielmehr auf die Entwicklung in der leblosen Natur zurückzugreifen. Deswegen scheint die Entwicklung eher der logischen Struktur des Bewusstseinskapitels als der logischen Struktur des Selbstbewusstseinskapitels zu entsprechen.

Dieses Problem lässt sich lösen, wenn deutlich ist, dass die Entwicklung im Selbstbewusstseinskapitel sich als eine selbstbewusste Wiederholung der Entwicklung im Bewusstseinskapitel verstehen lässt. Dies erklärt, dass, obwohl die Wesenslogik die immanente Logik des Selbstbewusstseinskapitels herausarbeitet, sie nichtsdestoweniger auch auf die logische Entwicklung im Bewusstseinskapitel zurückgreift.

Im Bewusstseinskapitel erwirbt die Außenperspektive die Einsicht, dass der reine Begriff (Ich=Ich, reines Selbstbewusstsein) eigentlich die auf sich gestellte formelle Struktur des Lebens ist. Im Selbstbewusstseinskapitel wird diese Einsicht expliziert: Das reine Selbstbewusstsein wird als das Wesen des guten Lebens verstanden.

Die Seins- und Wesenslogik zeigt, wie die Situiertheit der logischen Entwicklung im Bewusstseins- und Selbstbewusstseinskapitel der *Phänomenologie des Geistes* (das [Selbst-] Bewusstsein bleibt immer an das Leben gebunden)

---

irgendeiner Weise deutlich sein, welche Voraussetzungen eine Rolle spielen könnten. Gerade das wird systematisch in der *Phänomenologie des Geistes* entwickelt.

5 Vergleiche Cobben, Paul, *Postdialectische Zedelijkheid*, Kampen 1996, S. 193–241.

überwunden werden kann. In diesem Beitrag werde ich erörtern, wie daraus folgt, dass die Relationskategorien (Substanz, Kausalität, Wechselwirkung), die in der *Phänomenologie des Geistes* erst auf der Ebene des Selbstbewusstseins-Kapitel als Kategorien des guten Lebens entwickelt werden,[6] sich als Kategorien der Wirklichkeit überhaupt verstehen lassen.

1 Die logische Struktur des Bewusstseins-Kapitels in der *Phänomenologie des Geistes*

In der *Phänomenologie des Geistes* untersucht Hegel, wie der Begriff der Substanz sich adäquat denken lässt. Im ersten Kapitel dieser Arbeit, dem Bewusstseins-Kapitel, läuft diese Fragestellung auf das Durchdenken des Empirismus hinaus. Es wird geprüft, ob die sinnlich vorgefundene Natur, d.h. die leblose Natur, sich als Substanz verstehen lässt. Auf der Ebene der *sinnlichen Gewissheit*, dem ersten Stadium dieser Untersuchung, versucht das Bewusstsein, den unmittelbar vorgefundenen Gegenstand als Substanz, d.h. als ein an-sich Seiendes, zu identifizieren. Dieser Versuch scheitert, weil das Bewusstsein, für welches der Gegenstand gegeben ist, situiert ist. Der Gegenstand ist nur im Verhältnis zu seiner Körperlichkeit gegeben. Auf der Ebene der Wahrnehmung, dem zweiten Stadium, wird diese Situiertheit aufgenommen, weil der Gegenstand diesmal als aufgehobene Einzelheit gefasst wird. Der Gegenstand erscheint nicht länger als eine unmittelbar gegebene Einzelheit, sondern als eine Einzelheit die sich nur in der Mitte anderer Einzelheiten bestimmen lässt. (PhdG, 68) Der Gegenstand kann nur an Hand der vielen Eigenschaften identifiziert werden, die dem Gegenstand angehören. (PhdG, 73) Aber auch der Wahrnehmung gelingt es nicht, den Gegenstand eindeutig als ein Auf-sich-Seiendes zu identifizieren. Denn wenn man den Gegenstand durch seine Eigenschaften identifizieren will, dann setzt das voraus, dass der Gegenstand sich sowohl durch eine endlose Reihe von Eigenschaften bestimmen lässt (durch die Eigenschaften als *Auch*) (PhdG, 72), als durch eine endliche Reihe von Eigenschaften, welche es ermöglichen, den Gegenstand von einem anderen Gegenstand zu unterscheiden mit einer anderen Reihe von Eigenschaften (die Eigenschaften als *Eins*). (PhdG, 73) Die Wahrnehmung ist jedoch nicht im Stande, die Eigenschaften als *Auch* und *Eins* zusammenzubringen. Auf der Ebene des Verstandes, dem dritten Stadium, werden *Eins* und

---

6   Vgl. Cobben, Paul, *The logical structure of Self-Consciousness*, in: Alfred Denker/Michael Vater (ed.) *Hegel's Phenomenology of Spirit*, New York 2003.

Auch als der reine Begriff zusammengenommen: das unbedingte Allgemeine, das das Besondere nicht ausschließt (wie in der aufgehobenen Einzelheit), sondern als Moment in sich umfasst. (PhdG, 82) Der Begriff des Verstandes bringt zum Ausdruck, dass die Identität der Substanz, die das natürliche Bewusstsein identifizieren will, nicht aus dem äußerlich Zusammenbringen einer Vielheit erwächst, sondern immer schon eine innere Einheit der Vielheit sein muss. Die Einheit des reinen Begriffs lässt sich auf keine Weise ableiten, wenn man eine Vielheit der Eigenschaften zum Ausgangspunkt nimmt. Sie ist eine reine Einheit, die einer Vielheit wahrgenommener Eigenschaften immer schon vorausgesetzt ist. Deshalb bekommt der Versuch, die sinnlich vorgefundene Wirklichkeit als eine Substanz zu identifizieren, auf der Ebene des Verstandes die Form eines Wesen/Erscheinung-Verhältnisses: Der Verstand versucht die sinnlich vorgefundene Welt als die Erscheinung des reinen Begriffs zu verstehen. Dies mündet aus in etwas, welches Hegel *die erste Wahrheit des Verstandes* (PhdG, 93) nennt, in der die sinnliche Welt als ein Spiel der Kräfte verstanden wird. In diesem Spiel der Kräfte erscheint die reine Welt der Naturgesetze, d.h. das „ruhiges Reich von Gesetzen". (PhdG, 91) Es bleibt hierbei jedoch unklar, wie diese reinen Gesetze für die Dynamik der Erscheinungswelt verantwortlich sein können. Deshalb kommt der Verstand dazu, seine *zweite Wahrheit* auszusprechen, in der das wesentliche Gesetz gerade dieser Dynamik Gerechtigkeit widerfahren lässt: das Gleichwerden des Ungleichen und das Ungleichwerden des Gleichen. (PhdG, 96) Beide Wahrheiten des Verstandes scheitern jedoch an ihrer Einseitigkeit. Diese Einseitigkeit lässt sich erst aufheben, wenn man versteht, dass sie einander gegenseitig voraussetzen. Die sinnliche Welt wird nicht durch zwei unterschiedene Gesetze beherrscht, die hinter ihrer Erscheinung liegen, sondern ist selbst ein reines Wesen, das seine Einheit bewahrt, indem es sich unterscheidet und seine Unterscheidungen wieder aufhebt.

Wenn das Wesen sich nicht länger als ein Wesen verstehen lässt, das hinter der Erscheinungswelt liegt, ist die Folge zuallererst, dass der Verstand zugrunde geht. Die subjektive Gewissheit des Verstandes (nämlich, dass er seinen reinen Begriff als das Wesen identifizieren kann, das hinten der Erscheinungswelt liegt), ist an die Voraussetzung gebunden, dass dieses reine Wesen nichts Anderes als das reine Wesen des Bewusstseins selbst ist. Damit geht die subjektive Gewissheit des Verstandes in die subjektive Gewissheit des Selbstbewusstseins über, nämlich in die Gewissheit, im Anderen unmittelbar bei seinem reinen Selbst zu sein. (PhdG, 101) Von der Außenperspektive heraus betrachtet, bedeutet dieser Übergang nicht, dass die sinnliche Natur dadurch verschwunden ist, sondern, dass sie jetzt als lebendige Natur verstanden werden muss. (PhdG, 99) In der Natur als Leben hat das Spiel der Kräfte der Natur ein Selbst, aber dieses Selbst ist erst in der selbstbewussten Natur für sich. Für die Außenperspektive ist das Andere, in dem das Selbstbewusstsein unmittelbar sein reines Selbst hat, deshalb nichts anderes als die Struktur des Lebens, die zum reinen Begriff gebracht ist.

2 Die logische Struktur des Selbstbewusstseins

Das Resultat dieses Durchdenkens des Bewusstseins ist also, dass nicht die leblose Natur, sondern vielmehr das reine Selbstbewusstsein als Substanz verstanden werden muss. Das Durchdenken des Selbstbewusstseins zeigt jedoch, dass das reine Selbstbewusstsein erst adäquat als Substanz verstanden werden kann, wenn seine Einheit mit dem Leben entwickelt worden ist. Erst wenn die Natur durch die Arbeit des Selbstbewusstseins formiert und als zweite Natur gesetzt worden ist, erhellt es, dass die Substanz als das gute Leben verstanden werden muss, d.h. als das Leben, in dem der freie Wille sich zum Ausdruck gebracht hat.

Der letzte Teil des Bewusstseinskapitels, „Kraft und Verstand", und das auf ihn folgende Selbstbewusstseins-Kapitel können als ein kritisches Durchdenken von Kants Kopernikanischer Wende gelesen werden. Wenn der Verstand (auf der Ebene seiner ersten Wahrheit) die leblose Natur als Substanz zu denken versucht, indem er seinen reinen Begriff zum Wesen der Natur macht (und damit die Kopernikanische Wende vollzieht), dann zeigt die spätere Entwicklung, dass dieser Versuch an die Voraussetzung gebunden ist, dass die leblose Natur immer schon als Selbstausdruck des reinen Selbst verstanden werden kann, der in der zweiten Natur seine historische Erscheinungsform hat. Wenn der Naturwissenschaftler die Natur als Erscheinung seiner Gesetzeshypothese fasst, dann ist er immer schon Teil einer gesellschaftlichen Wirklichkeit, in der die Natur in einem gesellschaftlichen Arbeitssystem in eine Einheit gesetzt ist. Die Relations-Kategorien die die strukturelle Einheit seiner Wirklichkeit konstituieren, gehören wesentlich dem selbstbewussten Leben, nicht der leblosen Natur.

3 Die Beziehung zwischen der *Phänomenologie* und der *kleinen Logik*

3.1 *Bewusstsein und Seinslogik*

Die oben gezogene Schlussfolgerung scheint in erster Linie sowohl bestätigt als widersprochen zu werden, wenn die Beziehung zwischen einerseits der Entwicklung im Bewusstseins- und Selbstbewusstseinskapitel und andererseits in der Seins- und Wesenslogik der *Enzyklopädie* in Augenschein genommen wird.

Im Bewusstseinskapitel wird die subjektive Gewissheit des natürlichen Bewusstseins auf der Ebene der *sinnlichen Gewissheit*, der *Wahrnehmung* und des *Verstandes*, beziehungsweise als reines Sein, aufgehobene Einzelheit und reiner Begriff bestimmt. Die Wahrheit dieser Formen wird an drei Formen des erscheinenden Bewusstseins erläutert, die die Geschichte der Philosophie durchlaufen. Es sind drei Formen des Empirismus, die sich beziehungsweise mit Berkeley, Locke und Kant verbinden lassen. Das Bewusstseins-Kapitel kann deshalb als die Erörterung der Frage verstanden werden, ob die leblose Natur sich als Substanz fassen lässt. Weil die Formen der subjektiven Gewissheit reine Begriffsbestimmungen sind, die innerlich notwendig zusammenhängen (jede Form der Gewissheit des natürlichen Bewusstseins ist die *bestimmte Negation* der vorhergehenden Form), können sie in ihrer reinen Form als Bestimmungen der *Seinslogik* aufgenommen werden.

Der „Entschluss", rein zu denken, entspricht dem methodischen Ausgangspunkt der *Phänomenologie des Geistes*, ein natürliches Bewusstsein (die *sinnliche Gewissheit*) zu entwerfen, das unmittelbar bei seinem Gegenstand (dem sinnlichen Sein) ist. Während jedoch in der *Phänomenologie des Geistes* der Gegenstand durch seine Form des erscheinenden Wissens vorgestellt wird (nämlich durch die sinnlich vorgefundene Natur überhaupt), verhält das reine Denken (der *Logik*) sich zum reinen Inhalt überhaupt (von Hegel angedeutet als *Qualität*). (Vgl. Enz, §86)[7] In beiden Fällen fängt die Begriffsentwicklung an, weil der Ausgangspunkt eine Unmittelbarkeit ist, die eine Vermittlung voraussetzt. In der *Phänomenologie des Geistes* drückt diese Vermittlung sich in der Situiertheit des Bewusstseins aus, welche darin resultiert, dass das Bewusstsein sich nicht zur Natur überhaupt, sondern zu einer Vielheit von Dingen verhält. In der *Logik* drückt diese Vermittlung sich aus in dem Durchdenken der unmittelbaren Form, in der der Inhalt vorgefunden ist, welches in einigen Schritten zur Bestimmung des *Fürsichseins* führt, in welcher das *Sein* wiederum als Vielheit erscheint. (Vgl. Enz, §96)

Wenn das Bewusstsein sich zu einer Vielheit von Dingen verhält, ist es nicht länger unmittelbar, sondern vermittelt bei seinem Gegenstand. Dies drückt die subjektive Gewissheit der zweiten Form des natürlichen Bewusstseins (der Wahrnehmung) aus: die aufgehobene Einzelheit. Wie die *sinnliche Gewissheit* meint auch die *Wahrnehmung*, unmittelbar bei ihrem Gegenstand

---

7   Hegel, Georg Wilhelm Friedrich, *Enzyklopädie der philosophischen Wissenschaften im Grundriss*, Hamburg 1999 (=Enz).

zu sein, aber dieser Gegenstand ist nicht die Unmittelbarkeit des reinen Seins, sondern die vermittelte Unmittelbarkeit der aufgehobenen Einzelheit. Auch dieser Gegenstand wird durch eine Form des erscheinenden Wissens vorgestellt, nämlich die *Eigenschaft*. Der Übergang in die *Wahrnehmung* entspricht in der *Seinslogik* dem Übergang von *Qualität* in *Quantität*. Das als die Vielheit des *Fürsichseins* gedachte Sein wird als *Eins* zur Einheit gebracht, wodurch das Sein als *Quantität* verstanden wird, als die in einer Einheit aufgehobene Vielheit. (Enz, §98)

Indem die Wahrnehmung die aufgehobene Einzelheit als *Eigenschaft* zu ihrem Gegenstand zu machen versucht, kann sie erfahren, dass ihre Gewissheit innerlich widersprüchlich ist. Einerseits muss die Eigenschaft als ein *Eins* bestimmt werden, das andere Eigenschaften ausschließt. Andererseits muss sie als ein *Auch* bestimmt werden, das andere Eigenschaften einschließt. In der *Logik* entwickelt Hegel auf reine Weise (ohne die Vermittlung des als Eigenschaft gedachten erscheinenden Wissens), dass das als reine Quantität verstandene Sein (die aufgehobene Einzelheit) als Einheit der Momente des Ein und des Auch verstanden werden muss. Das als reine Quantität verstandene Sein (das man erläutern könnte als die reine Form der Zeit oder die reine Form des Raums [Enz, §99]) ist die Einheit der Diskontinuität und der Kontinuität. Als auf sich bezogen ist die Quantität Kontinuität (vergleiche das einschließende *Auch*); aber als *Eins* ist die Quantität Diskontinuität. Zugleich ist die Quantität als Kontinuität diskret, weil sie als aufgehobene Einzelheit auf sich bezogen ist. Und die Quantität als diskret (*Eins*) ist zugleich Kontinuität, weil sie das Eins-Sein mit jedem anderen *Eins* teilt. Als Einheit von dem *Eins* und dem *Auch* ist die Quantität Einheit (*Quantum*). (Enz, §100)

Die *Wahrnehmung* versucht die in sich widersprüchliche Bestimmung der Eigenschaft, sowohl *Eins* als *Auch* zu sein, zu überwinden, indem sie beide Momente auf zwei Dingen verteilt. Insofern die Eigenschaft als die Eigenschaft eines bestimmten Dinges bestimmt wird, fällt sie mit der Bestimmung des *Auchs* zusammen, denn das Ding erscheint in einer endlosen Vielheit von Eigenschaften, die einander nicht berühren. Insofern das Ding jedoch von anderen Dingen unterschieden ist, muss die Eigenschaft als *Eins* bestimmt werden, denn die Dinge unterscheiden sich von einander, insofern sie Eigenschaften haben, die einander ausschließen. Aber wenn das Ding von anderen Dingen unterschieden ist, insofern seine Eigenschaften als *Eins* bestimmt sind, ist es absolut von den anderen Dingen unterschieden: dann sind die Dinge ja überhaupt nicht auf einander bezogen. Wenn dann das Ding als *Eins* absolut vom *Eins* eines anderen Dinges unterschieden ist, lässt sich dies nur denken, wenn das Ding absolut von seinem eigenen *Eins* unterschieden ist. Dadurch erfährt die Wahrnehmung endgültig, dass seine subjektive Gewissheit sich nicht zur Wahrheit führen lässt und, dass das Ding als selbstständiger Gegenstand zu Grunde geht. Der Fortgang des Bewusstseins lässt sich dann nur im Übergang zu einer neuen Form des natürlichen Bewusstseins denken, nämlich des Verstandes, der über eine neue subjektive Gewissheit verfügt, die als die bestimmte Negation der aufgehobenen Einzelheit gedacht wird. Diese neue subjektive Gewissheit ist die Einheit des *Eins* und des *Auch*: der reine Begriff (in dem die abstrakte Allgemeinheit wieder mit der Einzelheit, wovon abstrahiert wurde, vereinigt wird; er ist die konkrete Allgemeinheit, welche die Einzelheit als das Moment der Besonderheit in sich aufgenommen hat).

Auch der innere Widerspruch des *Quantums* (als unmittelbare Einheit des *Eins* und des *Auchs*) wird expliziert, wenn sich herausstellt, dass beide Momente unterschiedenen Quanta zukommen. Als beschränkte Quantität verhält das *Quantum* sich zu einem anderen *Quantum* und lässt sich dann als *Zahl* bestimmen. (Enz, §102) Als *Zahl* ist das *Quantum* eine Einheit, die einerseits das Moment der Diskretion (das *Eins*) umfasst, weil die *Zahl* als *Anzahl* von anderen Zahlen unterschieden ist. Andererseits umfasst sie das Moment der Diskretion (das *Auch*), weil die Zahl sich als Einheit nicht von anderen Zahlen unterscheidet. Wenn die Zahl als selbstständige Einheit gedacht wird, dann kann ihre Grenze nicht außer ihr liegen und muss das Moment der Diskretion (*Eins*) als inneres Moment der Zahl verstanden werden. Dazu muss die Zahl als *intensive Größe*, oder als *Grad* verstanden werden. (Enz, §103) Das bedeutet jedoch, dass das Moment des *Eins* absolut auf sich gesetzt wird, so dass die Zahl (wie das Ding) zu Grunde geht. Die als *Grad* verstandene Zahl lässt sich nicht länger in Einheit mit sich verstehen. Die quantitative Bestimmtheit des Grads lässt sich nur im Verhältnis zu einem anderen *Grad* bestimmen, so dass das Moment des *Auch* außer der als *Eins* verstandenen Zahl fällt.

In diesem Verhältnis kann die quantitative Bestimmtheit „ins Unendliche vermehrt oder vermindert werden". (Enz, §104) Damit geht die Zahl als eine Bestimmtheit, die ohne inneren Widerspruch gedacht werden kann, zu Grunde. Dieser Widerspruch lässt sich erst aufheben, wenn die quantitative Bestimmtheit ihre Äußerlichkeit verliert und als inneres Moment der Zahl verstanden wird. Auf dieser Ebene vollzieht sich der Übergang ins *Maß*. (Enz, §106)

Das natürliche Bewusstsein des Verstandes hat die subjektive Gewissheit, dass sein Begriff das Wesen der Erscheinungswirklichkeit ist. Dadurch hat dieses Bewusstsein die subjektive Gewissheit der *sinnlichen Gewissheit* (die Erscheinungswirklichkeit ist das Absolute) und der *Wahrnehmung* (die aufgehobene Einzelheit ist das Absolute) in sich vereinigt. Vermittelt durch das erscheinende Wissen will der Verstand seine subjektive Gewissheit zur Wahrheit führen. Für das erscheinende Wissen ist die Wirklichkeit auf dieser Ebene eine Erscheinungswelt, in der viele Naturgesetze sich zum Ausdruck bringen. Deshalb lässt sich die Schlussfolgerung ziehen, dass das begriffliche Wesen hier als ein gleichbleibendes Verhältnis zwischen Naturvariablen erscheint. Dieser Übergang wird in seiner reinen Form in der *Seinslogik* aufgenommen, wenn der *Grad* zum *Maß* entwickelt wird. Der Widerspruch des Grads (seine quantitative Bestimmtheit außer sich zu haben) wird dadurch aufgehoben, dass die quantitative Bestimmtheit im Maß zu etwas Innerlichem gemacht wird. Der *Grad*, der im Verhältnis zum anderen *Grad* quantitativ bestimmt ist, unterscheidet sich als *Fürsichsein* vom anderen *Grad* und ist in diesem Verhältnis deshalb auf sich (als qualitative Bestimmtheit) bezogen. Wie der Verstand die vorgängigen Stadien des Bewusstseins in sich vereinigt, so vereinigt das *Maß* die vorgängigen Stadien der *Seinslogik*: Qualität und Quantität. (Enz, §110)

Wenn es dem Verstande nicht gelingt, sein Wesen als ein ruhiges Reich von Gesetzen zur Wahrheit zu führen, geht er in seine *zweite Wahrheit* über, ein Reich von Gesetzen, die gerade die Bewegung ausdrücken: das ungleich-Werden des Gleichen und das gleich-Werden des Ungleichen. Diese Bewegung ist der fortwährende Umschlag von Qualität (Kraft) in Quantität (ein quantitatives Verhältnis zwischen Variablen) und umgekehrt. Wenn wir verstehen, dass die *zweite Wahrheit* die Voraussetzung der *ersten Wahrheit* (des ruhigen Reiches von Gesetzen) ist, haben wir das Bewusstseins-Verhältnis zu Ende gedacht und geht der Verstand ins Selbstbewusstsein über. Die Unterscheidungen, die in einem quantitativen Verhältnis stehen, lassen sich dann nicht länger als Unterscheidungen innerhalb einer Erscheinungswelt verstehen, sondern nur als die Selbstunterscheidung eines reinen Gesetzes. Es stellt sich heraus, dass die Erscheinungswelt, die das Bewusstsein identifizieren wollte, nur eine Einheit hat, insofern das Bewusstsein sich im Verhältnis zur Erscheinungswelt immer schon zu sich verhält. Das Erscheinungssein geht damit in ein inneres Selbstverhältnis hinüber, in das reine Selbstbewusstsein.

Die *Seinslogik* wiederholt die Bewegung von Verstand ins reine Selbstbewusstsein in reiner Form, wenn sie den Übergang vom *Maß* ins *Wesen* (und in die Wesenslogik) entwickelt. Wie die Gesetze der ersten Wahrheit des Verstandes, kann auch das *Maß* nicht als eine in sich ruhende Einheit festgehalten werden. Gerade weil das *Maß* das quantitative Verhältnis als Moment in sich trägt, lässt sich das *Fürsichsein* des Maßes (seine Qualität) durchbrechen, so dass das *Maß* ins *Maßlose* übergeht, d.h. in ein neues quantitatives Verhältnis, in dem das Maß durchbrochen wird. (Enz, §109) Das neue quantitative Verhältnis hat sein eigenes Maß. Das Maß steht deshalb in einer Bewegung, in der Qualität fortwährend in Quantität umschlägt und umgekehrt. Weil das Maß die unmittelbare Einheit von Qualität und Quantität ist, schließt sich das Maß sich in dieser Bewegung mit sich zusammen. Der Unterschied zwischen Quantität und Qualität ist ein Selbstunterschied des Maßes. Der Umschlag von Qualität in Quantität und umgekehrt ist deshalb nichts Anderes als der Prozess, in dem das Maß seine Momente durchläuft und durch diese Vermittlung hindurch bei sich bleibt. Als diese vermittelte Unmittelbarkeit ist das *Sein* ins *Wesen* übergegangen und geht die *Seinslogik* in die Wesenslogik über. (Enz, §111)

3.2   Selbstbewusstsein und Wesenslogik

Im Selbstbewusstseinskapitel wird die subjektive Gewissheit des natürlichen Bewusstseins auf der Ebene der Begierde, des Kampfs auf Leben und Tod um Anerkennung und des Herr/Knecht-Verhältnisses beziehungsweise als reines Selbst, als reine Anerkennung und als die reine Anerkennung (speziell von dem Knecht), die sich im Sein manifestiert, bestimmt. Weil diese Formen der subjektiven Gewissheit logisch aus einander deduziert werden können (die subjektive Gewissheit ist wieder die bestimmte Negation der vorhergehenden Form), können sie in ihrer reinen Form wieder als Momente der Entwicklung der Wesenslogik auftreten.

Das natürliche Bewusstsein der *Begierde* versucht seine subjektive Gewissheit, nämlich im Anderen unmittelbar bei sich zu sein, zur Wahrheit zu führen in einem Verhältnis zur Wirklichkeit, die von einer Außenperspektive heraus betrachtet als Leben verstanden werden muss. Dazu will die Begierde das fremde Leben negieren. Dieser Versuch schlägt fehl, weil er an eine stillschweigende Voraussetzung gebunden ist, nämlich die der Selbstständigkeit des Lebens. Das natürliche Bewusstsein hebt die stillschweigende Voraussetzung in seiner neuen Gewissheit auf, die als das Verhältnis der reinen *Anerkennung* bestimmt wird, d.h. das Verhältnis, in dem das Andere sowohl unselbstständig wie selbstständig ist. Die Wesenslogik wiederholt diese Bewegung in einer reinen Form (d.h. ohne die Vermittlung des als Leben bestimmten erscheinenden Wissens). Gleich wie die subjektive Gewissheit der *Begierde* (das reine Selbst), wird das *Wesen* als eine in sich reflektierte Identität bestimmt, die sich unmittelbar zum Anderen ihrer selbst verhält, nämlich zu dem als Schein bestimmten unmittelbaren Sein. (Enz, §114) Es stellt sich heraus, dass das Wesen die unmittelbare Einheit des vermittelten und des unmittelbaren Seins ist. Dadurch ist der Widerspruch der *Begierde* als ein reiner Widerspruch in der Bestimmung des Wesens aufgenommen. Das Durchdenken dieses Widerspruchs führt zu den reinen Reflexionsbestimmungen Identität, Unterschied und Grund. (Enz, §§115-121) In diesen Reflexionsbestimmungen werden die Momente der reinen Anerkennung als Momente des Wesens expliziert. Insofern das Wesen als *Identität* bestimmt wird, wiederholt die Wesenslogik die Bestimmung des reinen Selbst. Insofern das Wesen als Unterschied bestimmt wird, wird das Wesen als von sich unterschieden ausgedrückt und als ein Wesen, das sich symmetrisch zu einer anderen Identität verhält. Damit wird das Verhältnis von reinem Selbst zu reinem Selbst wiederholt. Insofern das *Wesen* als *Grund* bestimmt wird, ist es aus dem Anderen zu sich zurückgekehrt und ist das *Wesen* als *Totalität* bestimmt, d.h. als Einheit von Identität und Unterschied. (Enz, §121) Dadurch wird die Bestimmung der reinen Anerkennung als *Geist* wiederholt (das Ich, das Wir ist).

Das natürliche Bewusstsein, das die reine Anerkennung als seine Gewissheit hat, versucht diese Gewissheit zur Wahrheit zu führen, indem es an eine Form des erscheinenden Wissens appelliert, in der das Verhältnis von reinem Selbst zu reinem Selbst als ein Verhältnis zwischen lebenden Selbsten wirklich ist. Die Verwirklichung der reinen Anerkennung würde bedeuten, dass das Lebend-Sein der beiden Selbste in diesem Verhältnis negiert werden muss. Weil aber das reine Selbst ohne das lebendige Selbst nicht wirklich sein kann, würde diese Negation kein einzelnes Resultat haben. Die stillschweigende Voraussetzung des natürlichen Bewusstseins ist hier deshalb das Lebendig-Sein des Selbst. Diese Voraussetzung wird in die neue Form des natürlichen Bewusstseins aufgenommen, nämlich im Herrn/Knecht-Verhältnis. Am Ende steht in diesem Verhältnis der Knecht im Mittelpunkt, der die subjektive Gewissheit der reinen Anerkennung mit der Erhaltung des eigenen Lebens verwirklichen will. Dieser Übergang in den Knecht wird in der Wesenslogik auf reine Weise wiederholt, wenn der *Grund* entwickelt wird zu der Bestimmung der *Existenz*. In der *Existenz* wird das *Wesen* im *Sein* aufgehoben. (Enz, §122)

Als lebendiges Selbstbewusstsein verhält der Knecht sich zur ihn umgebenden Natur. Dieses Verhältnis lässt sich als ein Spiel der Kräfte zwischen Organismus und Erde verstehen. Früher oder später wird die Harmonie dieses Spiels der Kräfte durchbrochen und wird die Erde sich dem Organismus als die Übermacht des Todes manifestieren. Dieser Übermacht gegenüber erscheint der Organismus als die in sich zurückgedrängte Kraft. In dem körperlichen Bei-sich-Sein der in sich zurückgedrängten Kraft kann der Knecht das reine Bei-sich-Sein des reinen Selbst wiedererkennen. Damit setzt der Knecht sich innerlich als das Wesen seines Leibes. In seinem Leib erscheint der Knecht für sich als Ding. Diese Bewegung wird in der Wesenslogik in reiner Form (nicht durch das Leben vermittelt) wiederholt, wenn die *Existenz* zum *Ding* entwickelt wird. Die *Existenz* ist „die unmittelbare Einheit der Reflexion in sich und der Reflexion-in-Anderes" (Enz, §123), wie der Knecht die unmittelbare Einheit des reinen Selbst und des Lebens ist. Wie der Knecht Teil einer lebenden Natur ist, die aus einer Vielheit von Körpern besteht, welche jede mit dem reinen Selbst verbunden und gegenseitig abhängig sind, so gehört die *Existenz* zu einer Welt von existierenden Seienden, die gegenseitig abhängig sind. Weil diese existierenden Seiende ihren Grund in sich haben (wie der Körper des

Knechts seinen Grund im reinen Selbst hat), sind sie an sich und gehen in das *Ding* über. (Enz,§ 124)

Der Knecht, der sich als reines Wesen zu seinem Leib verhält, kann seine Gewissheit nur im Verhältnis zum Herrn zur Wahrheit führen. Der Knecht bildet die ihn umgebende Natur im Dienst des Herren. Damit wird die Natur zu einer Wirklichkeit formiert, in der das Gesetz des Herrn zur Erscheinung kommt. Dieses Verhältnis wird in reiner Form (ohne das Verhältnis zum äußeren Herrn) wiederholt, wenn das *Ding* zur *Erscheinung* entwickelt wird. Als in sich reflektiert ist das *Ding* die *Erscheinung* eines reinen *Wesens*. (Enz, §130)

In dem Durchdenken der *Erscheinung* wiederholt die Wesenslogik in reiner Form die Stadien, die der Knecht im Verhältnis zum Herrn durchläuft. In der *Welt der Erscheinung* (Enz, §132) wird die Welt des Knechtes, d.h. die Welt der Arbeitsprodukte, wiederholt; im *Gesetz der Erscheinung* (das ausdrückt, dass die Welt der Erscheinung die *Form* eines inneren Inhalts ist (Enz, §133), wird wiederholt, dass die Welt der Arbeitsprodukte die Erscheinung des Gesetzes des Herrn ist; im *Verhältnis* wird wiederholt, dass die Form und der Inhalt durch Arbeit vermittelt werden. Diese Arbeit ist zuallererst Teil eines arbeitsteiligen Ganzen (wiederholt in Enz, §135 als „das *unmittelbare* Verhältnis ist das des Ganzen und der *Teile*"); dann erscheint die Arbeit als Ausdruck des Gesetzes des Herrn (wiederholt in Enz, §137: „so ist die Äußerung die Vermittlung, wodurch die Kraft, die in sich zurückkehrt, als Kraft ist."); und schließlich, wenn der Knecht sich im Herrn anerkannt hat, erscheint die Arbeit als konkrete Einheit von Herr und Knecht (wiederholt in Enz, §138: „Ihre Identität (d.h. die Identität von Innerem und Äußerem) ist die erfüllte, der *Inhalt*, die in der Bewegung der Kraft gesetzte *Einheit* der Reflexion-in-sich und der Reflexion-in Anderes: beide sind dieselbe *eine Totalität,* und diese Einheit macht sie zum Inhalt."

Wenn der Knecht sich im Herrn anerkennt hat, wird die Wirklichkeit als das *gute Leben* verstanden, das in und durch das Handeln des Knechtes verwirklicht wird. Das natürliche Bewusstsein geht dann in die Gewissheit des Stoizismus über, die Gewissheit, dass das Gesetz der Wirklichkeit nichts Anderes als das verwirklichte Gesetz des Denkens ist. Von einer Außenperspektive heraus betrachtet ist die Wirklichkeit dann eine substantielle Wirklichkeit, die in einer Bewegung wirklich ist, in der das Handeln die Bestimmungen des Selbstbewusstseins in die Bestimmungen der Wirklichkeit transformiert. Diese substantielle Wirklichkeit wird in der Wesenslogik in reiner Form als *Wirklichkeit* wiederholt. (Enz, §141) Im Durchdenken der *Wirklichkeit* werden die Bestimmungen entwickelt, die Kants Relationskategorien entsprechen: *Substantialitäts-Verhältnis, Kausalitäts-Verhältnis* und *Wechselwirkung*. (Enz, §§150-155)

4 Das Verhältnis von „Sein" und „Leben" in der *Phänomenologie des Geistes* zum „Sein" in der (*Seins-* und *Wesens-*)*Logik*

Der Vergleich der Logik des Bewusstseinskapitels mit der *Seinslogik* ruft die Frage hervor, wie das *Sein* aus dem Bewusstseinskapitel sich zum *Sein* der *Seinslogik* verhält. Wir haben gesehen, dass die Formen des Bewusstseins mit Formen des erscheinenden Wissens verbunden werden, die der Tradition des Empirismus entsprechen. Weil das *Sein* in dieser Tradition als das sinnlich erscheinende Sein verstanden wird, könnte hieraus die Schlussfolgerung gezogen werden, dass das *Sein* aus dem Bewusstseinskapitel als das Sein der leblosen Natur verstanden werden muss. Die Entwicklung der *Seinslogik* ist jedoch eine immanent begriffliche Entwicklung, die nicht länger durch die Formen des Empirismus vermittelt ist. Obwohl in der *Seinslogik* die Logik der *sinnlichen Gewissheit*, der *Wahrnehmung* und des *Verstandes* auf reine Weise auf der Ebene der *Qualität*, *Quantität* und des *Maßes* wiederholt wird, ist damit nichtsdestoweniger nicht bewiesen, dass das Sein als leblose Natur verstanden werden muss.

Auch der Vergleich der Logik des Selbstbewusstseinskapitels mit der Wesenslogik ruft eine Frage hervor. Anders als in der Wesenslogik (wo die Momente rein immanent aus einander abgeleitet werden) wird die Entwicklung des Selbstbewusstseinskapitels durch Formen des erscheinenden Wissens vermittelt. Die Wahrheit der reinen Formen des Selbstbewusstseins wird an der Möglichkeit gemessen, sie mit dem *lebendigen* Selbstbewusstsein zu verbinden. Deshalb lässt das Selbstbewusstseinskapitel sich verstehen als das Durchdenken der Frage, ob das mit dem Leben verbunden Selbstbewusstsein als Substanz gedacht werden kann. In der Wesenslogik scheint der Begriff Leben jedoch keine Rolle zu spielen. Analog der Entwicklung des Selbstbewusstseins-Kapitels (in dem Hegel die Entwicklung des reinen Selbst zum lebendigen Selbst erörtert), entwickelt die Wesenslogik, wie das reine Wesen als Wesen der Wirklichkeit erscheint. Damit scheint das Wesen mit dem Sein der *Seinslogik* verbunden zu werden, nicht mit dem Leben. Weil im Laufe der Entwicklung Bestimmungen aus dem Bewusstseinskapitel zurückkehren (das Ding von vielen Eigenschaften, Kraft und Äußerung), scheint dieses Sein außerdem als Sein der leblosen Natur verstanden zu werden. Muss die Schlussfolgerung also lauten, dass die Wesenslogik sich keineswegs als die Explikation der logischen Struktur des Selbstbewusstseins-Kapitels verstehen lässt?

Wenn man einsieht, dass die logische Bewegung des Bewusstseinskapitels in einer bestimmten Form im Selbstbewusstseinskapitel wiederholt wird, lässt sich diese Schlussfolgerung meines Erachtens widerlegen. Ich arbeite diese

Wiederholung auf den beiden Ebenen aus, die im Rahmen dieser Auseinandersetzung relevant sind.

5 Die Entwicklung des Selbstbewusstseins als die selbstbewusste Wiederholung der Entwicklung des Bewusstseins

Erstens lässt das Herr/Knecht-Verhältnis sich als eine (praktische) Wiederholung der ersten und zweiten Wahrheit des Verstandes verstehen, die im Selbstbewusstsein zu einer Einheit kommen. Denn die erste Wahrheit des Verstandes (das ruhige Reich von Gesetzen) wird praktisch wiederholt als die Arbeit des Knechtes, in der die natürliche Wirklichkeit als Erscheinung des Gesetzes des Herrn gesetzt wird. Die zweite Wahrheit des Verstandes (das Ungleich-Werden des Gleichen und das Gleich-Werden des Ungleichen) wird praktisch wiederholt vom Knecht, der sein Leben im Verhältnis zur Natur reproduziert. Die Synthesis der ersten und zweiten Wahrheit des Verstandes im Selbstbewusstsein wird praktisch wiederholt in der Arbeit des Knechtes, die darin resultiert, dass der Knecht sein Selbstbewusstsein im Herrn wiedererkennt. Zweitens lässt sich der Knecht, der (von der Außenperspektive her betrachtet) in der Todesangst zum Selbstbewusstsein kommt, das Wesen seines Leibs zu sein, als die praktische Wiederholung des Dings von vielen Eigenschaften verstehen. Wie es der Wahrnehmung nicht gelang, das *Eins* und das *Auch* im Ding von vielen Eigenschaften zusammenzubringen, so gelingt es dem Knecht dagegen im praktischen Durchleben der Todesangst, sein Ding von vielen Eigenschaften, nämlich seinen Leib, zur Einheit seines reinen Selbst zu bringen.

Die Ausarbeitung dessen, wie die logische Struktur des Selbstbewusstseinskapitels in der Wesenslogik aufgenommen wird, zeigt, dass das *Ding* der Wesenslogik auf den Knecht, der die Todesangst durchlebt hat, bezogen werden muss, und die Relationskategorien *Substanz, Kausalität* und *Wechselwirkung* auf das gute Leben, das zu Stande gebracht wird in der Arbeit im Rahmen des Herr/Knecht-Verhältnisses. Wir haben jedoch gesehen, dass im Knecht, der die Todesangst durchlebt hat, das Ding der Wahrnehmung, und in der Arbeit im Rahmen des Herrn/Knecht-Verhältnisses der Verstand auf praktische Weise wiederholt wird. Deshalb kann es nicht befremden, dass in der Wesenslogik auf der Ebene des *Dings* auf das Ding von vielen Eigenschaften der Wahrnehmung verwiesen wird, dessen logische Struktur schon in die *Seinslogik* aufgenommen wurde, und auf der Ebene der Relationskategorien der Verstandesverhältnisse, deren logische Struktur auch schon in die *Seinslogik* aufgenommen wurde. Wie die logische Struktur des Bewusstseinskapitels praktisch wiederholt wird im Selbstbewusstseinskapitel, so lässt sich auch die *Wesenslogik* als ein Durchdenken der *Seinslogik* verstehen.

Das Fehlen der Referenzen zum Leben in der Wesenslogik ist also kein Argument, die Wesenslogik nicht als die Logik zu verstehen, welche die logische Struktur des Selbstbewusstseins aufnimmt. Das Leben gehört zum erscheinenden Bewusstsein; es möge deshalb ein Mittel sein, um die logische Struktur der subjektiven Gewissheit des natürlichen Bewusstseins auf der Ebene des Selbstbewusstseins zu durchdenken, aber es bleibt der rein logischen Entwicklung äußerlich, die immer als eine bestimmte Negation der subjektiven Gewissheit des natürlichen Bewusstseins vollzogen wird. Im Leben ist das *Sein* des Bewusstseinskapitels, d.h. das erscheinende Wissen des Bewusstseins, in sich reflektiert. In diesem Sinne bestätigt das Leben nur, dass das Selbstbewusstsein die Entwicklung des Bewusstseins auf selbstbewusste Weise wiederholt. Übrigens lässt sich auf der Ebene des Bewusstseinskapitels dasselbe sagen. Die Referenz, die dort zur leblosen Natur gemacht wird, gehört zum erscheinenden Wissen, und spielt keine Rolle in der rein logischen Begriffsentwicklung der subjektiven Gewissheit des natürlichen Bewusstseins. Diese letzte Bemerkung fordert jedoch eine Frage heraus.

Wie das Bewusstseinskapitel und das Selbstbewusstseinskapitel in der *Phänomenologie des Geistes* beide als das Durchdenken des Empirismus und des Rationalismus verstanden werden können, so lassen auch *Seinslogik* und *Wesenslogik* sich als ein Durchdenken des Empirismus und Rationalismus verstehen. Weil der Empirismus sich auf das Durchdenken des Verhältnisses zur leblosen Natur bezieht, könnte daraus die Schlussfolgerung gezogen werden, dass auch die *Seinslogik* (und als das Durchdenken der *Seinslogik* auch die Wesenslogik) sich auf die leblose Natur bezieht. Ausdrücke wie „das *Ding von vielen Eigenschaften*", das „*Spiel der Kräfte*" usw. scheinen darauf zu deuten. Rein logische Verhältnisse lassen sich jedoch nicht auf das erscheinende Sein beziehen. Das *Sein* und die *Wirklichkeit,* wie Hegel sie in seiner Seins- und Wesenslogik entwickelt, sind deshalb jeder spezifischen Erscheinungswirklichkeit vorausgesetzt. Sie sind vielmehr *Sein* und *Wirklichkeit*, aus denen sowohl die leblose, als auch die lebendige, als auch die selbstbewusste Natur entwickelt werden können. Wenn die Relationskategorien erst auf der Ebene des Selbstbewusstseins entwickelt werden, bedeutet dies deshalb nicht, dass sie nur dem Leben zukommen: Sie sind Kategorien des Seins überhaupt.

Auch in der *Phänomenologie des Geistes* wird übrigens deutlich, dass die wahre Substanz am Ende nicht aus der Bestimmung der leblosen und der lebendigen Natur abgeleitet werden kann. Denn obwohl die Bestimmung der leblosen Natur als ein Spiel der Kräfte im Bewusstseinskapitel eine zentrale Rolle spielt, wird dieses Verhältnis im Verhältnis zwischen dem reinen

Selbst und dem Leben aufgehoben. Dieses letzte Verhältnis wird wiederum in der Gewissheit des natürlichen Bewusstseins auf der Ebene des Kampfs auf Leben und Tod um Anerkennung aufgenommen. In der Gewissheit dieses Bewusstseins, der reinen Anerkennung, hat das Spiel der Kräfte seine an- und für sich seiende Form. Diese reine Anerkennung ist der Begriff des Geistes, in dem die leblose und lebendige Natur ihren Grund haben.

Das Bewusstsein der Absolutheit und Freiheit des Ichs selbst

Marco Aurélio Werle

> Das eigentliche Leben des Geistes an und für sich ist das Bewusstsein der Absolutheit und Freiheit des Ichs selbst[1]

∴

Es geht mir in diesem Beitrag darum, einige Bemerkungen über Hegels Kommentar in der *Wissenschaft der Logik* zu Kants Analytik der Begriffe in der *Kritik der reinen Vernunft* zu machen. Hegels Kritik an Kant kann besonders in der folgenden Behauptung abgelesen werden:

> An der apriorischen *Synthesis* des Begriffs hatte Kant ein höheres Prinzip, worin die Zweiheit in der Einheit, somit dasjenige erkannt werden konnte, was zur Wahrheit gefordert wird; aber der sinnliche Stoff, das Mannigfaltige der Anschauung war ihm zu mächtig, um davon weg zur Betrachtung des Begriffs und der Kategorien *an und für sich* und zu einem spekulativen Philosophieren kommen zu können.[2]

Zwei Aspekte dieser Diagnose können uns zum Verständnis ihres weiteren Sinnes helfen, nämlich wenn wir auf die Formel *„Zweiheit in der Einheit"* fokussieren und auch die Zweiheit und die Einheit innerhalb des Begriffes betrachten. Laut Hegel sind erst, wenn Kant den wesentlichen Zusammenhang zwischen „Begriff" und „Ich denke" herstellt, die Grundlagen für die philosophische Artikulation der dialektischen Bewegung als Allgemeinheit, Besonderheit und Einzelheit, d.h. für das spekulative Denken geschaffen.

---

[1] Hegel, Georg Wilhelm Friedrich, „A. Philosophie des Platon", in: *Vorlesungen über die Geschichte der Philosophie*, Werke Band 19, Frankfurt am Main, 1986, S. 43.
[2] Hegel, Georg Wilhelm Friedrich, *Wissenschaft der Logik II*, Werke Band 6, Frankfurt am Main, 1986, S. 267. Im Folgenden mit der Abkürzung WL 1 und WL 2 für die *Wissenschaft der Logik* I und II.

Zugespitzt möchte ich als Arbeitshypothese annehmen, dass Hegels Verständnis der ganzen Logik oder des Projekts einer Logik wesentlich davon abhängt, wie er Kants Analytik der Begriffe versteht und liest. Und hier schicke ich auch polemischerweise voraus, dass meines Erachtens, im Gegensatz zu dem was man meistens behauptet, für Hegel Kants Analytik (die erste Abteilung der transzendentalen Logik) entscheidender ist als die Dialektik (die zweite Abteilung der transzendentalen Logik). Wenn man diesen Punkt näher betrachtet, kommt man auch meines Erachtens zum Schlüssel von Hegels Konzeption der Dialektik als „dialektische Bewegung" (wie es in der Einleitung zur *Phänomenologie des Geistes* heißt) und als *Bewegung* des Begriffes, als Allgemeinheit, Besonderheit und Einzelheit. Denn eben diese Tatsache, dass *der Begriff sich selbst bewegt*, wird besonders von der analytisch orientierten Philosophien oft als Skandal gedeutet, weil man meint, das Subjekt gehe darunter zu Grunde. Was man aber da nicht versteht, ist, dass die Philosophie nach Kant und besonders bei Hegel nicht mehr mit einem fixen Subjekt umgehen kann und es sinnlos ist, von der Philosophie als einen Diskurs von außen her über die Realität oder was auch immer zu reden. Deshalb möchte ich einmal versuchen anzudeuten, dass diese Idee eigentlich von Kants Philosophie herstammt oder erst durch ihn ermöglicht wurde, obwohl nicht von ihm ausgeführt. Hegels Dialektik ist eine notwendige Konsequenz der Selbstbehauptung der Subjektivität und des Denkens als Selbstbewusstsein und nicht sein Gegenteil.

1 Einleitung

Im Mittelpunkt von Hegels Philosophie steht die *Wissenschaft der Logik*, dessen zweiter Teil, die subjektive Logik oder die Lehre vom Begriff als der wahre Kern von dem, was Hegel unter dem Logischen versteht, genommen werden kann. In den beiden Teilen der Logik, der subjektiven und der objektiven Logik, ist es immer die Einheit des Begriffes an sich, die hervorgehoben wird. Nach Hegel ist

> die Logik [...] zunächst in die Logik des Begriffs als Seins und des Begriffs als Begriffs oder – indem wir uns der sonst gewöhnlichen, obgleich der unbestimmtesten und darum der vieldeutigsten Ausdrücke bedienen – in die objektive und subjektive Logik einzuteilen.
> WL1, S. 58

Aber um das Wesen des Begriffes und des Logischen zu erklären, sieht sich Hegel zu einer Auseinandersetzung mit Kant gezwungen, denn Kant ist der

Philosoph, der zum ersten Mal die wesentliche Beziehung zwischen Begriff und Subjektivität aufgestellt hat. Denn nach Hegel

> gehört es zu den tiefsten und richtigsten Einsichten, die sich in der Kritik der Vernunft finden, dass die *Einheit*, die das *Wesen des Begriffs* ausmacht, als die *ursprünglich-synthetische* Einheit der *Apperzeption*, als Einheit des ‚*Ich denke*' oder des Selbstbewusstseins erkannt wird.
>
> WL 2, S. 254

Zwei anderen Textstellen von Hegels Logik sagen Ähnliches über Kant aus: „Sein Hauptgedanke ist, die Kategorien dem Selbstbewusstsein, als dem subjektiven Ich, zu vindizieren" (WL 1, S. 59); „[es ist] ein Hauptsatz der Kantischen Philosophie, dass, um das zu erkennen, was der Begriff sei, an die Natur des Ichs erinnert wird" (WL 2, S. 255). Sowohl die Kategorien als auch der Begriff sind Manifestationen des Ichs. Auf der Ebene der Geschichte der Philosophie lobt Hegel gerade in dieser Richtung Kants Philosophie, aber tadelt seine Ausführung.

> Das ist die große Seite dieser Philosophie. Kant zeigt dies auf, dass das Denken in sich konkret sei, synthetische Urteile a priori habe, die nicht aus der Wahrnehmung geschöpft werden. Die Idee, die darin liegt, ist groß; aber die Ausführung selbst bleibt innerhalb ganz gemeiner, roher, empirischer Ansichten und kann auf nichts weniger Anspruch machen als auf Wissenschaftlichkeit.[3]

Also, Kant erkennt einerseits die konkrete Seite des Denkens, nämlich, dass es nicht abstrakt oder bloß subjektiv ist, aber anderseits bleibt er bei der Ausführung im Bereich des Empirismus stehen. Aufgrund dieses Widerspruches fragt es sich: Was bedeutet „Begriff" bei Kant und wie nimmt Hegel Kants Erörterung auf und verwandelt sie zum Mittelpunkt seiner eigenen Philosophie?

2 Der Begriff (Ich) oder die Begriffe (Kategorien/Verstand und Vernunft) bei Kant?

Fangen wir zuerst mit Kants transzendentaler Logik der *Kritik der reinen Vernunft* an, insbesondere mit seiner transzendentalen Deduktion der Kategorien, die er innerhalb der transzendentalen Analytik behandelt, die für Hegel

---

[3] Hegel, *Vorlesungen über die Geschichte der Philosophie*, S. 337.

> von jeher für eines der schwersten Stücke der Kantischen Philosophie gegolten [hat], – wohl aus keinem anderen Grunde, als weil sie fordert, dass über die bloße Vorstellung des Verhältnisses, in welchem Ich und der Verstand oder die Begriffe zu einem Ding und seinen Eigenschaften oder Akzidenzen stehen, zum Gedanken hinausgegangen werden soll".
>
> WL 2, S. 254

Wenn für Hegel diese Deduktion der schwerste Teil ist, ist er für Kant am wichtigsten, wie er sich in einer langen Fußnote zu der Vorrede der Metaphysischen Anfangsgründe der Naturwissenschaft als Antwort an der Rezension des Herrn Prof. Ulrich Zweifel ausspricht, dass „ohne eine ganz klare und genugtuende Deduktion der Kategorien, das System der Kritik der reinen Vernunft in seinem Fundamente wanke."[4] Und gleich danach sagt er (und dies ist sicherlich auch wichtig für Hegel), dass

> das System der Kritik apodiktische Gewissheit bei sich führen müsse, weil dieses auf dem Satze erbauet ist: dass der ganze spekulative Gebrauch unserer Vernunft niemals weiter als auf Gegenstände möglicher Erfahrung reiche."[5]

Welchen Sinn hat ein philosophischer Begriff bei Kant? Am Anfang der transzendentalen Analytik betont Kant stark das Verhältnis zwischen reinen Begriffen und dem ganzen Feld des reinen Verstandes. Die Aufgabe der Philosophie besteht nicht darin, Begriffe zu analysieren bis man sie geklärt hat. Dies war eben der falsche Ansatz der vormaligen Metaphysik, die, wie wir ja wissen, für Kant in Frage gestellt wird. Im Gegenteil, für Kant sind nur bestimmte Begriffe der Philosophie würdig und nur diese sind zu erläutern, nämlich die *reinen* Begriffe des Verstandes.

> Ich verstehe unter der Analytik der Begriffe nicht die Analysis derselben, oder das gewöhnliche Verfahren in philosophischen Untersuchungen, Begriffe, die sich darbieten, ihrem Inhalte nach zu zergliedern und zur Deutlichkeit zu bringen, sondern die noch wenig versuchte Zergliederung des Verstandesvermögens selbst, um die Möglichkeit der Begriffe a priori dadurch zu erforschen, dass wir sie im Verstande allein, als ihrem Geburtsorte, aufsuchen und dessen reinen Gebrauch

---

4 Kant, Immanuel, *Metaphysische Anfangsgründe der Naturwissenschaft*, in: Werke, Band 8, Darmstadt 1983, S. 19.

5 Ebd.

überhaupt analysieren; denn dieses ist das eigentümliche Geschäfte einer Transzendental-Philosophie.[6]

Kants These in der transzendentalen Analytik der *Kritik der reinen Vernunft* ist, dass die Philosophie es nicht nur mit bloßen Begriffe zu tun hat, sondern sie muss die *reinen* Begriffe des Verstandes erforschen, insofern es einen wesentlichen Zusammenhang zwischen Begriff und Verstand gibt (A 67/B 92). Es gilt, die reinen Begriffe des Verstandes bis zu ihrem Ursprungsort im menschlichen Verstand zu verfolgen: so wie die transzendentale Ästhetik die Wissenschaft der Regel der Sinnlichkeit ausmacht und besonders die reinen Formen von Raum und Zeit betrachtet, so ist die Logik die Wissenschaft der Regel des Verstandes überhaupt. Aber die Begriffe des Verstandes, die nicht empirisch sind und sich nicht zufälligerweise bestimmen lassen, im gewöhnlichen Sinne des Wortes, haben also einen inneren Zusammenhang mit dem Wesen des Verstandes selbst, so dass die transzendentale Philosophie, um sie erklären zu können, sie nach einem Prinzip suchen muss, insofern sie „rein und unvermischt entspringen, und daher selbst nach einem Begriffe, oder Idee, unter sich zusammenhängen müssen." (A 67/B 92)

Die Begriffe gründen sich auf der Spontaneität des Denkens und der Gebrauch, den der Verstand von ihnen macht, geschieht durch das Urteilen, das eine Funktion der Einheit unserer Vorstellungen ausmacht („Urteil: Vorstellung einer Vorstellung", A 68-69/B 93-94 und B 141). Übrigens, muss betont werden, dass der Verstand nur als Vermögen des Urteils existiert (A 68-69/B 93-94 und B 141). Im kantischen Sinne sind Begriffe eigentlich die Kategorien, und diese entsprechen der *Form* des Verstandes, wenn er urteilt, wenn er die Synthesis vollzieht, nämlich „die Handlung, verschiedene Vorstellungen zu einander hinzuzutun, und ihre Mannigfaltigkeit in einer Erkenntnis zu begreifen." (A 77/B 103) Die reine Synthesis umfasst den reinen Begriff des Verstandes. Die Tafel der Kategorien, deren Einteilung oder Verteilung von einem gemeinsamen Prinzip der Möglichkeit des Urteilens erzeugt oder geschaffen wird (A 80-81/B 106), zeigt also den Umriss aller ursprünglichen und reinen Begriffe der Synthesis, insofern der Verstand sie *a priori* enthält. Nur deshalb ist der Verstand Verstand. Kants Unterschied zu Aristoteles lautet dann so: Die Kategorien sind nicht ontologische Begriffe, sondern nur Form des Denkens (A 81/B 107). Aristoteles hat nach Kant das große Verdienst, die Tafel der Kategorien

---

6 Kant, Immanuel, *Kritik der reinen Vernunft*, in: Werke, Band 3, Darmstadt 1983, A 65-66/B 90-91, S. 108. Im Folgenden werden nur die Ausgabe A und B und die Seiten angegeben.

festgestellt zu haben, doch er merkte nicht die sogenannte „Idealität" der Kategorien, dass sie nicht ontologisch sind.

> Es war ein eines scharfsinnigen Mannes würdiger Anschlag des Aristoteles, diese Grundbegriffe aufzusuchen. Da er aber kein Principium hatte, so raffte er sie auf, wie sie ihm aufstießen, und trieb deren zuerst zehn auf, die er Kategorien (Prädikamente) nannte.
>
> A 81/B 107

In den *Prolegomena zu einer jeden künftigen Metaphysik* versteht Kant die aristotelische Zusammenstellung der Kategorien als eine Rhapsodie des Denkens:

> Aristoteles hatte zehn solcher reinen Elementarbegriffe unter dem Namen der Kategorien zusammengetragen. Diesen, welche auch Prädikamente genannt wurden, sahe er sich hernach genötigt, noch fünf Postprädikamente beizufügen, die doch zum Teil schon in jenen liegen (als prius, simul, motus); allein diese Rhapsodie konnte mehr vor einen Wink vor den künftigen Nachforscher, als vor eine regelmäßig ausgeführte Idee gelten, und Beifall verdienen, daher sie auch, bei mehrerer Aufklärung der Philosophie, als ganz unnütz verworfen worden."[7]

Es ist aber zu bemerken, dass der Umfang der Lehre des Begriffes erst mit dem *Unterschied zwischen Begriffen des Verstandes und Begriffen der Vernunft* ganz gefasst werden kann. Also die Lehre des Begriffes ist nicht mit der Bestimmung der Verstandesbegriffe erschöpft, sondern die Vernunftbegriffe müssen auch durchgegangen werden und nach ihre Funktion befragt werden. Die Eigentümlichkeit dieser Begriffe besteht darin, dass „sie doch nicht bloß reflektierte, sondern geschlossene Begriffe" (Anfang der transzendentalen Dialektik, A 310/ B 367) sind. Dies sind Begriffe als transzendentale Ideen, das heißt, Begriffe die, erstens, nicht nur als Reflexionseinheit über die Erscheinungen fungieren, zweitens, nicht mehr die Funktion der Konstitution der Synthesis der Erfahrung haben und, drittens, geben sie nicht mehr „Stoff zum Schließen". (A 310/B 367) Der Ort dieser Begriffe ist das Transzendente und sie enthalten ein Erkennen, in der die Erfahrung nur ein Teil eines Ganzen ausmacht und der keine Erfahrung völlig entspricht. In der Tat, hier treten wir schon in das Reich des Übersinnlichen. Während diese Ideen, wie Kant sagt,

---

[7] Kant, Immanuel, *Prolegomena zu einer jeden künftigen Metaphysik, die als Wissenschaft wird auftreten können*, in: Werke, Band 5, Darmstadt 1983, S. 192–193.

das Unbedingte enthalten, so betreffen sie etwas, worunter alle Erfahrung gehört, welches selbst aber niemals ein Gegenstand der Erfahrung ist: etwas, worauf die Vernunft in ihren Schlüssen aus der Erfahrung führt, und wornach sie den Grad ihres empirischen Gebrauchs schätzet und abmisset, niemals aber ein Glied der empirischen Synthesis ausmacht.

A 311/B 368

Nach diesem schnellen und flüchtigen Überblick über den Umfang von Kants Konzeption des Begriffes bleibt dann noch eine letzte Frage, die Kant selbst stellt und beantwortet: Worin liegt der letzte Grund der Begriffe? Der zentrale Fokus oder Einheitspunkt sowohl der Verstandesbegriffe als auch der Vernunft, die Einheit, die alle Begriffe im Akt des Schließens zusammenknüpft, -bringt und verbindet, ist nicht die Kategorie der Einheit oder irgendwelche Kategorie oder gar sie alle zusammen. Kant sagt:

So lange es also an Anschauung fehlt, weiß man nicht, ob man durch die Kategorien ein Objekt denkt, und ob ihnen auch überall gar irgend ein Objekt zukommen könne, und so bestätigt sich, daß sie für sich gar keine Erkenntnisse, sondern bloße Gedankenformen sind, um aus gegebenen Anschauungen Erkenntnisse zu machen. – Eben daher kommt es auch, daß aus bloßen Kategorien kein synthetischer Satz gemacht werden kann.

B 289

Die Einheit liegt tiefer, nämlich im „Ich denke", der als Spontaneitätsakt, reine Apperzeption, das notwendige Selbstbewusstsein ist, der ermöglicht, dass ich Vorstellungen machen kann (transzendentale Deduktion der Verstandesbegriffe, B 132-133). Diese Einheit des Selbstbewusstseins ist aber nicht empirisch bedingt, denn das empirische Selbstbewusstsein ermöglicht nur, dass ich mir bewusst bin. Außerdem hat jedes empirisches Bewusstsein eine notwendige Beziehung zum transzendentalen Bewusstsein, das einer einzelnen Erfahrung vorhergeht, nämlich das Bewusstsein meiner selbst, das als ursprüngliche Apperzeption gilt (Fußnote zu A 117). Kant spricht in einer Fußnote zu B 133 (übrigens eine komplizierte Stelle selbst für Kant-Experten) von einer tieferen synthetischen Einheit der Apperzeption als „der höchste Punkt, an dem man allen Verstandesgebrauch, selbst die ganze Logik, und, nach ihr, die Transzendental-Philosophie heften muß, ja dieses Vermögen ist der Verstand selbst". Das „Ich denke" ist also kein bloß formaler Satz, ist nicht nur analytisch, sondern synthetisch. Die logische Form aller Urteile (B 140) hängt von dieser objektiven Einheit der Apperzeption ab. Wenn ich urteile, z.B. dass „alle

Körper schwer sind", sind da zwei Vorstellungen im Spiel, die zueinander gehören, die aber nur wegen der Einheit der Apperzeption sich verbinden.

3 Hegels Stellung zu dieser Konzeption des Begriffes

Hegels Position in der *Wissenschaft der Logik* zu diesen Untersuchungen von Kant besteht darin, dass er einerseits Kants Fortschritt erkennt, aber andererseits Kants Rückschritte in diesem Bereich und auch die von ihm nicht weiter entwickelten Prämissen aufzeigt. Wie am Anfang gesagt wurde, kritisiert Hegel an dieser Konzeption des Begriffes die Art und Weise, wie der Begriff selbst verloren geht, weil er nicht als ein Ganzes, als Einheit und Zweiheit zugleich genommen wird. An der Stelle dieser kantianischen Verteilung auf Verstand und Vernunft und auch an der davon getrennten Tätigkeit des Ichs als „Ich denke" wird Hegel dann die Einteilung des Begriffes als Allgemeinheit, Besonderheit und Einzelheit als Momente eines einzigen Begriffes stellen. In diesem Sinne wird der Begriff beweglich in sich selbst.

Erstens, was den *Einheitscharakter* des Begriffes (die Allgemeinheit) angeht, habe ich schon vorher gezeigt, wie Hegel Kants Verdienst in dieser Hinsicht schätzt. Kant versteht die Zusammenarbeit von Ich und Verstand nicht so, als wäre das Ich ein Ding und der Verstand eine Eigenschaft dieses Dinges, denn so würde man an einem externen Verhältnis festhalten. Hegel hat ja schon in der *Phänomenologie des Geistes a propos* eine Kritik an der Gestalt „Wahrnehmung" geübt (die als Vorstufe der kantischen Philosophie genommen werden kann), und ebenso gleich darnach in der nächsten Gestalt des „Verstandes" auf diesen neuen Standpunkt der kantischen Philosophie hingewiesen.

> Diese reinen Bestimmtheiten scheinen die Wesenheit selbst auszudrücken, aber sie sind nur ein Fürsich-sein, welches mit dem Sein für ein Anderes behaftet ist; indem aber beide wesentlich in einer Einheit sind, so ist jetzt die unbedingte absolute Allgemeinheit vorhanden, und das Bewusstsein tritt hier erst wahrhaft in das Reich des Verstandes ein.[8]

Bei Kant also macht sich im Verstand die unbedingte Allgemeinheit geltend. Es gibt für Kant eine Wechselabhängigkeit oder Identität zwischen Subjekt und Objekt. Das Objekt hat nur Existenz, wenn das „Ich denke" es durchdringt und

---

8 Hegel, Georg Wilhelm Friedrich, *Phänomenologie des Geistes*, Werke, Band 3, Frankfurt am Main 1986, S. 104.

setzt.[9] Daraus lässt sich schließen, dass der Begriff etwas Objektives ist und dass das Objekt ohne Denken nicht möglich ist, also alle Realität vom Denken abhängig ist, sowie im Gegenteil, gerade das Denken, besser gesagt, das Erkennen, nur geschehen kann, wenn ein Gegenstand vorhanden ist. Gerade deshalb ist das Ich kein Ding, sondern Objektivität.

> Diese Objektivität hat der Gegenstand somit im Begriffe, und dieser ist die Einheit des Selbstbewusstseins, in die er aufgenommen worden; seine Objektivität oder der Begriff ist daher selbst nichts anderes als die Natur des Selbstbewusstseins, hat keine anderen Momente oder Bestimmungen als das Ich selbst.
> WL 2, S. 255

Doch Kant akzeptiert diese Konsequenz, bzw. diesen *Realitätscharakter des Begriffes* nicht und betont, dass der Begriff an sich keine Realität besitzt. Kant denkt den Begriff als subjektiv abhängig von Anschauungen, obwohl er *a priori* ist. Nach Hegel wird für Kant der Begriff

> als etwas bloß Subjektives genommen, aus dem sich die Realität, unter welcher, da sie der Subjektivität gegenübergestellt wird, die Objektivität zu verstehen ist, nicht herausklauben lasse; und überhaupt wird der Begriff und das Logische für etwas nur Formelles erklärt, das, weil es von dem Inhalt abstrahiere, die Wahrheit nicht enthalte.
> WL 2, S. 256

Das Fehlen an eigener Realität im Begriff hängt bei Kant nach Hegel davon ab, dass der Begriff von einem gegebenen äußerlichen Inhalt erfüllt werden muss, der von der Anschauung herstammt und ihm vorhergeht als etwas, das schon immer vorhanden ist. Hegel hat hier die Gültigkeit der Kategorien im Sinne, die für Kant als Begriffe a priori nur die Funktion haben, die Erfahrung (nach der Form des Denkens) zu ermöglichen (B 126/ A93; auch §18 der Deduktion der Kategorien). Damit ist nach Hegel das Tun des Begriffes für Kant „nicht das Unabhängige, nicht das Wesentliche und Wahre jenes vorausgehenden Stoffes, welches vielmehr die Realität an und für sich ist, die sich aus dem Begriffe nicht herausklauben läßt." (WL 2, S. 258)

Es fehlt dem Begriff bei Kant ein eigener ontologischer Status, weil der Begriff nur die Rolle eines Kanons und nicht die eines Organons übernehmen darf.

---

9 Beziehung zum Satz: „die Bedingungen a priori der *Möglichkeit der Erfahrung* überhaupt sind zugleich Bedingungen der *Möglichkeit der Gegenstände der Erfahrung*." (A 111).

> Der stolze Name einer Ontologie, welche sich anmaßt, von Dingen überhaupt synthetische Erkenntnisse a priori in einer systematischen Doktrin zu geben (z. E. den Grundsatz der Kausalität), muß dem bescheidenen, einer bloßen Analytik des reinen Verstandes, Platz machen.
>
>   A 247/B 303[10]

Hier taucht der sogenannte Formalismus auf, das Gegenteil von Ontologie, und so kommen wir zweitens auf die Problematik des *Unterschiedes* (oder Partikularität und Zweiheit). Hegel sagt dazu:

> [D]as *Unterscheiden* [wird] als ein ebenso wesentliches Moment des Begriffs angesehen. Kant hat diese Betrachtung durch den höchst wichtigen Gedanken eingeleitet, dass es *synthetische Urteile a priori* gebe. Diese ursprüngliche Synthesis der Apperzeption ist eines der tiefsten Prinzipien für die spekulative Entwicklung; sie enthält den Anfang zum wahrhaften Auffassen der Natur des Begriffs und ist jener leeren Identität oder abstrakten Allgemeinheit, welche keine Synthesis in sich ist, vollkommen entgegengesetzt.
>
>   WL 2, S. 260–261

Wenn die Synthesis keine leere Identität ist, wird nach Hegel automatisch alle Nutzung von Kants Erkenntnistheorie als bloßes Instrument für eine Deutung der Welt (wie die Neukantianer es versuchten) unhaltbar.

Leider hat aber Kant nach Hegel dieser Neuigkeit des synthetischen Charakters des Begriffes keine Sequenz gegeben, er tritt vor dieser Erfindung zurück, wenn er die „Synthesis" nicht als intern dem Begriffe selbst angehörig versteht, das wiederum implizieren würde, dass man das Gleiche beim Anderem und das Andere beim Gleichen identifizieren müsste (also Allgemeinheit und Besonderheit, das notwendig zur Einzelheit führt). Im Gegenteil, die kantische Synthesis ist ganz von der so genommenen endlichen Realität der in der Anschauung gegebene Mannigfaltigkeit abhängig, so dass Hegel

---

10   Dieter Henrich, der die *Wissenschaft der Logik* als eine „Kategorienlehre" versteht und bei Kant eine natürliche Ontologie herrschend sieht, sagt: „Seine Einwände gegen Kant haben ihr eigentliches Zentrum im Gebiet der Ontologie. Und erst als Hegel eine neue Ontologie so weit entwickelt hatte, dass sie mit der kritischen Lehre von der Begrenzung unserer Erkenntnis vor dem Ansichsein der Dinge unvereinbar wurde, hat er endgültig alle Formen der kantischen Erkenntniskritik verworfen." (Henrich, Dieter, *Kant und Hegel. Versuch zur Vereinigung ihrer Grundgedanken*, in: ders., *Selbstverhältnisse*, Stuttgart 2001, S. 173–208 [S. 192]).

sagen muss: „Alsdann ist die Kantische Philosophie nur bei dem psychologischen Reflexe des Begriffs stehengeblieben und ist wieder zur Behauptung der bleibenden Bedingtheit des Begriffs durch ein Mannigfaltiges der Anschauung zurückgegangen." (WL 2, S. 261). Es ist ja wohl bekannt, dass für Kant die Begriffe ohne Anschauung leer sind, weil sie so keinen Inhalt bekommen können, obwohl gerade Kant behauptete, dass der Begriff eine Synthesis a priori impliziert. Und als a priori hat er eine Bestimmtheit, nämlich die Möglichkeit der Bestimmung, und die Differenz in sich selbst.

Hegels Interpretation darf aber hier nicht mit einem Rückschritt zur alten Metaphysik verwechselt werden, als ob Hegel gegen Kant behaupten würde, der Begriff hätte eine dem Objekt vorhergehende und bloß idealistische Existenz, die dann ihm ermögliche, das Objekt zu bestimmen. Im Gegenteil, Hegel interpretiert das *a priori* in dem Sinne, dass Subjekt und Objekt immer in eins gesetzt sind, als Einheit und Differenz, die sich immer zugleich benötigen und bedingen. Aber zurück zu Kant: Wenn er in der transzendentalen Dialektik unter „Idee" hauptsächlich nur die Funktion der bloßen regulierenden Einheit des systematischen Gebrauches des Verstandes versteht, sieht Hegel hier, dass die Abhängigkeit des Begriffes von der Sinnlichkeit sich weiter erhält.

> Die exoterische Lehre der Kantischen Philosophie – daß der *Verstand die Erfahrung nicht überfliegen dürfe*, sonst werde das Erkenntnisvermögen *theoretische Vernunft*, welche für sich nichts als *Hirngespinste* gebäre – hat es von der wissenschaftlichen Seite gerechtfertigt, dem spekulativen Denken zu entsagen."
> Vorrede zur ersten Ausgabe der *Wissenschaft der Logik*, WL 1, S. 13

Dadurch aber geht nach Hegel der wahre unendliche Begriff verloren (WL 2, S. 261).

Obwohl Hegel sich gegen Kant wendet, fragt es sich endlich: Wohin will er damit? Wie entwickelt er daraus seinen eigenen Standpunkt? Die Antwort dazu bringt uns zum Mittelpunkt von Hegels Philosophie, also zur *Tätigkeit als Entwicklung des Begriffes*. Ausgehend von der Tatsache, dass im „Ich denke" Subjekt und Objekt immer impliziert sind, denn es handelt sich um ein synthetisches Urteil, nicht um einen bloßen formalen Ausdruck, eine bloße formale Disposition zum Urteilen, resultiert daraus, dass die subjektive Tätigkeit des Urteils ständig mit einer inneren und wechselseitigen Einheit und einem inneren und wechselseitigen Zwiespalt (Ur-Teil) zu tun hat, die erst ermöglichen, dass der Begriff als Prozess sich bewegt und letztendlich zur Idee aufsteigt.

Und hier müssen wir uns an Hölderlins Interpretation vom Verhältnis von Urteil und Sein erinnern, obwohl Hegels Konzeption vom „Urteil" als Trennung und zweifache Bewegung von Jakob Böhme herstammt. Hölderlin sagt:

> Urteil ist im höchsten und strengsten Sinne die ursprüngliche Trennung des in der intellektualen Anschauung innigst vereinigten Objekts und Subjekts, diejenige Trennung, wodurch erst Objekt und Subjekt möglich wird, die Ur=Teilung. Im Begriffe der Teilung liegt schon der Begriff der gegenseitigen Beziehung des Objekts und Subjekts aufeinander, und die notwendige Voraussetzung eines Ganzen, wovon Objekt und Subjekt die Teile sind. „Ich bin Ich" ist das passendste Beispiel zu diesem Begriffe der Urteilung, als Theoretischer Urteilung, denn in der praktischen Urteilung setzt es sich dem Nichtich, nicht sich selbst entgegen.[11]

Für Hegel hat dennoch die Philosophie sowohl das Negative als auch das Positive in sich selbst, die sich ewig von sich selbst trennen und versöhnen. Das ist gerade das Merkmal von Hegels Denken, das sich schon gleich am Anfang der *Phänomenologie des Geistes* zeigt und entwickelt, wenn Hegel versucht, Kant und Fichte (Bewusstseinsphilosophie) Schelling (Philosophie des Absoluten) gegenüberzustellen und umgekehrt. Einerseits ist die Philosophie als Wissen des Absoluten mehr als eine nur kritische und subjektive Tätigkeit der Reflexion oder des Verstandes, die sich nur mit den Bedingungen der Möglichkeit der Erkenntnis beschäftigt. Anderseits ist sie aber auch zugleich eine kritische Reflexion des Absoluten, nicht nur eine Anschauung oder unmittelbares Wissens des Absoluten.

Aufgrund dieses Umfanges der subjektiven Tätigkeit, die immer sowohl praktisch als auch theoretisch zu verstehen ist, wird Hegel also die Tätigkeit oder Bewegung des Begriffes als Allgemeinheit, Besonderheit und Einzelheit ausstrukturieren. Der Begriff ist nicht nur Allgemeinheit, denn er umfasst in sich selbst den Unterschied, die Besonderheit, sowie umgekehrt, und dies wird erst als Einzelheit aufgehoben. Man kann sagen, dass Kant erst in der *Kritik der Urteilskraft* zu dieser letzten Kategorie der Einzelheit angelangt ist. Kein Zufall, dass Hegel gerade in der Ästhetik sich besonders deutlich über die Natur des Begriffes ausspricht:

> Denn er ist an sich schon seiner eigenen Natur nach diese Identität und erzeugt deshalb aus sich selbst die Realität als die seinige, in welcher er

---

11   Hölderlin, Friedrich, *Urteil und Sein*, in: *Werke*, München 1990, S. 597.

daher, in dem sie seine Selbstentwicklung ist, nichts von sich aufgibt, sondern darin nur sich selbst, den Begriff, realisiert und darum mit sich in seiner Objektivität in Einheit bleibt.[12]

Der Begriff bestimmt sich selbst, vollzieht seine Bestimmtheit als Synthesis a priori in sich selbst, woher auch die *Absolutheit des Begriffs* (WL 2, S. 264) herstammt, also das Absolute selbst. Und wichtig ist auch bemerken, dass diese Bewegung, die den Kern von Hegels *Logik* ausmacht, nur deshalb möglich wurde, weil Kant auf der Wechselabhängigkeit der subjektiven Tätigkeit und des Objektes beharrte und außerdem, weil dadurch ein Drang oder Streben des Aufhebens dieses Gegensatzes ständig notwendig wird. Diese Bewegung und subjektive Tätigkeit beim Gegenstand als Objekt erfordert also eine notwendige Aufhebung des Bewusstseins. Für Hegel besteht der höchste Sinn der Logik darin, Wissenschaft der absoluten Form zu sein, die zusieht, wie der Begriff „durch die in ihm selbst gegründete Dialektik zur Realität so übergeht, dass er sie aus sich erzeugt." (WL 2, S. 264) Der Begriff erhält so seine reinen auszeichnenden Bestimmungen, die reinen Wesenheiten als logischen Kategorien:

> Diese absolute Form hat an ihr selbst ihren Inhalt oder Realität; der Begriff, indem er nicht die triviale, leere Identität ist, hat in dem Momente seiner Negativität oder des absoluten Bestimmens die unterschiedenen Bestimmungen; der Inhalt ist überhaupt nichts anderes als solche Bestimmungen der absoluten Form, – der durch sie selbst gesetzte und daher auch ihr angemessene Inhalt.
>
> WL 2, S. 265

Hier müssen wir aber darauf hinweisen, dass Hegel nur sozusagen die Bewegung des Begriffes erkennen konnte, weil Fichte vorher auf der Genese des Begriffes beharrte. Und gerade darin liegt das Problem bei Kant, nämlich, dass er nicht die Vorstadien des Begriffes genügend untersucht hat. Bei Kant haben wir keine *Enzyklopädie* oder *Phänomenologie des Geistes*, mit denen er imstande gewesen wäre, genau die anfänglichen Momente des Begriffes zu untersuchen. Anders gesagt, problematisch ist bei Kant, dass er nicht die Natur der Subjektivität in seiner verschiedenen Weise analysiert hat, in seinen Weisen der jeweiligen Rationalität. Es herrscht bei Kant praktisch nur ein

---

12 Hegel, Georg Wilhelm Friedrich, *Vorlesungen über die Ästhetik*, Werke, Band 13, Frankfurt am Main 1986, S. 145. S. dazu Hyppolite, Jean, *Gênese e estrutura da Fenomenologia do espírito de Hegel*, São Paulo 1999, S. 95–96.

einziges Modell der Rationalität und des Denkens, das sich dann immer in verschiedenen Gebieten, wo es vorkommt, als das Gleiche wiederholt. Letztendlich merkt man bei Kants Philosophie zu viel von Kant selbst als Philosoph, der das Wort führt, eben weil er mit einem fixen Subjekt umgeht. Dass ändert sich bei Hegel, oder wenigstens versucht Hegel zu zeigen, dass der Philosoph mit verschiedenen Modellen der Vernunft umgehen muss, je nach den Gebieten, worin er sich als „Zuschauer" bewegt, nach der Idee des „reinen Zusehens" der *Phänomenologie des Geistes*. Es ist sehr wichtig bei Hegel, dass die Philosophie immer mit *zwei Instanzen* zu tun hat: der der Wirklichkeit, sei es die Wirklichkeit des Bewusstseins, der Vernunft oder des Geistes (an sich und für sich) und der des Diskurses des Philosophen (für uns). Die Philosophie zeigt sich dann als „Nachdenken", wie es am Anfang der *Enzyklopädie der philosophischen Wissenschaften* heißt. Diese beide Dimensionen der Philosophie, die der „natürlichen" Vorstellung und die des reinen Denkens, sind keineswegs bei Kant vorhanden, so dass Kant noch mit dem Paradigma umgeht, der Philosoph allein habe als Aufgabe zu sagen, wie es mit der Realität steht, ohne irgendwelcher Vermittlung mit dieser Realität selbst folgen zu müssen, die als inert oder ganz passiv vorkommt. Hegels Prozedur im Gegensatz dazu erinnert an das Verfahren eines Romans, wo es handelnden Personen und einen Erzähler gibt; das Paradigma ist eher die Literatur als die Mathematik wie bei Kant.

Es gibt deshalb einen notwendigen Zusammenhang bei Hegel zwischen Logik und Realphilosophie, obwohl diese Gebiete verschieden sind. Man kann die Logik nicht getrennt von dieser realen oder wirklichen Seite des Denkens verstehen. Und dies wäre wichtig bei Kant gewesen, wenn er die Sphären des Wissens und des Handels in seiner eigenen Charakteristik behandelt hätte. Übrigens liegt hier auch ein Grund, warum man nicht bei aktuellen Problemen der Philosophie ein reiner Kantianer sein kann. Reiner Hegelianer kann man heute auch nicht sein, obwohl bei Hegel die Sache anders ist, weil er selbst darauf hindeutete, dass man ihn notwendigerweise negieren müsste. Und so ist man irgendwie immer noch Hegelianer.

Hätte Kant die logische und die reale Dimension des Denkens und des Handels in seinen Differenzen, aber auch Identitäten, genauer betrachtet, nämlich, hätte er die Zweiheit in der Einheit und die Einheit in der Zweiheit des Begriffes genauer analysiert, so wäre er imstande gewesen, den Begriff als autonom von der Sinnlichkeit frei zu denken. Hegel konnte diese Idee aufgeben, weil er den Begriff schon in der untersten Stufen des Wissens verankert, z.B. als sinnliche Gewissheit in der *Phänomenologie des Geistes*. Aber daher stammt auch die wichtige Konsequenz, dass, weil er so verfahren ist, er auch den Begriff von diesen Unterstufen befreien konnte, was bei Kant eben nicht geschieht und zum Verhängnis wurde.

4 Abschluss

Welche Resultate kann man aus dieser Konfrontation zwischen Hegel und Kant ziehen? Erstens versuchte ich darauf aufmerksam zu machen, dass man *als Vorgängerelement* von Hegels Philosophie nicht nur Kants transzendentale Dialektik (und die Konsequenzen, die sich daraus ergeben) ausschließlich betrachten muss, sondern Hegel findet die wichtigsten Ansätze für sein eigenes Denken schon in Kants transzendentaler Analytik, wo das Ich zum ersten Mal tätig ist und eine entscheidende Rolle spielt. Wenn man diese These akzeptiert, liegt der Unterschied zwischen Kant und Hegel nicht darin, dass Kant eine Philosophie des Verstandes und der Erkenntnistheorie bildet und Hegel im Gegenteil ein historisches und politisches Denken ausführt. Für die Hegelianer bleibt dann eine Aufgabe: dass man keinen direkten Zugang zum Unendlichen (das Unbedingte) bekommen kann, ohne eine notwendige Kritik des Endlichen; und umgekehrt für die Kantianer (wenn man Hegel ernst nehmen soll) bleibt die Idee, dass es nicht möglich ist, die Erkenntnistheorie (die Welt des Begriffes und der Erscheinungen) von einer ihr innewohnenden Dialektik zu isolieren und abzutrennen.

Substanz als Subjekt
Zu Hegels Kritik der Spinozanischen Substanzontologie

Jindřich Karásek

Bekanntlich behauptet Hegel in der Vorrede zur *Phänomenologie des Geistes*, dass es darum geht, das Absolute nicht nur als Substanz, sondern „ebensosehr" auch als Subjekt aufzufassen.[1] In meinem Beitrag soll im Ausgang von der Feststellung, dass Hegel sich mit dieser These in kritischer Absicht auf die Spinozanische Substanzontologie bezieht,[2] gezeigt werden, dass es für Hegel in der ersten Linie nicht Descartes' Begriff des „ego cogito", sondern vielmehr Kants Begriff der ursprünglichen Einheit der Apperzeption war, der für ihn einen paradigmatischen Begriff der Subjektivität darstellte.[3] Die Pointe der Hegelschen Kritik macht der Einwand aus, Spinoza habe das Absolute allein

---

1 Hegels Formulierung lautet wie folgt: „Es kommt nach meiner Einsicht [...] alles darauf an, das Wahre nicht als *Substanz*, sondern ebensosehr als *Subjekt* aufzufassen und auszudrücken." Hegel, Georg Wilhelm Friedrich, *Phänomenologie des Geistes*, in: ders., *Werke in zwanzig Bänden*, hrsg. v. Eva Moldenhauer und Karl Markus Michel, Frankfurt a.M. 1969, Bd. 3, S. 22–23. Hvh. v. Hegel. Es folgt dann eine Formulierung, die auf den Zusammenhang mit Spinoza und auf den kritischen Punkt gegen Spinoza hinweist: „Wenn *Gott als die eine Substanz* zu fassen das Zeitalter empörte, [...] so lag teils der Grund hiervon in dem Instinkte, dass darin *das Selbstbewusstsein* nur untergegangen, nicht erhalten ist [...]" Ebd., S. 23. Hvh. v. Vrf. Dieser Zusammenhang lässt sich m.E. nur anhand des Textes der Hegelschen Spinoza-Kritik in der *Wissenschaft der Logik* nachweisen.
2 Darauf hat u.a. Rüdiger Bubner hingewiesen. Vgl. Bubner, Rüdiger, *Hegels Logik des Begriffs*, in: ders., *Zur Sache der Dialektik*, Stuttgart 1980, S. 70–123 (S. 79–80).
3 In diesem Zusammenhang ist auf die Arbeit von Pippin, Robert B., *Hegels Idealism. The Satisfaction of Self-Consciousness*, Cambridge University Press 1989, hinzuweisen. Es ist mit Pippin zuzugeben, dass Hegels positive Bezugnahmen auf Kants Begriff der transzendentalen Einheit der Apperzeption „are indispensable for a proper understanding of Hegel's position." Ebd., S. 6. Die Richtigkeit dieser Diagnose lässt sich m.E. im Zusammenhang mit der Hegelschen Spinoza-Kritik zeigen. Im Unterschied zu Pippin übersieht Dieter Henrich Hegels positives Verhältnis zu Kants Begriff der ursprünglichen Einheit der Apperzeption, und das in dem Aufsatz, in dem es ihm um einen grundlegenden Vergleich von Kant und Hegel geht. Vgl. Henrich, Dieter, *Kant und Hegel. Versuch der Vereinigung ihrer Grundgedanken*, in: ders., *Selbstverhältnisse*, Stuttgart 1982, S. 173–208. Damit verliert Henrich das grundlegende Motiv aus den Augen, das hinter der Hegelschen Auseinandersetzung mit der vorkantischen rationalistischen Metaphysik stand, wie es sich am Beispiel der Hegelschen Spinoza-Kritik zeigen lässt, und das auch dafür grundlegend ist, den von Henrich thematisierten, aber nicht erklärten Unterschied der Hegelschen Ontologie von der Platonischen „Theorie reiner Formprozesse" zu erklären. Vgl. ebd., S. 207.

als Substanz aufgefasst, ohne sich darüber Gedanken zu machen, dass das von Descartes entdeckte und von Kant und Fichte radikalisierte Prinzip der Subjektivität in die Auffassung der Substanz einbezogen werden muss, und dies deshalb, damit eine angemessene Auffassung des Geistes entwickelt werden kann. Der Geist muss daher als eine solche Substanz aufgefasst werden, die über Subjektivität verfügt, deren ausgearbeitete Auffassung Hegel in dem Kantischen Apperzeptionsbegriff fand. Im Zusammenhang mit seiner Spinoza-Kritik zeigt es sich daher, inwiefern Hegel trotz aller Kritik dennoch dem transzendentalphilosophischen Begriff der Subjektivität verpflichtet geblieben ist. Diese Thesen sollen durch eine Analyse der Hegelschen Spinoza-Kritik in der *Wissenschaft der Logik* dargetan werden.[4]

1

Bereits im Eingangsexposé der subjektiven Logik, das dem „Begriff im allgemeinen" gewidmet wird, verweist Hegel den Leser auf die Anmerkung, die er zum Teil C des ersten Kapitels des dritten Abschnittes des zweiten Buchs der objektiven Logik hinzufügt. Hier soll gezeigt worden sein, „dass die Philosophie, welche sich auf den Standpunkt der *Substanz* stellt und darauf stehenbleibt, das *System des Spinoza* ist". Und es soll hier auch „der Mangel dieses Systems sowohl der Form als [der] Materie nach aufgezeigt" worden sein.[5] Es muss gefragt werden, wie Hegel bei dem angekündigten Nachweis des Mangels

---

4 Es geht allein darum, wie Hegel die Grundbegriffe der Spinozanischen Ontologie, die der Substanz und des Attributs, in systematischer Hinsicht interpretiert. Auf Hegels eigene Auffassung dieser Begriffe in der Wesenslogik kann hier nicht eingegangen werden. Hierzu vgl. Plevrakis, Ermylos, *Das Absolute und der Begriff. Zur Frage philosophischer Theologie in Hegels Wissenschaft der Logik*, Tübingen 2017, Kap. II, B. Genauso muss hier auch auf die Frage, ob die Hegelsche Kritik aus der Perspektive der heutigen Spinoza-Forschung überzeugen kann, verzichtet werden. Es geht allein darum, in einer systematischen Perspektive zu zeigen, inwiefern die Hegelsche Auffassung der geistigen Substanz aus der Auseinandersetzung mit den wichtigsten neuzeitlichen Substanzkonzeptionen hervorgegangen ist. Birgit Sandkaulen hat auf problematische Punkte der Hegelschen Interpretation von Spinozas Substanzbegriff hingewiesen. Vgl. Sandkaulen, Birgit, *Die Ontologie der Substanz, der Begriff der Subjektivität und die Faktizität des Einzelnen. Hegels reflexionslogische „Widerlegung" der Spinozanischen Metaphysik*", in: Internationales Jahrbuch des Deutschen Idealismus/International Yearbook of German Idealism, 5/2007, Metaphysik im Deutschen Idealismus/Metaphysics in German Idealism, S. 235–275. Vgl. Auch Macherey, Peter, *Hegel or Spinoza*, übersetzt v. Susan M. Ruddick, University of Minnesota Press 2011.
5 Hegel, Georg Wilhelm Friedrich, *Wissenschaft der Logik II*, in: ders., *Werke in zwanzig Bänden*, Bd. 6, S. 249. Hvh. v. Hegel.

des „Systems des Spinoza" verfährt und ob Spinoza in Hegels Augen bereits dadurch einen Fehler begangen hat, auf dem Standpunkt der Substanz stehengeblieben zu sein. Diese Fragen müssen offenbar durch eine Analyse des Textes der Anmerkung beantwortet werden.

Gleich zu Beginn formuliert Hegel seinen kritischen Hauptpunkt, der in dem Hinweis auf den Mangel der Spinozanischen Ontologie besteht. Sie sei „darin eine mangelhafte Philosophie, dass die *Reflexion* und deren mannigfaltiges Bestimmen *ein äußerliches Denken* ist."[6] Es ist zunächst zu fragen, was es heißt, dass die Reflexion in der Spinozanischen Substanzontologie „ein äußerliches Denken" sei. Hegel entwickelt seine Kritik von dem Satz: *„Die Bestimmtheit ist Negation"*. Diesen Satz versteht Hegel als den absoluten Grundsatz („das absolute Princip") der Spinozanischen Ontologie, weil „diese wahrhafte und einfache Einsicht […] die absolute Einheit der Substanz [*begründet*]."[7] Es ist zunächst unklar, wie zu verstehen ist, dass die absolute Einheit der Substanz durch den genannten Satz *begründet* sein soll. Was meint Hegel hier mit „Begründung"? Meint er Begründung auf der theoretischen Ebene, d.h. das, was Spinoza selber macht, wenn er einzelne Propositionen seiner Ethik unter Beweis stellt, oder aber Begründung auf der sachlichen Ebene, d.h. auf der Ebene der Substanz selbst?

Hegel scheint zunächst die zweite Alternative zu meinen. Sie würde auf eine solche Interpretation der Spinozanischen Substanz hinauslaufen, der zufolge sie ihre Einheit durch den Akt der Bestimmung und der Negation der Bestimmung, oder genauer: der Bestimmung als Negation gewährleistet. Alles, was ist, ist ein immanenter Modus der Substanz; Alles, was ist, hat aber immer irgendeine Bestimmtheit; Alles, was ist, ist somit ein bestimmter Modus. Er hat allerdings allein innerhalb der Substanz seinen Ort, und zwar so, dass die Bestimmtheiten der verschiedenen Modi die Einzigkeit und die Identität der Substanz als solche unangetastet lassen, und dies deswegen, weil sie als Bestimmtheiten von der Substanz selbst als negiert gesetzt werden. Der Satz „Die Bestimmtheit ist Negation" wird von Spinoza allerdings wohl so verstanden worden sein, dass die Bestimmtheit eines jeden Etwas nur in einem negativen Verhältnis zu einem anderen Etwas konstituiert wird.[8] In der vorgeschlagenen Interpretation wird er allerdings so verstanden, dass die Bestimmtheiten der Modi in der Substanz von der Substanz gesetzt und negiert werden und die Substanz auf diese Weise Pluralität ihrer Ausdrücke entfaltet und

---

6 Ebd., S. 195. Hvh. v. Hegel.
7 Ebd.
8 Der Satz „Determinatio est negatio" verwendet Spinoza bekanntlich in einem Brief an Jelles im Kontext der Geometrie. Hierzu vgl. Macherey, *Hegel or Spinoza*, S. 127–133.

zurücknimmt – negiert. Diese Auffassung, die Schelling in seiner an Spinoza anknüpfenden Identitätsphilosophie entwickelte,[9] scheint Hegel zu meinen, wenn er sagt:

> es gibt keine Bestimmtheit, die nicht in dem Absoluten *enthalten und aufgelöst* wäre [...] und es ist wichtig genug, dass alles [...] in jenem notwendigen Begriffe gänzlich zu einem blossen *Gesetztsein* herabgesetzt ist.[10]

Alles, was ist, ist somit in der Substanz als aufgelöst, d.h. als negiert enthalten, und weil es keine andere Möglichkeit gibt, als dass Alles, was ist, von der Substanz selbst *gesetzt* worden ist, wird das *Sein* von Allem, was ist und von dem „natürlichen Vorstellen" für ein selbstständiges Seiendes gehalten wird,[11] zu einem blossen *Gesetztsein* herab*gesetzt*.

Hegels kritischer Punkt besteht nun in dem Hinweis auf Spinozas mangelhafte Auffassung der Negation. Spinoza sei bei der Negation als Bestimmtheit oder Qualität stehengeblieben und zur Erkenntnis der Negation als „absoluter, d.h. sich negierender Negation" nicht fortgegangen.[12] Aus dieser Auffassung der Negation, die deswegen mangelhaft ist, weil sie die Negation nicht als selbstbezogene oder als sich negierende versteht, folgt ein anderer Mangel, der darin besteht, dass Spinozas „Substanz nicht selbst die absolute Form [enthält], und das Erkennen derselben [...] kein immanentes Erkennen [ist]".[13] Hegels Argument schließt also aus der Feststellung, dass die Negation bei Spinoza nicht als doppelte, als selbstbezogene aufgefasst wird, darauf, dass die Substanz bei Spinoza „die absolute Form"[14] nicht enthält und ihr Erkennen kein immanentes ist. Anders gewendet: Hätte Spinoza die Negation als doppelte aufgefasst, verfügte seine Substanz über ein immanentes Erkennen und über „absolute Form". Dem Text vor der Anmerkung ist zu entnehmen, dass die absolute Form nur eine Entität hat, die „das sich selbst Gleich*setzende*" und nicht nur „Gleich*seiende*" ist.[15] Dass die Spinozanische Substanz über die absolute Form

---

9 Dieter Henrich zeigt, dass Hegel in der Tat von dieser Schellingschen Konzeption beeinflusst war. Vgl. Henrich, Dieter, *Andersheit und Absolutheit des Geistes. Sieben Schritte auf dem Wege von Schelling zu Hegel*, in: ders., *Selbstverhältnisse*, S. 142–172. Diese These vertritt auch Birgit Sandkaulen. Vgl. Sandkaulen, *Ontologie der Substanz*, S. 263.
10 Hegel, *Wissenschaft der Logik II*, S. 195. Hvh. z.T. vom Vrf.
11 Ebd.
12 Ebd.
13 Ebd.
14 „Das Absolute selbst ist ihre absolute Einheit, so dass sie [sc. die Attribute] nur unwesentliche Formen sind." Ebd., S. 196.
15 Ebd., S. 194. Hvh. vom Vrf.

nicht verfügt, bedeutet also, dass sie keine Entität ist, die sich selbst gleichsetzt. Wenn man nun annimmt, dass der Akt des Sich-Selbst-Gleichsetzens als ein Akt verstanden werden kann, kraft dessen das Subjekt dieses Aktes seine eigene Identität *hervorbringt*, so wird man sagen können, dass Spinozas Substanz keine Entität ist, die seine eigene Identität hervorbringt. Zwar kann sie durchaus gleichseiende, d.h. identische Entität sein. Ihre Identität bringt sie jedoch nicht hervor, oder zumindest sieht Spinoza keinen Akt vor, kraft dessen sie ihre Identität setzen würde. Wenn man nun weiter annimmt, dass der Akt des Sich-Selbst-Gleichsetzens als ein Akt verstanden werden kann, kraft dessen das Subjekt dieses Aktes sich selbst oder genauer seine eigene Identität *erkennt*, so wird man mit Hegel sagen können, dass Spinozas Substanz über kein Erkennen ihrer Identität verfügt. Und wenn man schließlich annimmt, dass das Erkennen der eigenen Identität ein *immanentes* Erkennen ist, so wird man mit Hegel auch sagen können, dass Spinozas Substanz über kein immanentes Erkennen verfügt. Somit verfügt sie über die kognitive Fähigkeit nicht, *sich selbst als sich selbst* zu erkennen.

Wenn nun diese Interpretation der Hegelschen Kritik zutrifft, dann streitet Hegel der Spinozanischen Substanz genau denjenigen Prozess ab, der oben als die zweite Alternative der Bedeutung der „Begründung" skizziert worden ist. Zwar verhält es sich bei Spinoza *de facto* so, dass alles, was ist, zu einem bloßen Gesetztsein in der Immanenz der Substanz, nämlich zu einem Modus der Substanz „herabgesetzt" wird, was Hegel positiv einzuschätzen scheint. Es handelt sich bei Spinoza, so die Hegelsche Kritik, jedoch um einen theoretischen Befund, der gegenüber der Substanz ein äußerlicher ist, d.h. an der Substanz und von der Substanz her nicht ausgewiesen ist.[16] Dazu hätte Spinoza seine Auffassung der Substanz um eine Theorie erweitern müssen, in der gezeigt würde, auf welche Weise die Substanz selbst die verschiedenen Modi in sich selbst als ihre eigenen Äußerungen setzt und in sich auflöst, um kraft ihrer Auflösung, also kraft ihrer Negation zum Wissen von ihrer eigenen

---

16 Zum Begriff der äußerlichen Reflexion innerhalb der Hegelschen Kritik an Spinozas Ontologie vgl. Kaehler, Klaus E., *Hegels Kritik der Substanz – Metaphysik als Vollendung des Prinzips neuzeitlicher Philosophie*, in: Gerhard, Myriam, Annette Sell, A., Lu de Vos (Hrsg), *Metaphysik und Metaphysikkritik in der Klassischen Deutschen Philosophie*, Hamburg 2012, S. 143, Anm. 14. Kaehler versucht des Weiteren zu zeigen, dass die Hegelsche Kritik an Spinoza im Wesentlichen zutrifft, indem er die Bartuschatsche Kritik der Hegelschen Kritik kritisiert. Vgl. ebd., S. 145, Anm. 15; S. 148, Anm. 18; S. 149, Anm. 19. Und schließlich ist auch zu erwähnen, dass er auch auf den Text der Vorrede zur Phänomenologie des Geistes eingeht, was hier aus räumlichen Gründen darzustellen nicht möglich ist.

Identität zu gelangen.[17] Deswegen muss die Identität der Substanz bei Spinoza nur eine bloß äußerliche, nämlich aus der Perspektive des Ontologen konstatierbare Tatsache bleiben.

Jetzt lässt sich die Frage beantworten, warum die Reflexion bei Spinoza laut Hegel „ein äußerliches Denken" sei. Spinozas Substanz enthält zwar das Denken als Attribut. Sie enthält es jedoch nicht als „die zurückkehrende und aus sich selbst anfangende Bewegung", d.h. sie enthält das Denken nicht als die skizzierte Bewegung, in der die verschiedenen Modi zunächst „am Anfang" gesetzt und dann negiert, d.h. in der Substanz aufgelöst werden. Mit diesem zweiten negierenden Schritt kehre das Denken zu sich selbst zurück. Die Substanz als Denken negiert mit diesem zweiten Schritt die mit dem jeweiligen Modus mit gesetzte Negation ihrer selbst. Sie hat also den Charakter einer doppelten auf sich selbst bezogenen Negation. Beide Negationen sind von der Substanz selbst vollzogen: In der ersten veräußert sie sich in einem Modus, während in der zweiten diese Veräußerung zurückgenommen und aufgelöst wird. Selbstbezogene, sich selbst negierende Negation ist also die Substanz selbst. Der Modus ist ihre von ihr selbst gesetzte *Äußerung*, und zwar im doppelten Sinne: als die von der Substanz selbst in der Substanz gesetzte *Äußerlichkeit* und als ihr von ihr gesetzter *Ausdruck*, kraft dessen sie sich manifestiert.[18]

---

17   Konrad Cramer beschreibt diese Auffassung, die er anhand der Interpretation einer Stelle in *Glauben und Wissen* entwickelt, mit folgenden Worten: „Etwas, das sich selbst sondert, entwickelt aus sich selbst eine Differenz, ohne seine Identität zu verlieren. In ihrer Selbstsonderung wird die Identität Ungleichartiger nicht zu etwas, das ihr gegenüber Ungleichartiges ist. Es ist vielmehr sie selbst, die in dieser Sonderung *sich selbst ungleich* wird. Sie wird dabei nicht zu einem Anderen, sondern ist in ihrer Selbstsonderung das Andere ihrer selbst, Negation dessen, was sie ist, dies aber gerade so, dass diese Negation nichts ist, was nicht in ihr, genauer: was nicht sie selbst wäre." Vgl. Cramer, Konrad, *Spekulatives Denken und synthetisches Urteil a priori*, in: Zeitschrift für philosophische Forschung 4/51 (1997), S. 512. Diese Worte stellen Cramers Interpretation der Hegelschen Aussage dar, dass es die ursprüngliche absolute Identität von Ungleichartigem selbst sei, die sich sondere. Mit dieser offensichtlich durch Schellings Identitätsphilosophie inspirierten Aussage interpretiert Hegel die Kantische Lösung der Frage, wie synthetische Urteile a priori möglich sind. Cramer bemerkt zu Recht, dass die in dem Zitat nahegelegte Struktur das ist, was Hegel ursprünglich synthetische Einheit nenne. Vgl. ebd. Wenn Cramers Interpretation richtig ist, dann lässt sich sagen, dass Hegel im Rahmen seiner Auseinandersetzung mit Kant in *Glauben und Wissen* anhand der Interpretation des Kantischen Apperzeptionsbegriffs eine Struktur erreicht, die er später bei seiner Kritik der Spinozanischen Substanzontologie gegen Spinoza implizit geltend macht. In einem älteren Aufsatz weist Cramer darauf hin, dass Hegel – und nicht nur er – der falschen Meinung war, dass der Monismus der Substanz bereits aus ihrer Definition folgt. Vgl. Cramer, Konrad, *Kritische Betrachtungen über einige Formen der Spinozainterpretation*, in: Zeitschrift für philosophische Forschung 31 (1977), S. 527–544.
18   Vgl. Hegel, *Wissenschaft der Logik II*, S. 201.

Als dieses Manifestieren ihrer selbst ist die Substanz die absolute Form, nämlich die Reflexion-in-sich, in der sie sich gleich setzt.

Diese Bewegung des Denkens der Substanz, kraft dessen sie sich manifestiert, könnte man als ihre *immanente* Reflexion bezeichnen. Und weil gerade sie der Spinozanischen Substanz mangelt, so ist die Reflexion bei Spinoza bloß eine *äußerliche*. Hegel leitet nun daraus noch den weiteren kritischen Punkt ab: Weil diese immanente Reflexion der Substanz mangelt, kann das Absolute bei Spinoza nicht als sein eigenes *Resultat* aufgefasst werden und muss daher als *Erstes und Unmittelbares* auftreten.[19] Damit kann Hegel die einfache Feststellung im Sinne haben, dass Spinozas Ethik mit der Definition des Absoluten in der Form von *causa sui* anhebt. Das Absolute ist bei Spinoza wie „aus der Pistole geschossen".

Die Reflexion ist Hegel zufolge also genau dann äußerlich, wenn sie „nicht aus der Substanz" begriffen und abgeleitet wird, wobei zusätzlich gesagt werden muss, dass, weil die Reflexion nicht von der Substanz selbst abgeleitet wird, sie ihr als ihr immanentes Verfahren nicht zugeschrieben werden kann, und insofern ihr gegenüber etwas Äußeres ist. Hegel fügt jedoch hinzu, dass die Reflexion bei Spinoza „als ein äußerlicher Verstand tätig ist, die Bestimmungen als gegebene aufnimmt und sie auf das Absolute zurückführt, nicht aber von diesem ihre Anfänge hernimmt."[20] Meint Hegel jetzt mit dem „äußerlichen Verstand" noch einen anderen Mangel als den, dass die Reflexion nicht aus der Substanz selbst abgeleitet wird? Hat man hier nicht mit zwei Bedeutungen des Ausdrucks „äußere Reflexion" zu tun? Denn einmal wäre gemeint, dass die Reflexion nicht als ein immanenter Prozess der Substanz aufgezeigt ist; zum anderen könnte gemeint sein, dass es außerhalb der Substanz einen Intellekt gibt, der sich zwar als Modus der Substanz versteht, sie jedoch aus einer ihr gegenüber äußeren Perspektive beschreibt. Diese Reflexion wäre mit solchen Formulierungen nahegelegt, in denen auf einen Intellekt verwiesen wird, der sich den Begriff von der Substanz oder von etwas, das mit der Substanz zusammenhängt, bildet. Was meint also Hegel mit seiner Rede von einem äußerlichen Verstand, der die Bestimmungen als gegebene aufnehme, und auf das Absolute zwar zurückführe, d.h. aus dem Absoluten erkläre, aber ihre „Anfänge" nicht von dem Absoluten hernehme?

Bevor Hegel in der Anmerkung zur Kritik der Leibnizschen Monadologie übergeht, redet er von der äußerlichen Reflexion noch an zwei Stellen, und zwar im Zusammenhang mit der Spinozanischen Definition des Attributs.

---

19   Ebd., S. 196.
20   Ebd., S. 195–196.

Nach dieser Definition ist Attribut dasjenige an der Substanz, das der Verstand (intellectus) an ihr als ihr Wesen konstituierendes Moment wahrnimmt (percipit). In ihr wird also gerade nicht gesagt, dass das Attribut dasjenige ist, das die Essenz der Substanz konstituiert, sondern es wird gesagt, dass es dasjenige ist, das der Verstand an der Substanz wahrnimmt (percipit) als dasjenige, das die Essenz der Substanz konstituiert. Um was für einen Intellekt es sich dabei handelt, ist deutlich. Es handelt sich um den menschlichen Intellekt, z.B. denjenigen Spinozas. Somit scheint Hegel Recht zu haben, wenn er sagt, dass das Attribut – „die Bestimmung als Bestimmung des Absoluten" – „*von einem Anderen, dem Verstande abhängig* gemacht [wird], welches der Substanz gegenüber *äußerlich und unmittelbar* auftritt."[21] Im Zusammenhang mit dem oben Ausgeführten ist zu sagen, dass Hegel mit diesem kritischen Punkt meint, dass Spinoza es unterlassen hat zu erläutern, über welchen epistemischen Zugang zu ihrer Essenz die Substanz selbst verfügt. In diesem Sinne ist das Attribut und damit auch die Erkenntnis der Essenz der Substanz von einem anderen abhängig gemacht, nämlich von dem endlichen Intellekt, der gegenüber der Substanz äußerlich ist. Wie sich die Substanz selber zu den ihre Essenz konstituierenden Attributen stellt, ist eine Frage, die von Spinoza nicht beantwortet wird. Zwar ist die Theorie über die der Art und Weise, wie die Substanz sich selbst erkennt, immer nur von dem endlichen Intellekt konzipierbar, aber es ist ein Mangel der Theorie, wenn sie den Leser über die Selbsterkenntnis der Substanz nicht aufklärt.

An der zweiten Stelle sagt Hegel, es sei die äußere Reflexion, die den Unterschied zwischen dem Attribut des Denkens und dem der Ausdehnung macht, und deswegen sei es auch die äußere Reflexion, die diese Differenz „in die absolute Identität zurückführt und versenkt". Deswegen gehe aber diese ganze Bewegung „*außer* dem Absoluten" vor.[22] Spinoza hat daher in seiner Attributenlehre nicht nur den Fehler begangen, nicht erklärt zu haben, warum er die unendliche Vielheit der Attribute auf die zwei genannten reduziert hat, sondern er hat noch einen aus der Hegelschen Perspektive viel gravierenderen Fehler begangen, nicht gezeigt zu haben, wie diejenige Bewegung in der Immanenz der Substanz vor sich geht, die in der Differenzierung der Substanz in die zwei Attribute und in ihrer Aufhebung oder Zurücknahme in die Identität der Substanz besteht. Deswegen ist aber diese Bewegung nur als Verfahren aufgefasst, das gegenüber der Substanz die Form einer äußerlichen Reflexion hat. Die Spinozanische Ontologie beschreibt somit einen Prozess, der

---

21   Ebd., S. 196. Hvh. z.T. vom Vrf.
22   Ebd., S. 197. Hvh. vom Vrf.

außerhalb der Substanz vor sich geht und an sie äußerlich herangetragen wird. Und deswegen sind Attribute aber auch Modi „nur als *verschwindend*, nicht als *werdend*" aufgefasst, d.h. es wird nur angenommen, dass es sich um Entitäten handelt, die über keine selbstständige Existenz verfügen, es wird aber nicht gezeigt, auf welche Weise diese Entitäten von der Substanz selbst entworfen, hervorgebracht und dann in die Identität der Substanz wieder „zurückgeführt und versenkt" werden.

Wenn man nun die Analyse der Stellen, an denen der Terminus „äußerlich" vorkommt, zusammenfasst, so kann man folgendes sagen: Die Termini „äußerliches Denken", „äußerlicher Verstand" und „äußere Reflexion" bezeichnen dasjenige Verfahren, das der Ontologe selbst vollzieht, wenn er die Theorie der absoluten Substanz entfaltet.[23] Er hat die Substanz vor seinem Denken als einen äußeren Gegenstand, mit Bezug auf den er – wie auch immer – einen Katalog der Bestimmungen entwickelt und aus derselben äußeren Distanz ihm zuschreibt, ohne die Frage mindestens zu stellen, wie die Substanz selbst sich ihre Bestimmungen zuschreiben kann. Dagegen meint Hegel, dass alle Bestimmungen, die der Substanz zugeschrieben werden, an ihr selbst aufgewiesen und von ihr aus entfaltet werden müssen. Damit wird natürlich nicht gemeint, dass es irgendeinmal eine Ontologie geben könnte, die von der absoluten Substanz selbst konzipiert wäre. Ontologie als Theorie der Substanz und ihrer wesentlichen Bestimmungen wird immer nur von dem endlichen Intellekt als ein Versuch konzipiert, dasjenige zu verstehen, worin alles Endliche gründet. Dazu ist jedoch noch folgendes zu sagen: Mit der Selbsttranszendierung des endlichen Intellekts bei der Erkenntnis der unendlichen Substanz muss nicht nur bei Hegel, sondern auch in der Spinozanischen Theorie gerechnet werden, denn wie lässt sich sonst die Frage nach der Wahrheit der in ihr verwendeten Begriffe beantworten? Anders gesagt, der endliche Verstand transzendiert mit der klaren und deutlichen Erkenntnis der Substanz sich selbst. Denn kraft dieser Art der Erkenntnis soll die Verbindung der Ebene der deskriptiven Begriffe mit der Ebene der durch sie gefassten Sache, die die unendliche Substanz selbst ist, in Verbindung gebracht werden.[24] Der Begriff der scientia intuitiva scheint Spinozas Antwort auf dieses Problem zu sein. Die Hegelsche Antwort darauf besteht darin, dass der Wissenschaft der Logik die Phänomenologie des Geistes vorangestellt wird, in der die Berechtigung dazu herausgearbeitet wird, die in der Wissenschaft der Logik entfalteten Begriffe als Begriffe von

---

23   Bubner spricht im Zusammenhang mit der äußeren Reflexion von einem „Konstrukteur" und meint mit dieser Bezeichnung Spinoza. Vgl. Bubner, *Hegels Logik des Begriffs*, S. 83.
24   Hierzu vgl. Cramer, *Kritische Betrachtungen*, S. 536.

Sachverhalten ansehen zu dürfen. Dieser Zusammenhang kann hier jedoch nicht weiter verfolgt werden.

Abgesehen davon ist jedoch zu sagen, dass Spinozas Substanzontologie zwei Mängel aufweist. Außer dem *methodologischen* Mangel, die Bestimmungen, die der Substanz zugeschrieben werden, nicht von ihr selbst abgeleitet, sondern irgendwo außerhalb der Substanz hergenommen oder entfaltet zu haben, ist es auch ihr *sachlicher* Mangel, nicht erklärt zu haben, wie Alles, was ist, von der absoluten Substanz selbst entworfen wird, und zwar so, dass sie dabei ihre eigene Identität vor Augen haben und bewahren kann. In dieser Hinsicht stellt die Leibnizsche Monadologie in Hegels Augen einen Fortschritt gegenüber der Substanztheorie Spinozas dar. Denn Leibniz, so Hegel, hat die absolute Substanz, nämlich die Urmonade von Anfang an als eine Entität aufgefasst, die über die „*Reflexion-in-sich*" verfügt, weshalb alle ihre Veränderungen „ihr eigenes Setzen" sind,[25] und damit den zweiten sachlichen Mangel der Spinozanischen Substanzontologie beseitigt.[26]

2

Jetzt ist entscheidend, dass Hegel mit seinem kritischen Verfahren in der Anmerkung selber darauf hindeutet, dass das, was er mit seinem eigenen Terminus „Reflexion-in-sich" bezeichnet, dasjenige ist, was Leibniz Apperzeption genannt hat. Die Apperzeption definierte Leibniz als Fähigkeit der Monade, das Bewusstsein der eigenen internen Zustände zu konstituieren. Deshalb kann man die Apperzeption als Reflexion in sich der Monade oder als ihre immanente Reflexion bezeichnen. Deswegen ist jedoch in der Leibnizschen Monadenlehre im Unterschied zu Spinoza Hegel zufolge: „die Natur der *Reflexion, als die sich auf sich selbst beziehende Negativität sich von sich abzustoßen, wodurch sie setzend und schaffend ist*, zu finden."[27] Ob diese Interpretation der Leibnizschen Monadenlehre zutrifft oder nicht, mag dahingestellt bleiben. Genauso dahingestellt bleiben mag, dass Hegel gegen Leibniz denselben methodologischen Einwand erhebt, den er auch gegen Spinoza geltend machte, nämlich die Bestimmungen der Monade „aus diesem Wesen selbst" nicht abgeleitet zu haben.[28] Hegel redet in diesem Zusammenhang von der

---

25   Ebd., S. 199.
26   Ebd., S. 198.
27   Ebd., S. 199–200.
28   Ebd., S. 200. Zu Hegels Auseinandersetzung mit Leibniz vgl. Kruck, Günter, *Moment und Monade. Eine systematische Untersuchung zum Verhältnis von G. W. Leibniz und G. W.*

„räsonierenden" oder „dogmatischen" Reflexion,[29] und es ist anzunehmen, dass er dasselbe meint, was er in seiner Spinoza-Kritik als „äußere" Reflexion bezeichnete. Darauf kommt es jetzt aber nicht an. Wichtig ist allein, dass Hegel die von Leibniz vorgenommene Verbesserung der Substanzontologie darin gesehen hat, dass Leibniz die Substanz als apperzeptive Entität definiert hatte.

An der Stelle der subjektiven Logik, in der Hegel den Leser auf die analysierte Anmerkung der Wesenslogik aufmerksam macht, unterscheidet er zunächst zwischen dem Ausweis eines Mangels einer Theorie und ihrer Widerlegung. Dann führt er eine allgemein angelegte Überlegung darüber aus, welchen Bedingungen eine richtige Widerlegung genügen muss. Diesen Bedingungen gemäss muss eine richtige Widerlegung zwei Schritte enthalten: Sie muss zunächst die Stärke der kritisierten Theorie hervorheben und erst dann zeigen, dass sie *„aus sich selbst"*, d.h. aufgrund ihrer eigenen Mängel auf eine „höhere" Theorie verweist, d.h. auf eine solche Theorie, in der die Mängel der vorhergehenden beseitigt sind.[30] Diese Widerlegung von Spinozas Substanzontologie hat Hegel seiner eigenen Überzeugung nach in der in der Wesenslogik enthaltenen Exposition der Substanz durchgeführt, und zwar als „Enthüllung der Substanz", die *„Genesis des Begriffs"* ist.[31] Die Exposition der Kategorie der Substanz überführte „zum Begriffe", und diese Überführung der Substanz zum Begriffe sei „die einzige und wahrhafte Widerlegung des Spinozismus."[32] Das, was Hegel mit diesen Worten meint, kann man so zusammenfassen: Die Behandlung der Substanz in der Wesenslogik hat zu der Einsicht geführt, dass Substanz „ebensosehr" auch als Begriff aufgefasst werden muss. Die Spinozanische Substanzontologie ist widerlegt, weil sie auf dem Standpunkt der Substanz *als Substanz* stehengeblieben ist und sie „ebensosehr auch" nicht als Begriff aufgefasst hat. Jetzt kommt es darauf an, was Hegel mit dem Terminus „Begriff" meint.

Aus dem Vorhergehenden ist deutlich, dass Begriff hier mit dem immanenten reflexiven Prozess zu tun haben muss. Denn der sachliche Mangel von Spinozas Ontologie bestand, wie gezeigt, für Hegel darin, die Substanz als Entität aufgefasst zu haben, die gerade nicht über den immanenten reflexiven Prozess verfügt. Jetzt erklärt sie Hegel für widerlegt, weil sie von diesem

---

    F. Hegel am Beispiel des Fürsichseins, in: *Hegels Seinslogik. Interpretationen und Perspektiven*, hrsg. v. Arndt, Andreas, Iber, Christian. (Hrsg.), Berlin 2000, S. 215–234.

29 Hegel, *Wissenschaft der Logik II*, S. 200.
30 Ebd. S. 250.
31 Ebd., S. 251. Hvh. v. Hegel. Diese „Genesis des Begriffs" verfolgt im Einzelnen Birgit Sandkaulen. Vgl. Sandkaulen, *Ontologie der Substanz*.
32 Hegel, *Wissenschaft der Logik II*, S. 200.

Mangel her selber auf eine andere Theorie verweist, welche die Substanz mit diesem immanenten Prozess ausstattet. In der analysierten Anmerkung war diese verbesserte Ontologie die Leibnizsche Monadenlehre. Hegel macht den Leser allerdings auf sein Verfahren in der ganzen Wesenslogik aufmerksam, das notwendigerweise zum Begriff gelangt und damit zur subjektiven Logik überführt. Es ist in diesem Zusammenhang ein wichtiger Hinweis, dass die Begriffslogik als subjektive Logik bezeichnet wird. Was soll damit gesagt sein? Soll man nicht gerade von diesem Hinweis ausgehen, wenn man verstehen will, was Hegel mit dem „Begriff" meint?

Wie in der Phänomenologie des Geistes[33] verbindet Hegel auch hier den Begriff des Begriffs mit dem Begriff der Freiheit:

> Indem sie [sc. die Substanz] durch das Moment der absoluten Negativität *sich setzt*, wird sie *manifestierte* oder *gesetzte Identität* und damit *Freiheit*, welche die Identität des Begriffs ist.[34]

Die Substanz setzt sich selbst und kraft dieses Aktes wird ihre Identität etwas für sie. Ihre Identität wird damit zu einer gesetzten oder manifestierten, d.h. die Substanz ist jetzt nicht nur identisch, sondern *sie weiß, dass* sie identisch ist. Sichselbstsetzen der Substanz ist allerdings vermittelt durch das Setzen von etwas anderem, das in dem Kontext der Substanzontologie ein Modus der Substanz war. Der Modus wird dadurch zu etwas Gesetztem, seine Andersheit gegenüber der Substanz wird damit aufgehoben und sie ist „somit in ihrem Anderen schlechthin nur als identisch mit sich gesetzt."[35] Dieser Zusammenhang war oben bereits besprochen worden als der Unterschied zwischen dem „Sichselbstgleich*sein*" und „Sichselbstgleich*setzen*". Was hat es aber mit der Freiheit und mit dem Begriff zu tun?

Hegel begründet zunächst die Verwendung des Ausdrucks „Freiheit" mit dem Hinweis darauf, dass mit dem erwähnten durch Negation vermittelten Wissen der Substanz von ihrer Identität die Notwendigkeit dieser Identität aufgehoben ist.[36] Die Identität der Substanz ist jetzt ihr eigenes Gesetztsein. Sie bezieht sich jetzt auf sich selbst und weiß dies auch. Und dieses Wissen von der eigenen Identität ist die Identität des Begriffs. Wie ist das zu verstehen?

---

33   Vgl. Hegel, *Phänomenologie des Geistes*, S. 156.
34   Ebd., S. 251. Hvh. v. Hegel.
35   Ebd.
36   Ebd.

Hegel zeigt zunächst, dass er sich durchaus dessen bewusst ist, dass diese Bestimmung des Begriffs des Begriffs nicht ganz gewöhnlich ist.[37] Dann macht er eine Bemerkung, die das Verständnis der von ihm vorgelegten Auffassung des Begriffs erleichtern soll:

> Der Begriff, insofern er zu einer solchen *Existenz* gediehen ist, welche selbst frei ist, ist nichts anderes als *Ich* oder das reine Selbstbewusstsein. Ich *habe* wohl Begriffe, d.h. bestimmte Begriffe; aber *Ich ist der reine Begriff selbst*, der als Begriff zum *Dasein* gekommen ist.[38]

Selbst dann, wenn Hegel selber nicht auf Kant verwiese, wäre ohnehin klar, dass er sich mit diesen Worten auf Kants Projekt einer Transzendentalphilosophie bezieht. Denn Kant hat das reine Selbstbewusstsein oder die ursprüngliche Apperzeption als das Bewusstsein der Identität und als „Vehikel" aller Vorstellungen, d.h. auch der Begriffe und auch der Kategorien aufgefasst. Insofern kann man sagen, dass die ursprüngliche Apperzeption der Begriff aller Begriffe oder der Begriff überhaupt ist. Und dies auch in dem Sinne, dass ihre Identität die Einheit der Synthesis garantiert und als solche in allen Begriffen enthalten ist, denn Kants Definition des Objekts, auf die Hegel ausdrücklich eingeht, besagt, dass das Objekt dasjenige ist, *in dessen Begriff* das Mannigfaltige einer gegebenen Anschauung vereinigt ist.

Für die vorgelegte Interpretation ist nun entscheidend, dass Hegel selber den Leser auf den Kantischen Begriff der ursprünglichen Einheit der Apperzeption aufmerksam macht:

> Es gehört zu den tiefsten und richtigsten Einsichten, die sich in der Kritik der Vernunft finden, dass die *Einheit*, die das *Wesen des Begriffs* ausmacht, als die *ursprünglich-synthetische* Einheit der *Apperzeption*, als Einheit des *„Ich denke"* oder des Selbstbewusstseins erkannt wird"[39]

Wie auch immer und mit welchen Gründen auch immer Kant von Hegel kritisiert wird, so handelt sich bei dem Begriff der ursprünglichen Einheit der Apperzeption um seine positive Übernahme in den Kontext der Wissenschaft der Logik. Denn im Unterschied zu dem Leibnizschen Begriff der Apperzeption, der allein im Kontext von Hegels Spinoza-Kritik in einer Anmerkung

---

37   Vgl. ebd., S. 252.
38   Ebd., S. 253. Hvh. v. Hegel.
39   Ebd., S. 254. Hvh. v. Hegel.

auftritt, wird Kants Apperzeptionsbegriff an der ganz zentralen Stelle der subjektiven Logik, nämlich im Rahmen der Erklärung des Begriffs des Begriffs erwähnt. Das ist auch der Grund, warum Hegel die Begriffslogik als subjektive Logik bezeichnet. Denn das, was das Wesen des Begriffs bedeutet, ist das reine Ich, das reine Selbstbewusstsein oder die reine Subjektivität. Der Standpunkt der subjektiven Logik, zu dem die Entwicklung der Wesenslogik geführt hat, ist „die Form des *Absoluten*, welche [...] der *Begriff* ist."[40] Dass Substanz ebensosehr als Subjekt aufgefasst werden muss, bedeutet also, dass sie als der Begriff aufgefasst werden muss, nämlich als das reine Ich, das durch die immanente Reflexion-in-sich alle Andersheit aufhebt und damit „in ihrem Anderen schlechthin nur als identisch mit sich gesetzt ist." Erst dann ist die Substanz als Geist aufgefasst. Das ist allerdings in dem Kantischen Apperzeptionsbegriff gar nicht gedacht worden, sondern stellt Hegels nur auf den ersten Blick paradoxen Versuch dar, mit Hilfe des Kantischen Apperzeptionsbegriffs die Metaphysik zu erneuern.

Das Absolute sollte, so Hegels Satz aus der Vorrede zur Phänomenologie des Geistes, nicht nur als Substanz, sondern „ebensosehr" als Subjekt aufgefasst werden. Der Hegelsche Übergang von der Wesenslogik zur Begriffslogik lässt sich als Übergang von der Substanz zum Subjekt nun so zusammenfassen: Zunächst wird am Ende der Wesenslogik aufgezeigt, dass das Absolute Substanz ist, weil es aller Wirklichkeit zugrunde liegt. Diese Substanz ist aber Subjekt, weil sie grundsätzlich den Charakter der Reflexion-in-sich hat. Und diese Einsicht in den Grundcharakter der Substanz, auch Subjekt zu sein, macht den Auftakt der subjektiven Logik aus. Auf diese Weise hat Hegel eine Synthese der Spinozanischen Substanztheorie mit der Kantischen transzendentallogischen Apperzeptionstheorie erreicht.

Dieter Henrich interpretierte die Hegelsche These, dass Substanz auch als Subjekt aufgefasst werden muss, durch einen Hinweis auf die Grundbedingung des Wissens von der Welt. Sie besteht darin, dass selbst „die Form der Welt impliziert, dass ihr Prozess zum Wissen von ihr führt."[41] Zu dieser richtigen Diagnose kann hinzugefügt werden, dass der Prozess der Entwicklung der Form der Welt, also der Prozess der Entwicklung der Substanz der Welt, so ist es wohl von Henrich gemeint, deswegen von sich selbst aus zum Wissen von diesem Prozess führt, weil diese Substanz von vornherein auch Subjekt, d.h. eine apperzeptive Entität ist, so dass der Prozess der Entwicklung der Welt zugleich der Prozess der Entwicklung des Wissens der

---

40 Ebd., S. 263. Hvh. v. Hegel.
41 Vgl. Henrich, *Kant und Hegel*, S. 205.

Substanz von der Welt und von sich selbst ist. Und dies nicht eingesehen zu haben und auf dem Standpunkt der Substanz als Substanz stehengeblieben zu sein, ist in der systematischen Perspektive der Grundmangel der Spinozanischen Ontologie.

Die Freiheit als solche
Hegels Begriff von Freiheit und die Logik des Begriffs

Ermylos Plevrakis

1   Einleitung

Bekanntlich spricht Hegel von Freiheit an vielen und inhaltlich sehr verschiedenen Stellen seines Werkes. Das setzt ein klares Zeichen dafür, dass Freiheit nicht nur ein, sondern *das* Anliegen Hegelschen Philosophierens ist.[1] Entschließt man sich jedoch dazu, Hegels Verständnis von Freiheit eigens zu untersuchen, ist man schnell mit dem Paradox konfrontiert, dass Hegel von der Freiheit in aller Regel im Rahmen der Erklärung *anderer* Begriffe und in ausdrücklichem Bezug auf diese spricht. Bei einer Deutung von Freiheit *tout court* oder *als solcher* hingegen hat es, wer diesen Begriff Hegels genauer verstehen will, weitgehend mit situativen, thetischen, gar kryptischen und im systematischen Kontext schwer zu verortenden Formulierungen zu tun.[2]

---

1   Bezeichnend ist dabei der treffende Titel von K. Viewegs voluminöser Hegel-Biographie: Vieweg, Klaus, *Hegel. Der Philosoph der Freiheit. Biographie*, München 2019.
2   So registriert z.B. H. F. Fulda im Hinblick allein auf den dritten Band der *Wissenschaft der Logik* elf Bestimmungen des Begriffs als des exemplarisch Freien, die „singulär" und „nur von Hegel aufgedeckt" wurden (Fulda, Hans Friedrich, *Der eine Begriff als das Freie und die Manifestationen der Freiheit des Geistes*, in: Koch, Anton Friedrich; Schick, Friedrike; Vieweg, Klaus und Wirsing, Claudia (Hrsg.), *Hegel – 200 Jahre Wissenschaft der Logik*, Hamburg 2014, S. 15–40 (S. 23f.), und unternimmt erst auf dieser rein logischen Grundlage eine Interpretation der Freiheit des Geistes. Verzichtet man hingegen lieber auf die Auseinandersetzung mit solch zugegebenermaßen nicht leicht zu erschließender rein logischer Grundlage, so wird der philosophiehistorisch vermittelte Zugang in die jeweilige systematische Problematik Hegelscher Philosophie für gewöhnlich als eine attraktive Alternative angesehen. Man kann sich beispielsweise an die alte Polarisierung zwischen Links und Rechts anknüpfen, für den Linkshegelianismus Partei ergreifen, von allem metaphysisch Berüchtigten (die *Logik* inklusive) im Hegelschen Korpus absehen und Hegels Freiheitsgedanken sowie seine gesamte Philosophie von seiner Sittlichkeitsphilosophie her deuten – so etwa Menke, Christoph, *Autonomie und Befreiung. Studien zu Hegel*, Berlin 2018 im direkten Anschluss an Pippin, Robert B., *Hegel's Practical Philosophy. Rational Agency as Ethical Life*, Cambridge 2008. Menkes Programm umfasst zudem den „Schritt über den Linkshegelianismus hinaus", der „auch als eine Rückkehr zu Hegel verstanden werden" könne. Das sei der Schritt zu „einem (‚materialistischen' oder ‚genealogischen') Verständnis des Werdens der Autonomie", welcher, wie Menke anmerkt, nicht Hegels eigener, sondern bezeichnenderweise „der gemeinsame Schritt von Marx, Nietzsche und Freud" sei (Menke, *Autonomie und Befreiung*, S. 22).

Denn anders als bei den meisten zentralen Begriffen der spekulativen Philosophie wie beispielsweise ‚Begriff', ‚absolute Idee', ‚Denken' und ‚Sein', die jeweils in einem entsprechend betitelten Kapitel eigens und systematisch exponiert werden, fällt auf, dass weder die *Phänomenologie des Geistes* noch die *Wissenschaft der Logik*, die *Enzyklopädie der philosophischen Wissenschaften* oder die *Grundlinien der Philosophie des Rechts* ein Kapitel beinhalten, das schlicht und explizit der Freiheit gewidmet ist, und von welchem her alle Rede von Freiheit im reifen Werk Hegels einheitlich zu verstehen wäre. Der enzyklopädische Unterabschnitt etwa über „den freien Geist" am Ende der Abhandlung vom den subjektiven Geist (Enz. §§ 481f.)[3] oder Ausführungen über die „Freiheit des Willens" (GPR § 4 A), gar über „das Reich der verwirklichten Freiheit" (GPR § 4), eignen sich nicht für die grundsätzliche Begriffserklärung von Freiheit. Denn sie handeln eben vom freien *Geist*, von der Freiheit *des Willens* und der *verwirklichten* Freiheit, wodurch Freiheit in Verbindung jeweils mit Geist, Willen und Wirklichkeit gebracht wird, ohne dass sie zuvor eigens erläutert worden wäre.[4] Solche Ausführungen erweisen sich als wenig erhellend oder sogar missverständlich und irreführend, möchte man diesen Grundbegriff spekulativer Philosophie *als solchen* und mit ihm die gesamte spekulative Philosophie Hegels verstehen.[5]

---

3 Die Hegelschen Werke zitiere ich nach der historisch-kritischen Edition der *Gesammelten Werke*. Dabei verwende ich folgende Abkürzungen: BL: *Die Lehre vom Begriff*; Enz.: *Enzyklopädie* (1830), zudem steht ‚A' für ‚Anmerkung' und ‚Z' für ‚Zusatz', wobei ich für Letzteren ausnahmsweise die TWA nutze; GPR: *Rechtsphilosophie*; PhG: *Phänomenologie*; SL: *Die Lehre vom Sein* (1832); WL: *Die Lehre vom Wesen*. Bei BL, SL und WL verweise ich in aller Regel auf Seite und Zeile.

4 In der *Phänomenologie* taucht ‚Freiheit' in der Überschrift zweier Abschnitte auf: *Freyheit des Selbstbewußtseyns; Stoicismus, Skepticismus, und das unglückliche Bewußtseyn* sowie *Die absolute Freyheit und der Schrecken*. Aber auch hier geht es offenbar nicht um die Freiheit als solche, sondern um die Freiheit *des Selbstbewusstseins* und die Freiheit als eine „neue Gestalt des Bewußtseyns" (PhG: 316) bzw. *in Bezug auf* den Schrecken.

5 Entsprechend bemerkt Fulda, die Hegelsche *Philosophie des Geistes* überblickend: „Ganz generell fällt an Hegels enzyklopädischer Geistphilosophie auf, dass darin anlässlich der zahlreichen Verwendungen des Ausdrucks ‚Freiheit' die allgemeine Bedeutung dieses Ausdrucks fast nie erläutert wird, der Ausdruck selbst jedoch niemals auf eine Weise gebraucht ist, welche sich mit der Freiheitsbestimmung in der anfänglichen Exposition des Geistbegriffs nicht verträgt. Man hat also guten Grund anzunehmen, dass der Bedeutungskern, welchen der Ausdruck in all diesen Verwendungen enthält, derselbe bleibt wie derjenige, welchen schon die *Logik* am einen Begriff als dem exemplarisch Freien aufdeckte: die komplexe Bedeutung ‚Beisichselbst-sein (und -bleiben) im (sich) Anders-werden und Anders-sein sowie in entsprechendem Anderen'. (Fulda, *Der eine Begriff als das Freie und die Manifestationen der Freiheit des Geistes*, S. 31) In einer Fußnote registriert Fulda die wenigen Stellen, die die ‚allgemeine Bedeutung' des Ausdrucks Freiheit doch erläutern, die aber, wie er dort ebenfalls hervorhebt, „charakteristischerweise jeweils in Anmerkungen zum Haupttext" zu finden sind

Diese Lücke lässt sich auch nicht durch den Rückgriff auf die diversen umfangreichen, zum Teil tatsächlich sehr aussagekräftigen Bemerkungen zur Freiheit in verschiedenen *Einleitungen* und *Anmerkungen* im Hegelschen Korpus füllen. Denn Einleitungen und sonstige Anmerkungen verfolgen nach Hegel grundsätzlich den Zweck, den jeweiligen Begriff „durch einige Erläuterungen und Reflexionen, in räsonierendem und historischem Sinne [...] der Vorstellung näher zu bringen" (SL: 27,26f.). Die vorhin zitierten Bemerkungen aus der Einleitung in die *Grundlinien der Philosophie des Rechts* können daher bestenfalls hilfreich sein; sie erheben aber ausdrücklich nicht den Anspruch, den *Haupttext* und die *systematische Exposition* des Begriffs von Freiheit zu ersetzen, sondern umgekehrt setzen sie sie voraus. Einleitende Bemerkungen können die Freiheit veranschaulichen oder gar populär zugänglich machen – und genau in diesem Sinne sollten sie auch interpretatorisch behandelt werden. Die system-immanente Kontextualisierung der ‚verwirklichten Freiheit' der *Grundlinien der Philosophie des Rechts* usw. erfolgt jedoch in erster Linie – vorausgesetzt, das Hegelsche System ist in seinen Grundzügen abgeschlossen und kohärent – ebenfalls systematisch, d.h. als integrales Moment spekulativ-dialektischen Verfahrens, also in der Form von Metaüberlegungen, die ungezwungen aus der spekulativ-dialektischen Theoriebildung entstehen und sie zugleich vorantreiben, nicht lediglich einleiten oder nebenbei illustrieren bzw. popularisieren.[6]

Was schließlich im Hinblick auf die exoterisch gerichteten Einleitungen und Anmerkungen gilt, gilt umso mehr für *Vorlesungen* und *Zusätze*, d.h. für Texte, die Hegel nicht selbst ediert oder für eine Veröffentlichung vorgesehen hat. Wie hilfreich, verständlich und wirkungsreich sie auch sind, dürfen sie das eigentliche Werk Hegels und die dort dargelegte Argumentation nicht ersetzen, sondern müssen umgekehrt von diesem her interpretiert werden.

Im Folgenden werde ich dafür argumentieren, dass der adäquateste Einstieg in die Freiheitsproblematik im Hegelschen Denken, der auch die besten Erfolgsaussichten auf eine umfassende Interpretation sowohl von Freiheit im Gesamtsystem Hegels als auch dieses Systems selbst hat, über die *Wissenschaft der Logik* erfolgt, genau genommen über den Abschluss der *Wesenslogik* und

---

(ebd.). Zum Status von Anmerkungen im Unterschied zum Haupttext s. hier den nächsten Absatz.

6 Zum Konzept immanenter Metaüberlegungen bzw. Selbstdeutung in der *Wissenschaft der Logik* vgl. Plevrakis, Ermylos, *Das Absolute und der Begriff. Zur Frage philosophischer Theologie in Hegels Wissenschaft der Logik*, Tübingen 2017, insbes. S. 212–216 und S. 369–376. Das vielleicht bekannteste Beispiel immanenter Metaüberlegungen über die gesamte spekulativ-dialektische Philosophie bei Hegel stellt das letzte Kapitel der *Wissenschaft der Logik* dar.

das erste Kapitel der *Begriffslogik*, das die Überschrift *Der Begriff* (in der *großen Logik*) bzw. *Der Begriff als solcher* (in der *kleinen*) trägt. Auf die Zusammenführung von Freiheit als solcher und Begriff als solchem will ich auch mit der Wendung ‚Logik des Begriffs' im Untertitel dieses Beitrags hinweisen, mit welcher hier in Abhebung von der ganzen *Begriffslogik* nur deren erstes Kapitel gemeint ist, welches, wie unten zu zeigen sein wird, das ‚Wie' und die logische Struktur des Begreifens überhaupt exponiert.[7]

Diese Zusammenführung mag überraschend scheinen[8], nicht zuletzt für jene Lesenden Hegels (und überhaupt), die daran gewöhnt sind, Freiheit als ein reales Phänomen zu betrachten – was sie sicherlich *auch*, aber nicht *nur* ist. Und auch in den soeben genannten Überschriften kommt ‚Freiheit' nicht vor. Doch Letzteres wird die kleineren interpretatorischen Schwierigkeiten bereiten. Denn im Haupttext des letzten Kapitels der *Wesenslogik* (sowohl der *großen* als auch der *kleinen Logik*) macht Hegel der Sache und dem Wortlaut nach unmissverständlich, dass es an jener Stelle um die Freiheit, und zwar zunächst um die Freiheit als solche geht. So wird der vorliegende Beitrag größten Teils bestrebt sein, die Begriffsbestimmung von Freiheit und deren

---

7 Auf die *Wissenschaft der Logik*, und zwar auf deren dritten Band hat in Bezug auf den genuin Hegelschen, der Geistphilosophie zugrundeliegenden Begriff von Freiheit, wie oben bereits in zwei Fußnoten notiert wurde, Fulda entschieden hingewiesen: „Für Hegel ist im Unterschied zu Kant und Fichte das *exemplarisch Freie* nicht ein rein praktisches Bewusstsein oder Selbstbewusstsein, das wir haben, und auch nicht dessen jeweiliges ‚Ich' und ‚Subjekt', welches zumindest jeder von uns ist, wer auch immer sonst noch es sein mag, oder aber nicht sein kann. Das ursprünglich und vor allem anderen Freie ist vielmehr der eine Begriff selbst, wie er sich einer *Wissenschaft der Logik* im unaufhaltsamen Überschreiten aller metaphysischen Grundbegriffe des Realen sowie Wirklichen konsequenterweise ergibt, nicht aber einer kurzschlüssigen, von der Reflexion aufs eigene ‚Ich' ausgehenden Abstraktion verdankt: der eine Begriff nämlich, dessen Abhandlung das ganze letzte der drei Bücher füllt, aus denen die Hegelsche *Logik* besteht." (Fulda, *Der eine Begriff als das Freie und die Manifestationen der Freiheit des Geistes*, S. 16) Diese Ansicht teile ich mit Fulda vollkommen. Nicht die nötige Sorgfalt hingegen schenkt Fulda in meinen Augen dem ersten Kapitel der *Begriffslogik* und den unmittelbar vorhergehenden enzyklopädischen Paragraphen. Fulda überspitzt die (sonst richtige) Beobachtung, dass Einiges über das Verhältnis von Begriff und *objektiver Logik* am Ende der *Wesenslogik* „im immanenten Fortgang" bzw. „verfahrensimmanent noch gar nicht behauptet werden" kann (a.a.O. S. 19). Doch von Begriff und Freiheit spricht Hegel am Ende der *Wesenslogik* wohl ‚verfahrensimmanent', nämlich, wie unten noch ausführlich gezeigt wird, im *Haupttext* sowohl der *kleinen* als auch der *großen Logik*. Dies hat wiederum systematische Konsequenzen für alle Entwicklungsstufen des Begriffs, allen voran für den Begriff *als solchen*, und nicht nur für die Entwicklungsstufe aus dem zweiten und dritten Abschnitt der *Begriffslogik*, worin Fuldas Fokus liegt.

8 Auch etwa J. Karásek in seinem Beitrag im vorliegenden Sammelband merkt (treffend) an, dass „diese Bestimmung des Begriffs des Begriffs" Hegels, nach welcher Begriff und Freiheit in unmittelbare Nähe aneinanderrücken, „nicht ganz gewöhnlich ist" (S. 130).

äußerst enge Zusammengehörigkeit mit dem Begriff nach Hegel auszuarbeiten.

Dabei ist es von zentraler Bedeutung, möglichst textnah zu verfahren, ohne jedoch den Hegelschen Text lediglich zu paraphrasieren, sondern in der Absicht, ihn argumentanalytisch zu rekonstruieren. Hegels Thesen und Argumente sollen außerdem in erster Linie im Hegelschen Haupttext gesucht werden. Anmerkungen, Zusätze und weitere einleitende Textstellen sind hingegen nur als Verstärkung der Hauptargumentantion des vorliegenden Beitrags hinzuzuziehen. Diese soll primär ohne solche Bezugnahmen kohärent nachvollziehbar sein.

So werde ich zunächst die allgemeine Begriffsbestimmung von Freiheit auf der Grundlage des vorletzten Paragrafen der enzyklopädischen *Wesenslogik* herausarbeiten (2). Sodann versuche ich im selben primärtextlichen Kontext zu plausibilisieren und zu erläutern, inwiefern diese Freiheitsbestimmung mit dem Begriff verknüpft ist (3). Im darauf folgenden Teil präzisiere ich die Begriffsbestimmung von Freiheit im direkten terminologischen Anschluss an den Begriff als solchen und eröffne die entsprechende interpretatorische Perspektive auf das Gesamtsystem Hegels (4). Abschließend weise ich auf einen grundsätzlichen Einwand hin, den ich den Verdacht der einseitigen Subjektivität nenne, und deute an, wie er mit Hegelschen Mitteln behoben werden könnte (5). Meine Hauptthese besagt: Freiheit *als solche* ist eine logische Struktur, die nicht wie ein Seiendes, sondern eben nur logisch besteht, und damit ein, besser gesagt *der* Begriff als solcher ist. Dies ist aber deshalb entscheidend im Hegelschen Kontext und insgesamt in Bezug auf alle menschliche Theorie und Praxis, weil Freiheit erst so (und nicht etwa vom Geist und der *Geistphilosophie* ausgehend) als prinzipiell uneingeschränkt aufgefasst werden kann, sodass von dort aus alle Realität, begriffliche und empirische, monistisch als verschiedene Instanziierungen der Freiheit begriffen werden kann.

2 Allgemeine Begriffsbestimmung von Freiheit

Als integrales Moment spekulativ-dialektischer Theoriebildung kommt ‚Freiheit' zum ersten Mal am Ende der *Wesenslogik* vor, und zwar im Abschluss des Unterkapitels über die Wechselwirkung. Der kurze, in der Forschung meistens vernachlässigte, aber für die gesamte Freiheitsproblematik außerordentlich gewichtige *Enzyklopädie*-Paragraph lautet:

> Diese *Wahrheit* der *Nothwendigkeit* ist somit die *Freiheit*, und die *Wahrheit* der *Substanz* ist der *Begriff*, – die Selbstständigkeit, welche das sich von sich Abstoßen in unterschiedene Selbstständige, als diß Abstoßen

identisch mit sich, und diese *bei sich selbst* bleibende Wechselbewegung nur *mit sich* ist.

Enz. § 158

Den Satz prägt Hegels eigentümliche syntaktische Fügung von Komma und Gedankenstrich („ –") gefolgt von einem Anakoluth. Mit diesem stilistischen Mittel, das dem heutigen Gebrauch des Doppelpunktes ähnelt, signalisiert Hegel stets einen performativen Taufakt oder, wie es hier der Fall zu sein scheint, die summierende begriffliche Festlegung des unmittelbar vorangegangenen Terminus, was sich vor dem Hintergrund des je bis dahin Gesagten quasi von selbst verstehen soll. Im jetzigen Kontext betrifft die summierende begriffliche Festlegung ‚Selbstständigkeit, welche …' die Prädikate *zweier* vorangegangener Urteile, die als syntaktisch bzw. im argumentativen Verlauf gleichwertig zu betrachten sind, da sie Hegel parataktisch, also *nicht* unterordnend, kausal oder durch sonstiges asymmetrisches Verhältnis miteinander verbindet. Die Grundstruktur von Enz. § 158 besteht daher in folgender Aussage: ‚Die Freiheit und der Begriff stehen für diejenige Selbstständigkeit, welche …'. Auf die Satzsubjekte der zwei nebengeordneten Urteile („Diese *Wahrheit* der *Nothwendigkeit*" und „die *Wahrheit* der *Substanz*"), auf die Verbindung von Enz. § 158 mit Enz. § 157 („somit") sowie auf den „*Begriff*" komme ich unten, im Teil III dieses Beitrags zu sprechen. Zunächst soll die allgemeine Begriffsbestimmung der Freiheit erfasst werden, wie sie in diesem Paragraphen, und zwar einmalig im Haupttext des Hegelschen Korpus, festgelegt wird.

Freiheit – und damit ist hier die Freiheit *als solche*, ohne jegliche Einschränkung gemeint – ist demnach eine *spezifische Selbstständigkeit*. Wohlgemerkt verwendet Hegel das Abstraktum ‚Selbstständigkeit' und spricht nicht von *etwas* Selbstständigem. Er weist somit grundsätzlich auf einen Zustand, Modus, Prozess, eine Struktur oder Tätigkeit und kein bestimmtes Seiendes, Dasein oder Ding hin. Nicht das je einzelne Selbstständige bzw. das als Einzelnes Bestehende oder das selbstständige Dasein, sondern das Selbstständig-Sein überhaupt qua allgemeiner Zustand, Struktur und Art und Weise steht hier im Mittelpunkt. Solche ‚Selbstständigkeit' spezifiziert Hegel dann dreifach, wobei jede weitere Spezifikation auf die vorangegangenen logisch aufbaut.

Die benannte Selbstständigkeit ist (i) „das sich von sich Abstoßen in unterschiedene Selbstständige". Konsequenterweise greift Hegel auch hier nicht auf ein Konkretum, sondern auf einen substantivierten Infinitiv: Spezifiziert wird die Selbstständigkeit nicht als ein bloßer, einmaliger *Abstoß*, sondern genau als der *Prozess* des Abstoßens. Näherhin verwendet Hegel die reflexive (nicht die transitive) Form des Verbs (‚das *sich* von sich Abstoßen') und markiert somit einen rückbezogenen, spontanen Prozess: das *Sich*-Abstoßen, das eben durch sich selbst und nicht durch etwas dem Prozess selbst nicht Angehörenden ausgelöst wird. Auffällig ist ferner, dass Hegel meidet, ein *subiectum* für diesen Prozess zu nennen. Er bewegt sich somit unbeirrt sprachlich-grammatikalisch auf der Ebene der Abstraktion und philosophisch-inhaltlich auf der des rein Logischen, die logische Strukturen begreift und nicht aus Erfahrung bekanntes Seiendes thematisiert.

Nichtsdestoweniger impliziert Sich-*Abstoßen* einen gewissen Unterschied und eine gewisse Veränderung hinsichtlich der Stoßrichtung im Rahmen dieses Prozesses, was den (spontanen und rückbezogenen) Prozess des Sich-Abstoßens zusätzlich als einen in sich geordneten qualifiziert. Dies formuliert Hegel mit zwei weiteren präpositionalen Fügungen: „von sich [...] in unterschiedene Selbstständige", wobei er nun doch auf etwas Seiendes („unterschiedene Selbstständige") im Unterschied zum Prozess oder Zustand der Selbstständigkeit hinweist. Bemerkenswerterweise ist es also im (vermutlich subjektlosen) reflexiven Prozess der Selbstständigkeit qua Sich-Abstoßen von sich das Andere der Selbstständigkeit, das Selbstständige oder gar mehrere Selbstständige, wodurch die Ordnung und Konkretion der Selbstständigkeit kenntlich gemacht werden.

Doch betont Hegel gleich, dass die so („als diß Abstoßen") spezifizierte Selbstständigkeit (ii) „identisch mit sich" bleibt. Es ist nicht so, dass die Freiheit qua Selbstständigkeit schlicht in etwas anderes übergeht, zu etwas Selbstständigem wird oder sich in eine Vielheit von ‚unterschiedenen Selbstständigen' verliert. Der Prozess des Sich-Abstoßens ist kein einmaliger mechanischer Vorgang und ist auch nicht beendet, sobald es – wofür auch immer ‚Es' stehen könnte – sich ‚in unterschiedene Selbstständige' abgestoßen hat. Vielmehr stellt solches Sich-Abstoßen die eigentümliche Seinsweise der Selbstständigkeit qua Freiheit dar: eine immerwährende Tätigkeit, die durch, in und dank ihrer Ausführung „mit sich identisch" ist, d.h., dadurch genau das wird, was sie an sich ist. Das vermeintliche *subiectum* des Sich-Abstoßens ist nicht ohne weiteres selbstständig, etwa als ein Seiendes. Vielmehr *wird* es dies paradoxerweise, *indem* es sich von sich abstößt.[9]

---

[9] Der Gedanke einer prozesshaften Seinsweise in ausdrücklicher Abhebung vom einfach Seienden mag, wie auch bereits die Unterscheidung zwischen Selbstständigkeit und Selbstständigem, künstlich anmuten, hat aber eine lange philosophische Tradition. Ohne die Spur aufzunehmen und Hegels Pointe in philosophiehistorischer Hinsicht vertiefen zu wollen, verweise ich an dieser Stelle auf das Aristotelische Konzept der ἐνέργεια, also des Zustands einer Tätigkeit, die in ihrer Ausführung bei sich bleibt – fast wortwörtlich mit ‚Wirklichkeit' oder treffend auch mit ‚Selbstbetätigung' übersetzt. Für das Selbstständige hingegen, das als Seiendes ohne den Aspekt der Tätigkeit oder des Wirkens bestehen soll, hatte Aristoteles den Ausdruck τόδε τι verwendet.

Paradoxer noch: Das vermeintliche *subiectum* des Sich-Abstoßens und die Selbstständigkeit qua Sich-Abstoßen werden, was sie sind („identisch mit sich"), indem sie sich *in ihr Anderes* abstoßen. Ihr Anderes ist also konstitutiv für die eigene Identität, und zwar nicht als ein externer Bezugspunkt und Einflussfaktor, sondern als Moment des Prozesses eigener Selbstbetätigung oder Setzung bzw. Selbstaktualisierung.

Die nähere Bestimmung jenes Anderen ist es schließlich, worin die Pointe der letzten Spezifizierung der Selbstständigkeit liegt. Denn Hegel hebt nun (iii) hervor, dass die anvisierte Selbstständigkeit als „diese *bei sich selbst* bleibende Wechselbewegung" – wie sie im Wesentlichen bereits durch (i) und (ii) spezifiziert wurde – eine Wechselbewegung „nur *mit sich* ist". Das Andere also, welches in § 158 um der Konkretisierung der Selbstständigkeit willen angenommen werden muss, ist kein wirklich Anderes, sondern lediglich Moment des übergreifenden Prozesses. Die ‚unterschiedenen Selbstständigen' *scheinen* nur selbstständig zu sein, im Grunde handelt es sich aber nur um die *eine* Selbstständigkeit, die qua Wechselbewegung allein mit sich nichts Äußeres bewegt oder von nichts Äußerem bewegt wird, sondern lediglich das *Sich-Abstoßen von sich in sich* ist. Ordnung und Konkretion hat die Selbstständigkeit also durch sich, indem sie sich dem Schein nach von sich unterscheidet und eine Bewegung und Tätigkeit vollzieht, wohl aber wesentlich mit sich identisch bleibt.

Zusammengefasst lautet die bisher ausgearbeitete Begriffsbestimmung von Freiheit wie folgt: Freiheit ist die Art und Weise derjenigen hochspezifischen Selbstständigkeit, die keine starre ist, sondern sich selbst aktualisiert, und zwar so, dass sie sich als ganze in etwas scheinbar von ihr Unterschiedenes und Selbstständiges abstößt, dabei aber stets in Wechselbewegung nur mit sich bleibt. Freiheit ist, anders gewendet, die Art und Weise konkreter Selbstaktualisierung vermittelst eines Anderen, das jedoch als Moment in der übergreifenden Identität mit sich eingeschlossen ist.

Eventuell mag dies noch abstrakt und wenig erhellend klingen. Nichtsdestoweniger ist es genau diese Begriffsbestimmung von der Freiheit überhaupt, die Hegel sporadisch an verschiedenen sekundären Stellen in weniger verschachtelten (als § 158) und dem heutigen Leser vertrauteren Formulierungen angibt. Im zweiten *Zusatz* zu Enz. § 24 heißt es beispielsweise:

> [...] denn die Freiheit ist eben dies, in seinem Anderen bei sich selbst zu sein, von sich abzuhängen, das Bestimmende seiner selbst zu sein.[10]

---

10 T. Khurana z.B. sieht in dieser Formulierung „die grundlegende Bestimmung von Freiheit" und behandelt sie als die „Grundformel", anhand derer er wichtige Hegelsche Ansichten

Man merke dabei im Einklang mit dem soeben Ausgearbeiteten unter anderem die subjektlose Infinitivkonstruktion (Hinweis auf eine allgemeine Art und Weise), Prozessualität (statt Starrheit), Rückbezogenheit (Aspekt der Spontaneität) und Mangel eines wirklich Anderen.

Wichtige weitere Akzentuierungen und den entscheidenden Anstoß für die nähere Begriffsbestimmung von Freiheit gibt ferner die erste Hälfte von § 158, die die Freiheit im gesamtlogischen Prozess verortet.

3   Die logische Verknüpfung von Freiheit und Begriff

Mit dem Demonstrativpronomen („Diese") und dem Adverb („somit") gleich zu Beginn von Enz. § 158 macht Hegel deutlich, dass, was soeben (in Teil II) erarbeitet wurde, in logischem Anschluss an § 157 zu verstehen ist. Letzterer handelt vom „rcine[n] Wechsel mit sich selbst", was wiederum die konsequente begriffliche Weiterbestimmung des unmittelbar vorhergehenden genuin wesenslogischen Gedankens darstellt, namentlich der Wechselwirkung. Bedeutet nun Wechselwirkung die Interaktion *zweier* Substanzen, die *an sich* identisch sind (vgl. Enz. § 155) und durch diese Interaktion ihre Identität auch *für sich* setzen (vgl. Enz. § 156), so statuiert nun § 157 das monistische Konzept *einer einzigen* Substanz, die ‚rein' ist und sich in Wechsel nur *mit sich selbst* befindet. Oder in der Formulierung von § 157, die allgemeine Begriffsbestimmung von Freiheit vorwegnehmend: Beim reinen Wechsel mit sich selbst handelt es sich um die „Selbstständigkeit" ausdrücklich nicht als ein starres Daseiendes, sondern als „die unendliche *negative Beziehung auf sich*", wobei nicht zuletzt ‚unendlich' prozessual im Sinne wahrhafter Unendlichkeit zu verstehen ist, d.h. als das Zusammengehen von Etwas „nur *mit sich selbst*" „in seinem Übergehen in [scheinbar] Anderes" (Enz. § 95).

---

herausarbeitet, wie etwa dass Hegel im Gegensatz zu Kant „Freiheit nicht primär durch die Figur einer ursprünglichen Verursachung, sondern als ein besonderes Selbst- und Weltverhältnis" denkt (Khurana, Thomas, *Das Leben der Freiheit. Form und Wirklichkeit der Autonomie*, Berlin 2017, S. 282; S. 289; S. 287). Stellt er sich aber die Frage „Wie aber gelangt Hegel zu der Formel von Bei-sich-selbst-sein-im-Anderen?", so bleibt er dem *geistigen* Standpunkt verpflichtet, den er primär mit Rekurs auf die die *Rechtsphilosophie* einleitenden GRP §§ 4ff. erläutert: „Der Ausgangspunkt in der Erläuterung der Freiheit ist auch bei Hegel durchaus noch der Wille" (a.a.O. S. 283). Dadurch wirkt aber die genannte ‚Grundformel' im Hinblick auf ihre systematische Legitimation bei Khurana in der Tat noch formelhaft, zumal er in seiner aufschlussreichen Studie des Öfteren auf die Hegelsche *Logik* beziehen muss (unter anderem auf die logischen Bestimmungen von Notwendigkeit, äußerer und innerer Zweckmäßigkeit, Leben und Erkennen).

Doch Enz. § 157 enthält mehr als das. Im ersten Satz des Paragraphen wird der reine Wechsel mit sich selbst als „die *enthüllte* oder *gesetzte Nothwendigkeit*" charakterisiert. Im zweiten Satz erfolgt der Kontrast zur „Nothwendigkeit als solcher". Und der dritte Satz beginnt mit einer Bemerkung über den „Verlauf der Substanz durch die Kausalität und Wechselwirkung". Im Zentrum des argumentativen Aufbaus von § 157 und „somit" auch für § 158 und die allgemeine Begriffsbestimmung von Freiheit liegt also der *Rückblick* einerseits auf den Vorspann zum enzyklopädischen Abschnitt C. *Die Wirklichkeit* (Enz. §§ 142-149), der von Notwendigkeit handelt, andererseits auf die einzelnen Kapitel dieses Abschnittes, die sich sukzessive dem Substantialitätsverhältnis, dem Kausalitätsverhältnis und der Wechselwirkung widmen (Enz. §§ 150-156). Der Rückbezug auf einerseits Notwendigkeit, andererseits Substanz erfolgt sogar (in derselben Reihenfolge) auch in den beiden ersten Urteilen von § 158. Interessant sind aber solche Verweise auf im logischen Verlauf bereits Vollzogenes, weil sie den *unmittelbaren* logischen Verlauf unterbrechen[11], um Metaüberlegungen über die Bestimmung von logisch Vergangenem (Notwendigkeit, Substanz usw.) anzustellen und das neu Hervorgegangene (den reinen Wechsel mit sich selbst) im weiteren Kontext und Zusammenhang mit Vergangenem zu erläutern. Der reine Wechsel mit sich selbst wird also in § 157 zwar als die konsequente begriffliche Weiterbestimmung der Wechselwirkung *eingeführt*, dann aber *weiter* in Bezug auf den gesamten letzten Abschnitt der *Wesenslogik* betrachtet.

Meine These ist, dass dieser Rückblick nicht exkursartig erfolgt – er gehört ja zum knappen *Haupt*text von §§ 157f. –, sondern unverzichtbar für die logisch legitimierte Bezeichnung bzw. Benennung des letzten Ergebnisses der *Wesenslogik* ist, womit dann die *Begriffslogik* eröffnet wird. Und hier kommt die Beobachtung zum Tragen, dass § 158 mit zwei parataktisch miteinander verbundenen Urteilen beginnt, die je verschiedene Satzsubjekte („Diese *Wahrheit* der *Nothwendigkeit*", „die *Wahrheit* der *Substanz*") und Prädikate („*Freiheit*", „*Begriff*") haben und in einer *gemeinsamen* summierenden begrifflichen Festlegung („die Selbstständigkeit, welche ...") zusammengefasst

---

11 Diese ‚Anomalie' im argumentativen Verlauf im Abschluss der *Wesenslogik* ist noch auffälliger, wenn man dem älteren Aufbau der *großen Logik* folgt. Dort, in den entscheidenden dritt- und vorletzten Absätzen der *Wesenslogik* (WL: 408,18–409,13) skizziert Hegel mit reichlichen Hinweisen auf Kausalität, wie sich Notwendigkeit „enthüllt", „zur *Freyheit* erhoben ist" oder wie auch umgekehrt „*Zufälligkeit* zur *Freyheit*" wird. Notwendigkeit und Zufälligkeit gehören aber in der *großen Logik* einem bestimmten Kapitel der *Wesenslogik* an, nämlich dem vorletzten, und werden dadurch systematisch vom Inhalt nicht nur des letzten Kapitels sondern auch des ganzen entsprechenden Abschnittes und des Vorspannes zu ihm unterschieden.

werden: Freiheit und Begriff sind, so schlage ich vor, logisch-inhaltlich äquivalent, gar austauschbar, jedoch je anders akzentuiert hinsichtlich des jeweiligen logischen Betrachtungsstandpunkts. Beide stehen gleichermaßen für die oben dargelegte Selbstständigkeit. Ob diese hochspezifische Selbstständigkeit aber als ‚Freiheit' oder ‚Begriff' bezeichnet wird, hängt davon ab, ob jeweils ihr Verhältnis zur Notwendigkeit oder zur Substanz (Kausalität und Wechselwirkung) in den Vordergrund treten soll.

Stets geht es also um die Art und Weise, wie sich Selbstständigkeit vermittelst eines scheinbar Anderen aktualisiert. Die Bezeichnung derselben Selbstständigkeit als *Freiheit* aber hebt hervor, dass diese Art und Weise keine zufällige oder willkürliche ist, sondern eine *notwendige* – da sie eine in sich logische Struktur aufweist –, und zwar eine *wahrhaft* notwendige – da diese Struktur auf kein wirklich Anderes (z.B. auf äußere Bedingungen, vgl. Enz. § 147) angewiesen ist oder „die Form *selbstständiger Wirklicher*" hat (Enz. § 148), sondern eine „*enthüllte* oder *gesetzte*" ist, d.h. eine *sich* transparente und *sich* aktualisierende, keine „noch *innere* und verborgene", sich *noch* anhand von Anderem zu konkretisierende (Enz. § 157). Die Bezeichnung der besagten Selbstständigkeit als *Begriff* ferner hebt hervor, dass diese Art und Weise in ausdrücklicher Abhebung von Substanz, Ursächlichkeit und Wechselwirkung aufzufassen ist, d.h. ohne jegliche Dinghaftigkeit, als reine Reflexivität und Selbstbezüglichkeit. Oder umgekehrt formuliert: Freiheit ist die Art und Weise, wie sich etwas vermittelst eines scheinbar Anderen aktualisiert, als die wahrhafte (erkannte und immanent bei sich wirkende) Notwendigkeit erkannt. Der Begriff ist dieselbe Art und Weise, eben als *reine* Art und Weise, nur gedanklich aufgefasst und nicht substanz-metaphysisch oder ontologisch gesetzt.

Für solch logisch-inhaltliche Deckungsgleichheit von Freiheit und Begriff spricht eine Reihe von Stellen im Hegelschen Werk. Etwa in der Anmerkung zum darauf folgenden *Enzyklopädie*-Paragraphen werden Freiheit und Begriff dreimal im selben Atemzug angeführt.[12] Im Vorspann zur *Begriffslogik* präponiert Hegel der Zusammenfassung des logischen Verlaufs von der Substanz zum Begriff die gewichtige Bemerkung, dass sich „die *Freyheit* als die *Wahrheit der Nothwendigkeit* und als die *Verhaltnißweise des Begriffs*" zeigt

---

12 Davon zweimal in parataktischer Verbindung: „[...], welche Identität die Freiheit und den Begriff ausmacht." „Der Übergang von der Notwendigkeit zur Freiheit oder vom Wirklichen in den Begriff [...]" (Enz. § 159 A). Und einmal in explizitem Identitätsverhältnis aufgefasst: „aber der Begriff selbst ist *für sich* die Macht der Notwendigkeit und die *wirkliche* Freiheit" (ebd.) Das Adjektiv ‚wirklich' im letzteren Zitat muss im Sinne des Tätigen in Abgrenzung von nur potentieller Freiheit verstanden werden, was Hegel im selben Kontext als das Defizit der Spinozistischen Substanz markiert. (Vgl. ebd.).

(BL: 12,5f.). Aber auch diese Zusammenfassung abschließend bemerkt er, die „*Freyheit*" sei „die Identität des Begriffs" (BL: 15,27). Unmittelbar darauf folgend und die einleitende Angabe über den „*Begriff des Begriffes*" vorbereitend (BL: 16,23) bezeichnet er die *Begriffslogik* als „das Reich der *Freyheit*" – eine markante Formulierung, mit welcher auch die *Wesenslogik* plakativ schließt (vgl. WS: 409,36f.) – und den Begriff als „das *freye*" (BL: 15,35; vgl. BL: 33,3). Mit dem Satz „Der Begriff ist das Freie" wird auch die enzyklopädische *Begriffslogik* eröffnet (Enz. § 160). Und nicht zuletzt wird im Kapitel über *die Idee des Wahren* wie selbstverständlich nebenbei erwähnt: „[...] die *Freiheit*, d.i. der *Begriff* und damit *alles, was wahrhaft ist*" (BL: 229,18). Das sind nur einige der Stellen, die wohlgemerkt von Freiheit *tout court* oder *als solcher* handeln und genau diese Freiheit für wesentlich identisch mit dem Begriff erklären.

Folgt man nun meinem Vorschlag und fasst Freiheit und Begriff als logisch-inhaltlich deckungsgleich hinsichtlich der umrissenen Selbstständigkeit, so stellt es kein systematisches Problem mehr dar, dass es von Hegel keine Abhandlung über die Freiheit selbst gibt, obwohl er sie zur zentralen Bestimmung des Logischen, Realen und Geistigen erhoben hat. Denn Hegel hat sehr wohl eine *Freiheitslogik* vorgelegt, sie heißt nur nicht so, sondern ist nach der Gedankenbestimmung benannt, die sich *unmittelbar* an den „Verlauf der Substanz durch die Kausalität und Wechselwirkung" anschließt, ohne den ‚anachronistischen' Verweis auf die Notwendigkeit in den argumentativen Vordergrund aufzurufen: Sie ist die *Begriffslogik*. Und wurde die Deckungsgleichheit von Freiheit und Begriff einmal in Enz. § 158 systematisch markiert, braucht es keiner weiteren Wiederholung außer anmerkungsweise, wie soeben aufgelistet. Demnach stellt es auch kein Rätsel mehr dar, wo Hegels genuine, systematisch exponierte Begriffsbestimmung von Freiheit *als solcher* zu suchen ist: nämlich genau dort, wo Hegel den Begriff *als solchen* exponiert: im allerersten Kapitel der *Begriffslogik*. So lautet nunmehr die Frage: Was ist der Begriff als solcher?

4 Der Begriff als solcher und die nähere Begriffsbestimmung von Freiheit

Enz. § 158 wirkt insgesamt thetisch, und die Rekonstruktion seines argumentativen Gehalts verlangte eine mühsame Buchstabierung. Das einzige Verb im gesamten Paragraphen etwa ist die Kopula, welche Hegel wenig später (in der Urteilslehre) „als abstraktes *Ist*" (Enz. § 171) bzw. „*unterschiedslose Identität*" reklamiert (BL: 58,28). Entsprechend bezeichne ich, was dort von Freiheit und Begriff angegeben wird, als deren *allgemeine* Begriffsbestimmung. Vom darauf folgenden Kapitel der *Begriffslogik* hingegen, das sich dem Begriff als solchem widmet, ist berechtigterweise der *Begriff* bzw. die innere Logik des Begriffs und der Freiheit zu erwarten. Da aber dort ‚Freiheit' aus den genannten Gründen nicht mehr beim Namen und als selbstständiger Begriff auftaucht, ist vorsichtshalber der Ausdruck ‚nähere Begriffsbestimmung von Freiheit' zu bevorzugen.

Nähert man sich nun Hegels Konzept des Begriffs mit einem Kantischen Hintergrund, so erscheint es weitgehend irritierend. Kants pauschale Zuordnung aller Begriffe, der Verstandes- und der Vernunftbegriffe inklusive, der „*Vorstellung* überhaupt (repraesentatio)" (KrV: A 320/B376)[13] ist für Hegel höchst problematisch:

> Was auch Begriffe und zwar bestimmte Begriffe genannt werden, z. B. Mensch, Haus Thier u.s.f. sind einfache Bestimmungen und abstracte Vorstellungen, – Abstractionen, die vom Begriffe nur das Moment der Allgemeinheit nehmen und die Besonderheit und Einzelnheit weglassen, so nicht an ihnen entwickelt sind und damit gerade vom Begriffe abstrahiren.
>
> Enz. § 164 A

Übersieht man den logischen, mit den Momenten von Allgemeinheit, Besonderheit und Einzelnheit einhergehenden Unterschied zwischen Vorstellung und Begriff, gar die logische Priorität von Begriff vor Vorstellung, so läuft man Gefahr, in die Exposition des Begriffs und insgesamt in die Logik – selbst wenn diese programmatisch als ‚transzendental' aufgefasst und der nicht sinnliche Ursprung der Begriffe entsprechend nominal betont wird – „einiges von dem Erkennen" aufzunehmen, „womit noch psychologisches, metaphysisches und sonst empirisches Material verbunden wird", und dadurch „die feste Richtung" jener Wissenschaft zu verlieren (Enz. § 162 A).

Dabei kann die Ähnlichkeit der Allgemeinheit der Vorstellung mit der des Begriffs leicht zu Irritationen führen. Kants sogenannte *Jäsche-Logik* geht von der Auffassung aus: „Der Begriff [...] ist eine allgemeine Vorstellung oder eine Vorstellung dessen, was mehreren Objekten gemein ist [...]" (L § 1 A). Und Hegel entgegnet:

> Wenn unter dem Allgemeinen das verstanden wird, was mehrern *Einzelnen gemeinschaftlich* ist, so wird von dem *gleichgültigen* Bestehen

---

13 Kants Werke zitiere ich nach der Ausgabe Kant, Immanuel, *Werke in sechs Bänden*, hrsg. v. Wilhelm Weischedel, Darmstadt 1983, wobei ich die Seitenzahl der Originalausgaben verwende. ‚KrV' steht für *Kritik der reinen Vernunft* (in Bd. 2 der genannten Ausgabe), und ‚L' für *Logik. Ein Handbuch zu Vorlesungen*. Hg. von Gottlieb Benjamin Jäsche (in Bd. 3).

> derselben ausgegangen, und in die Begriffsbestimmung die Unmittelbarkeit des Seyns eingemischt. Die niedrigste Vorstellung, welche man vom Allgemeinen haben kann, wie es in der Beziehung auf das Einzelne ist, ist diß äusserliche Verhältniß desselben, als eines bloß *Gemeinschaftlichen*.
>
> BL: 51,29–35

Somit stellt sich Hegel auch der Kantischen Auffassung grundsätzlich entgegen, das Konstatieren von Allgemeinheit, Besonderheit und Einzelheit sei eine bloß quantitative, nicht einmal eine qualitative – geschweige denn begriffliche im Hegelschen Sinne – Funktion des Denkens (vgl. etwa die ‚Urteilstafel' in KrV: A70/B95).

Außerdem ordnet Hegel „1) die *Komparation*, […] 2) die *Reflexion* […] und endlich 3) die *Abstraktion*", welche zusammen nach Kant diejenigen „logischen Verstandes-Actus" darstellen, wodurch Begriffe ihrer Form nach erzeugt werden" (L § 6), gleich dem Bereich „der Psychologie" und des „*subjective[n]* Erkennen[s]" zu (Enz. § 165 A) und weigert sich dabei von ‚Begriffen' zu sprechen. Ebenso sind die weiteren Kantischen Kategorisierungen der Begriffe nach höheren und niederen, Gattungen und Arten usw. (vgl. L §§ 7-16) Hegel zufolge „einer äußerlichen Reflexion" geschuldet (Enz. § 165 A).

Solchen der Empirie entnommenen Motiven entgegen vertieft Hegel im ersten Kapitel der *Begriffslogik* das Resultat der *objektiven Logik*.[14] Zur

---

14   Der Umweg zu Hegels Auffassung des Begriffs (und der Freiheit) über Kant ist lang und mühsam, jedoch nicht aussichtslos, hat man Hegels rein logischer Untersuchung bis zu diesem Punkt genau gefolgt und bricht man die Lektüre der *Logik* am Ende des Vorspanns zur *Begriffslogik* nicht prompt ab. Das zeigt R. Pippin, der wiederholt an Hegels ausführlicher Bezugnahme auf Kant ansetzt, die im besagten Vorspann nachzulesen ist. Ein besonderes Anliegen Pippins ist es, Hegels Versicherungen, der Begriff gebe sich bzw. erzeuge aus sich Realität (vgl. BL: 24f.), im Anschluss an Kant erklärlich zu machen. So plädiert er für die in nicht zuletzt praktischer Hinsicht aufschlussreiche „These über die Gleichsetzung der Freiheit mit ‚dem Apriorischen' " (Pippin, Robert B., *Hegels Begriffslogik als die Logik der Freiheit*, in: Koch, Anton Friedrich; Oberauer, Alexander und Utz, Konrad (Hrsg.), *Der Begriff als die Wahrheit: Zum Anspruch der Hegelschen ‚Subjektiven Logik'*, Paderborn/München/Wien/Zürich 2003, S. 223–237 (S. 236). Leider enden aber Pippins Ausführungen in aller Regel mit der Besprechung jenes Vorspanns bzw. mit einem flüchtigen Verweis von nur wenigen Zeilen auf das erste Moment des Begriffs als solchen und vernachlässigen somit die im ersten Kapitel der *Begriffslogik* systematische und vollständige Exposition des Hegelschen Begriffs des Begriffs (vgl. a.a.O. insbes. S. 237; ders., *Hegel's Practical Philosophy. Rational Agency as Ethical Life*, Cambridge 2008, S. 97–106; ders., *Hegel's Realm of Shadows. Logic as Metaphysics in the Science of Logic*, Chicago/London 2019, S. 251–271; sowie Pippins ursprüngliche und seitdem in der Forschungsliteratur Schule machende Auseinandersetzung mit genau derselben einleitenden Stelle: ders. *Hegel's Idealism. The Satisfactions of Self-Consciousness*, Cambridge 1989, S. 232–235 und

Begriffsbestimmung des Begriffs als solchen greift Hegel auf Selbstständigkeit qua Prozessualität und Art und Weise des Sich-Abstoßens von sich in sich zurück. Die Momente des Begriffs als solchen (Allgemeinheit, Besonderheit, Einzelheit) lässt er sukzessive *auseinander* hervorgehen, und genau dieses immanente Vorgehen hält er als die genuin begriffliche Kategorisierung bzw. als alle „wahrhafte Eintheilung" von Begriffen fest (BL: 38,10; vgl. die *Anmerkung* dazu, BL: 43ff.): die Logik des immanenten Begreifens. Insgesamt schildert Hegel unter der Bezeichnung ‚Begriff als solcher' eine rückbezogene Tätigkeit, die im Hinblick einerseits auf die Notwendigkeit, Substanz und alles in der *objektiven Logik* begriffene Sein und Wesen, andererseits auf alle noch in der *subjektiven Logik* und *Realphilosophie* zu begreifende Realität „das absolut unendliche, unbedingte und freye" sein soll (BL: 33,3).[15] Sie besteht in aller Kürze im Folgenden:[16]

S. 235–242). Nichtsdestoweniger wäre die Erweiterung der über Jahrzehnte hinweg ausgearbeiteten Gesamtinterpretation Pippins um den „Begriff, insofern er [*nicht* (!)] zu einer [...] *Existenz* gediehen ist" (BL: 17,7) – so die vernachlässigte Pointe der Stelle, auf welche Pippin in all soeben erwähnten Stellen für seine Interpretation rekurriert – in historischer, hermeneutischer und systematischer Hinsicht ausgesprochen spannend. Auch in dem vorliegenden Sammelband bildet die soeben genannte Stelle aus dem Vorspann zur *Begriffslogik* einen bedeutenden Argumentationsbezugspunkt. So nähert sich J. Karásek der Hegelschen Pointe im kritischen Anschluss an die *objektive Logik* und Spinoza, während M. A. Werle Implikationen derselben Pointe in Bezug auf die Kantische *transzendentalen Analytik* ausarbeitet. In der Absicht, die systematische Bedeutung Kants für Hegel bzw. des Hegelschen Hinweises im besagten Vorspann auf das Kantische Konzept ursprünglich synthetischer Einheit der Apperzeption zu relativieren, beziehen sich des Weiteren auf dieselbe Stelle Chr. Krijnen und T. Okochi. Völlig zu Recht verweisen dabei Krijnen auf den Mangel des Kantischen Konzepts an der Systematik der drei Hegelschen Begriffsmomente und Okochi auf Hegels Exposition der Idee des endlichen Erkennens, die sich hervorragend dafür eignet, Hegels entscheidende kritische Impulse gegen Kant systematisch festzuhalten.

15 Für die argumentanalytische Rekonstruktion der inneren Dynamik und Struktur des Begriffs als solchen ist die Fassung der *großen Logik* deutlich brauchbarer als die enzyklopädische. Auffällig in der kompendiösen Darstellung der *Enzyklopädie* (vgl. Enz. §§ 163-165) ist nicht nur, dass sie die einzelnen Momente des Begriffs nicht je für sich (etwa in drei verschiedenen Paragraphen) erläutert, sondern dass sie sie ohne erkennbare Ableitung bloß auflistet – § 163 beginnt mit „Der *Begriff* als solcher enthält die Momente der [...]" –, was dem Gestus eher einer formellen als einer spekulativ-dialektischen Logik entspricht. Diesen Eindruck relativieren allerdings inhaltlich die zwei darauf folgenden Paragraphen und ihre Anmerkungen. Um Auskunft über die konkrete Auseinanderentwicklung der Momente des Begriffs als solchen zu erhalten – was nicht zuletzt in Enz. § 161 programmatisch angedeutet wird –, muss man in der *großen Logik* nachschlagen.

16 Mit diesem häufig vernachlässigten Kernstück spekulativ-dialektischer Philosophie habe ich mich anderswo extensiv auseinandergesetzt (Plevrakis, *Das Absolute und der Begriff*,

Zunächst, das ist das Moment der Allgemeinheit (‚A'), geht es um die bloße – ‚abstrakte' könnte man katachrestisch auch sagen – Markierung der Selbstständigkeit qua Sich-Abstoßen von sich in sich, die es ausdrücklich zu aktualisieren gilt.[17] Allgemeinheit steht für das *Potential* immanent-geordneter Selbstaktualisierung. ‚Allgemeinheit' (oder ‚Allgemeines') heißt dieses Moment nicht im Hinblick auf Selbstständiges, das vermutlich außerhalb der markierten Selbstständigkeit bestünde, sondern im Hinblick auf das, was in diesem Potential *in nuce* enthalten ist[18], im Hinblick also auf das scheinbar Andere als Moment der Selbstständigkeit und insgesamt auf den sich an die Markierung des Potentials anschließenden Prozess der Selbstaktualisierung – was terminologisch gleich als die Besonderung und Vereinzelung des Begriffs festgelegt wird.

Mit der Besonderheit (‚B') wird der in der Allgemeinheit enthaltene Unterschied gesetzt. Das Abstoßen ‚in unterschiedene Selbstständige' findet nun tatsächlich statt, allerdings so, wie bereits vorweggenommen wurde, dass dies Abstoßen *in sich* und ‚identisch mit sich' bleibt.[19] Das Potential prozessualer Selbstständigkeit aktualisiert sich, und der zuvor nur abstrakt markierte Prozess erhält nun eine bestimmte Gestalt in Übereinstimmung mit sich.[20] ‚Besonderheit' (oder ‚Besonderes') heißt dieses zweite Moment, weil es einerseits vom Allgemeinen unterschieden ist, andererseits allein dessen (und somit des ganzen Begriffs als solchen) Eigentümlichkeit darstellt.

Schließlich stellt die Einzelheit (‚E') die Aufhebung des zuvor gesetzten scheinbaren Unterschieds dar, und somit die Wiederherstellung der anfänglichen Identität, nunmehr als in sich konkretisiert bzw. als „die *bestimmte Allgemeinheit*" (BL: 49,4).[21] Die prozessuale Selbstständigkeit erweist sich als ein

S. 277–385), sodass ich mich hier auf einen Überblick von bereits Erarbeitetem beschränken kann.

17 Am prägnantesten für die Begriffsbestimmung der Allgemeinheit ist folgende Formulierung: „Es [das Allgemeine] ist daher *erstens* die einfache Beziehung auf sich selbst; es ist nur *in sich*. Aber diese Identität ist *zweytens* in sich absolute *Vermittlung*; nicht aber ein *vermitteltes*." (BL: 33,34–37) Vgl. Plevrakis, *Das Absolute und der Begriff*, S. 278–283.

18 „Das *Allgemeine* dagegen ist das *einfache*, welches eben so sehr das *reichste in sich selbst* ist" (BL: 33,32f.).

19 „Das Besondere ist das Allgemeine selbst, aber es ist dessen Unterschied oder Beziehung auf ein *Anderes*, sein *Scheinen nach Aussen*; es ist aber kein Anderes vorhanden, wovon das Besondere unterschieden wäre, als das Allgemeine selbst." (BL: 37,35-38,3) Vgl. Plevrakis, *Das Absolute und der Begriff*, S. 294–304.

20 „Das Allgemeine bestimmt sich, so ist es selbst das besondere; die Bestimmtheit ist *sein* Unterschied; es ist nur von sich selbst unterschieden. Seine Arten sind daher nur a) das Allgemeine selbst und b) das Besondere." (BL: 38,3-5).

21 „Sie [die Einzelnheit] ist die *Vermittlung* desselben [des Begriffs] durch sich, insofern sein *Andersseyn* sich wieder zu einem *Andern* gemacht, wodurch der Begriff als sich selbst

Prozess, dem nicht als einem starren Ding verschiedene bestimmte Gestalten äußerlich zukommen, sondern der solche Gestalten dynamisch annimmt und erst dadurch sich erhält bzw. als Prozess besteht. In diesem Sinne handelt es sich um eine „Rückkehr des Begriffs in sich selbst" (BL: 51,10), was mit einer Wiederholung und Weiterentwicklung der Sukzession A–B–E einhergeht. Nichtsdestoweniger ist dabei auch ein gewisser „Verlust" zu attestieren. Weiterentwicklung bedeutet ja eine gewisse Veränderung, und somit zumindest den Verlust einer bestimmten Gestalt.

Doch, bevor der Verlust des Begriffs als solchen eigens thematisiert wird[22], sollte zumindest andeutungsweise geklärt werden, was sich denn so, d.h. nach solcher *Art und Weise* verhält und begreifen lässt – was sich auch als eine erhebliche Hilfe für das adäquate Verständnis von Freiheit nach Hegel erweisen wird. Denn einerseits ist eine logische Struktur, die sich selbst aktualisiert und sich dabei erhält bzw. in sich zurückkehrt (und verliert) etwas wirklich Sonderbares. Andererseits ist ein Existenzanspruch von etwas, das diese Struktur aufweist, in der logischen Exposition des Begriffs als solchen nicht auf Anhieb zu erkennen. Gefragt wird also nach möglichen *Instanziierungen einer logischen Struktur*: nach möglichen prozesshaften Realisierungen und bestimmten Gestalten von A–B–E. Welches ist aber das konkrete Element, in welchem A–B–E realisiert werden und bestimmte Gestalt(en) annehmen kann? Oder um ein Modewort aufzugreifen: Der Begriff als solcher ähnelt einem Algorithmus, der Gedankenschritte im weiten Sinne methodisch festlegt. Für gewöhnlich brauchen aber Algorithmen ein Medium, um ausgeführt werden zu können. Welches ist das Medium, das sich für die Ausführung von A–B–E anbietet, und was für Resultate ermöglicht es?

Nimmt man nun Hegel beim Wort, die Sukzession von A–B–E *sei der Begriff als solcher*, der eben als solcher von der Vorstellung abzuheben ist, so ist die Frage bereits beantwortet. Es ist das rein begriffliche (nicht sinnlich-empirische) Medium begreifenden Denkens, was sich nach A–B–E betätigt bzw. gestaltet. A–B–E stellen die Art und Weise dar, wie das begreifende Denken spontan und autonom sich selbst bestimmt, und somit (begriffliche) Bestimmungen seiner selbst hervorbringt. Im ersten Kapitel der *Begriffslogik* wird genau die spekulativ-dialektische Dynamik festgelegt, die Hegels Philosophie als Ganzes systematisch vorantreibt,[23] und die gesuchten Instanziierungen

---

gleiches hergestellt, aber in der Bestimmung der *absoluten Negativität* ist." (BL: 49,7-10) Vgl. Plevrakis, *Das Absolute und der Begriff*, S. 343–352.

22 Dazu s. unten Teil V.

23 Wie Hegel im letzten Kapitel der *Wissenschaft der Logik* wiederholt feststellt, fällt der Begriff als solcher *im Wesentlichen* mit der Methode spekulativen Erkennens bzw. mit der absoluten Idee zusammen (vgl. z.B. BL: 238,6f.; 239,10f.; 252,29f.).

sind keine anderen als alle Inhalte spekulativ-dialektischer Philosophie – das sagenumwobene ‚Ganze‘, das ‚das Wahre‘ ist.

Im Einklang mit dieser Deutung befindet sich etwa Enz. § 83, wo die *Seins-*, *Wesens-* und *Begriffslogik* jeweils als der „*Begriff*[ ] *an sich*", das „*Fürsichsein* und *Schein* des Begriffs" und schließlich als der „*Begriff*[ ] *an* und *für sich*" charakterisiert werden (vgl. dazu SL: 45,26-46,15 aus der *Einteilung* der *großen Logik*). Nicht weniger bedeutsam ist aber zudem, dass Hegel auch in der *Realphilosophie* auf den Begriff im terminologischen Sinne rekurriert, um sowohl denjenigen der Natur (vgl. Enz. § 248), als auch denjenigen des Geistes (vgl. Enz. § 381) zu bestimmen und den Inhalt sowie die Struktur der darauf aufbauenden *Philosophie* der Natur und des Geistes anzugeben. Der Begriff, und zwar der Begriff, wie er zunächst als solcher zu Beginn der *Begriffslogik* dargelegt wird, ist der Schlüssel zur gesamten spekulativ-dialektischen Philosophie, der Algorithmus und das Medium, die sich durch diese Philosophie hindurch bestimmen und unterschiedliche Gestalten ihrer selbst ergeben.

Hiermit ist die nähere Begriffsbestimmung von Freiheit (als solcher) ebenfalls gewonnen, und (dem Hinweis von Enz. § 158 folgend) muss nur noch das bisher über den Begriff als solchen Gesagte auf die Freiheit übertragen werden. In diesem Sinne ist die Freiheit *als solche* kein Seiendes, auch kein Seiendes *par excellence* wie etwa das Selbstbewusstsein oder Gott, sondern die *logische Struktur von A–B–E* ohne weitere Spezifikationen. Als solche ist sie nicht weiter bestimmt oder realisiert, sondern einfach so, wie sie sich rein logisch aus sich selbst ergibt. Umgekehrt formuliert: Die Sequenz A–B–E drückt die *Art und Weise* der Freiheit aus, das bloße ‚Wie‘, die Logik oder die Prozessualität der Selbstständigkeit und Selbsterhaltung im Anderen, und alles, was frei ist, ist es genau insofern es sich entsprechend dieser Sequenz verhält bzw. bestimmt. Es ist genau dieses Ausgehen von sich selbst qua Allgemeinem, anschließend das Setzen seiner selbst qua Besonderes und schließlich das Aufheben des Besonderen und das konkrete Wiederherstellen des anfänglichen Allgemeinen als Einzelnen, was Hegel Freiheit nennt und in der bekannten Formel beschreibt: „in seinem Anderen bei sich selbst zu sein, von sich abzuhängen, das Bestimmende seiner selbst zu sein" (Enz. § 24 Z). Und deshalb greift Hegel in der berühmten Stelle der *Rechtsphilosophie* zwecks einleitender Bestimmung von Freiheit genau auf den Begriff und dessen drei Momente zurück (vgl. GPR §§ 4ff.).

Grundlegend in systematischer Sicht ist, dass das begreifende Denken diese Struktur in reiner Form entwickelt, sofern es *sich* begreift, d.h. seine eigenen Momente immanent in sich selbst entwickelt und exponiert. Deshalb gilt *der* Begriff, d.h. der Begriff *als solcher* als ‚das Freie‘, d.h. als das *exemplarisch* Freie, weil er (im ersten Kapitel der *Begriffslogik*) sich selbst und als solcher exemplifiziert. Alsdann wird aber die logische Struktur A–B–E überall dort instanziiert, wo bei Hegel die Rede vom Begriff und begreifenden Denken ist. In diesem Sinne ist alsdann zu konstatieren, dass seinslogische Begriffe die Freiheit ‚*an sich*' darstellen; die wesenslogischen das ‚*Fürsichsein* und den *Schein*' der Freiheit; und die begriffslogischen die Freiheit ‚an und *für sich*' bzw. das ‚Reich der Freiheit'. Weiter legen die Begriffe der *Naturphilosophie* die Freiheit „in der Form des *Andersseyns*" dar (Enz. § 247)[24], während die *Geistphilosophie* begreifend von etwas handelt, dessen „*Wesen*" erkanntermaßen „die *Freiheit*" (Enz. § 382) und dessen „*Bestimmtheit*" keine andere als die „*Manifestation*" dieser Freiheit (Enz. § 383) ist.[25]

Solch verschiedene Realisierungen oder Gestalten von Freiheit kann ich hier nicht eigens thematisieren.[26] Die Pointe meines Vorschlags jedoch, auf welche ich hier explizit hinweisen möchte, ist, dass es eigentlich überall in der spekulativ-dialektischen Philosophie Hegels um Freiheit geht. Mehr noch: die Philosophie Hegels ist die ihrem Anspruch nach bisher systematischste, ausdifferenzierteste und umfangreichste Selbstdarstellung von Freiheit, und zwar deshalb, weil Freiheit *als solche* darin nicht auf ein bestimmtes Dasein, ein existierendes Ich oder einen Gott beschränkt wird, sondern mit der Struktur sich selbst begreifenden Denkens gleichgesetzt wird – eine Struktur, die grundsätzlich alles umfassen kann, indem sie sich selbst qua begreifendes Denken ausführt.

Entsprechend merkt Hegel bereits im enzyklopädischen *Vorbegriff* der *Logik* an: „In dem Denken liegt unmittelbar die Freiheit, weil es die Thätigkeit des

---

24   Der entscheidende Enz. § 248 lautet: „In dieser Aeußerlichkeit haben die Begriffsbestimmungen den Schein eines *gleichgültigen Bestehens* und der *Vereinzelung* gegeneinander; der Begriff ist deswegen als Innerliches. Die Natur zeigt daher in ihrem Daseyn keine Freiheit, sondern *Nothwendigkeit* und *Zufälligkeit*." Dass die „Natur" keine Freiheit *zeigt*, heißt nicht, sie wäre auch an sich keine Freiheit. Dass sie ferner doch „*Nothwendigkeit* und *Zufälligkeit*" zeigt, welche wie gesehen als ‚enthüllte', d.h. in ihrer erkannten Identität, die Freiheit darstellen, spricht deutlich dafür, dass in der Natur die Freiheit „als Innerliches" ist – wie es eben in Enz. § 248 im Hinblick auf den „Begriff" heißt – und dass die Freiheitsbestimmungen lediglich „den Schein eines *gleichgültigen Bestehens* und der *Vereinzelung* gegeneinander" haben. Der „Naturphilosophie" wiederum qua „*begreifende* Betrachtung" der Natur kommt die Aufgabe zu, das „*Allgemeine*" der Natur „in seiner eigenen, immanenten Nothwendigkeit nach der Selbstbestimmung des Begriffs" zu betrachten (Enz. § 246), d.h. die Freiheit unter der Bedingung des soeben angedeuteten Scheins oder kurz die Freiheit ‚in der Form des Andersseins' zu begreifen.

25   Mehr zu Hegels Begriff des Geistes im übergreifenden geistphilosophischen Kontext: Plevrakis, Ermylos, *The Aristotelian Theos in Hegel's Philosophy of Mind*, in: *Hegel Bulletin* 41 (2020), S. 83–101, insbes. S. 89–93.

26   An dieser Stelle sei noch einmal auf die ausführliche Darstellung von Fulda, *Der eine Begriff als das Freie und die Manifestationen der Freiheit des Geistes* hingewiesen.

Allgemeinen [ist]" (§ 23 A). In demselben Sinne verweist er vor dem systematischen Anfang desselben Werkes auf den „Entschluß, *rein denken zu wollen*", der ausdrücklich „durch die Freiheit vollbracht [wird], welche von allem abstrahirt und ihre reine Abstraction, die Einfachheit des Denkens, erfasst" (§ 78). Im Anschluss an dieselbe Argumentationslinie kann Hegel den Fortgang von der *Wissenschaft der Logik* in die *Naturphilosophie* „aus absoluter Freiheit" (§ 244) vollziehen.[27] Und endlich besteht das zentrale Anliegen der vier abschließenden Paragraphen der *Enzyklopädie* darin, angemessenes von unangemessenem Verständnis des Zusammenhangs der drei Teile spekulativ-dialektischer Philosophie und zugleich des ganzen Umfangs der spekulativ-dialektisch dargestellten *Freiheit* systematisch, d.h. *dem Begriff nach* abzuheben (vgl. §§ 574ff.).

Die These, Hegels Philosophie als ganze sei die adäquate Selbstdarstellung von Freiheit in all ihren Facetten, weist entschieden auf den denkerischen, begrifflichen und philosophischen Charakter der *vollendeten* Realisierung von Freiheit hin. Doch besagt sie nicht, die Philosophie sei auch die *einzige* Realität der Freiheit. Der mögliche Einwand betrifft das Verhältnis zwischen (philosophischen) Begriffen und (realen) Sachen (von welchen philosophische Begriffe handeln). Beispielsweise könnte man, den Geist betreffend, einwenden: Vielleicht komme nach dem bisher Gesagten nur dem Begriff bzw. der Philosophie des Geistes Freiheit zu. Der reale Geist hingegen, d.h. der Geist in empirischer Hinsicht, stelle hingegen keine Realität der Freiheit dar.

Stimmte Hegel diesem Einwand zu, so wäre dies philosophisch witzlos, gar äquivalent mit einer Selbstkastrierung der Philosophie zu einem zweckfreien, gar sinnlosen theoretischen Unternehmen. Dahingegen ist es seine Grundüberzeugung, dass sich die begriffene Realität auch empirisch gemäß ihrem Begriff verhält, dass also auch der reale Geist frei ist, und eine Fülle bestimmter realer Instanziierungen, Realisierungen und Gestalten von Freiheit umfasst. Der Unterschied zwischen realen, empirisch erfahrbaren Instanziierungen einerseits und rein begrifflichen im Rahmen spekulativ-dialektischer Theoriebildung andererseits ist im jeweiligen übergreifenden Zusammenhang zu suchen: Während die verschiedenen Freiheitsgestalten in der empirischen Realität lose nebeneinander vorkommen, werden sie im Rahmen spekulativ-dialektischer Philosophie in Sequenzen von Allgemeinem, Besonderem und Einzelnem geordnet bzw. begrifflich-normativ hierarchisiert, was nach Hegel auch ihre Wahrheit darstellt bzw. die adäquate Darstellung von Freiheit ist.

---

27 Ausführlich dazu: Plevrakis, Ermylos, *Übergang von der Logik in die Natur aus ‚absoluter Freiheit'? Eine argumentanalytische Rekonstruktion des letzten Satzes der enzyklopädischen Logik Hegels*, in: Hegel-Studien 52 (2018), S. 103–138.

Abschließend möchte ich von der Freiheit als solcher ausgehend die verschiedenen Realitätsweisen von Freiheit wie folgt systematisiert zusammenfassen. *Als solche* ist die Freiheit nichts Reales, sondern die rein begriffliche bzw. logische – wenn man es so will: die einfach ideelle – Struktur von A–B–E. Dieselbe Struktur bestimmt sich aber weiter und bringt damit denkerisch die verschiedenen Begriffsgebilden spekulativ-dialektischer Philosophie hervor, was die *begriffliche Realität* der Freiheit darstellt. Vollzieht sich diese Begriffsbildung voraussetzungslos, so geht es um die *rein begriffliche Realität* der Freiheit, die mit der *Wissenschaft der Logik* zusammenfällt. Vollzieht sie sich hingegen unter Bezugnahme auf Empirisches[28], so ist sie als die *begriffene Realität* der Freiheit zu spezifizieren, die in der *Realphilosophie* liegt. Das Empirische des Weiteren, sofern es einerseits sowohl von der Freiheit als solcher als auch von der begrifflichen Realität der Freiheit unterschieden ist, sich aber anderseits doch voraussetzungslos (qua rein begriffliche Realität) präfigurieren und anschließend auch begreifen lässt (qua begriffene Realität), stellt die *empirische Realität* der Freiheit dar, namentlich die (reale) Natur und den (realen) Geist. Wird nun die empirische Realität tatsächlich begriffen, so geht es wieder um die bereits angebrachte begriffene Realität der Freiheit: die *Realphilosophie*. Die Einteilung der *Realphilosophie* in *Philosophie der Natur* und *des Geistes* ergibt sich aus der begrifflichen Unterscheidung zwischen *verborgener* und *manifester* Realität der Freiheit – eine Unterscheidung, die auch im Hinblick auf Natur und Geist empirisch nachweisbar ist. Insgesamt besteht der begriffliche Mehrwert der begrifflichen Realität von Freiheit im Vergleich zur empirischen in der Einsicht in den normativ hierarchisierenden Zusammenhang der gesamten Realität hinsichtlich der Freiheit als solcher, welche ihrerseits zu diesem Zusammenhang nicht realiter, sondern als sein ordnendes Prinzip gehört. Diese Einsicht stellt aber wahrlich einen enormen Beitrag zur Philosophie der Freiheit und Philosophie überhaupt dar, denn sie macht bei weitem mehr geltend, als etwa transzendentalphilosophisch konzipierte Systeme je zu leisten beanspruchten[29], nämlich die in *theoretischer* wie *praktischer* Hinsicht *uneingeschränkte spekulative Gültigkeit* von Freiheit.

---

28 Freilich handelt es sich dabei nicht um Empirisches als solches, sondern um das Empirische, sofern es bereits von empirischen (nicht hegelisch-philosophischen) Wissenschaften vermittelt worden ist.

29 Vgl. dazu etwa den Beitrag von Chr. Krijnen im vorliegenden Band, S. 40f.

5 Ausblick: Der Verdacht der einseitigen Subjektivität

Nun könnte man vielleicht noch immer pauschal einwenden, das alles sei nur ein subjektives gedankliches Konstrukt und die besagte Freiheit bloße Willkür. A–B–E möge einen *in sich* konsequenten Prozess von Selbstbestimmung markieren – ob er aber tatsächlich im Einklang mit der Realität stattfinde, bleibe fraglich. Die begriffliche Realität der Freiheit, so der mögliche Einwand weiter, könnte ja einfach an der faktischen Realität vorbei behauptet werden. Man hätte dann nicht mehr mit einer ‚modernen‘, sondern sozusagen mit einer ‚postmodernen‘ Auffassung von Freiheit zu tun. Spitzt man den vermeintlichen Unterschied zwischen begrifflicher und faktischer Realität weiter zu, so könnte man sogar versucht sein, bei Hegel Argumente für einen ‚postfaktischen‘ Umgang mit der Realität zu suchen.

In der Tat ist es Hegel selbst, der solches mögliche Bedenken in der *Begriffslogik* genau verortet und systematisch umreißt. Das dritte Moment des Begriffs als solchen, das Einzelne, signalisiert, wie bereits erwähnt, nicht nur seine Vollendung bzw. „Rückkehr" in sich, sondern *ipso facto* auch seinen „Verlust" (BL: 51,11f.). An anderer Stelle (im selben Kapitel) wird Hegel dramatischer und spricht von „Untergang" (BL: 42,27). Diesen Verlust bzw. Untergang erklärt er durch einen überraschenden Rückgriff auf die wesenslogische Inneres-Äußeres-Dialektik, die den Begriff ausdrücklich in Bezug auf die (zuerst in der *Wesenslogik* exponierte) Wirklichkeit versetzt: „Durch die Einzelnheit, wie er darin *in sich* ist, wird er *ausser sich*, und tritt in Wirklichkeit." (BL: 51,12f.) Der Begriff und mit ihm die Freiheit werden von nun an als etwas Relatives zur Wirklichkeit, d.h. als etwas durch sie Eingeschränktes behandelt. Den systematisch und historisch passenden Namen erhält dann diese Einschränkung nicht zuletzt durch die Überschrift des ersten begriffslogischen Abschnitts, zu welchem der Begriff als solcher selbst gehört: *Subjektivität*.

Diesen zur immanenten Theoriebildung der *Logik* gehörenden Vorbehalt gegenüber dem Begriff als solchem habe ich anderswo als den ‚Verdacht der einseitigen Subjektivität‘ bezeichnet.[30] Er besagt, dass an dieser Stelle noch nicht argumentativ ausgemacht ist, in welchem Verhältnis die innere Logik des Begriffs zu der von ihm zumindest formal unterschiedenen Realität (etwa von der Objektivität) steht. Auf eine Besprechung der Gründe, die diesen Verdacht *Logik*-immanent erwecken, kann ich mich hier nicht einlassen.[31] Ausblickend möchte ich aber darauf hinweisen, dass der genannte Verlust erst am *Ende* des

---

30   Vgl. Plevrakis, *Das Absolute und der Begriff*, S. 379f.
31   Vgl. dazu Plevrakis, *Das Absolute und der Begriff*, S. 349–352 sowie S. 354–362.

ersten Kapitels der *Begriffslogik* vollzogen wird, nachdem nämlich der Begriff *als solcher* exponiert worden ist, und dass die übrige *Begriffslogik expressis verbis* (aber auch die *Realphilosophie* auf ihre Weise) vom Begriff handelt. Verloren geht also offenbar nicht der Begriff überhaupt, sondern nur die ‚Reinheit' des Begriffs *als solchen*. Was auf diesen Verlust folgt, ist keine Untersuchung der schieren, ‚begriffslosen' Wirklichkeit, wie dies bereits in der *Wesenslogik* geschehen ist, sondern die Untersuchung der „*selbstständigen* Bestimmungen" des Begriffs (BL: 52,20), d.h. der Allgemeinheit, Besonderheit und Einzelheit, *sofern* sie sich „in der Bestimmtheit" befinden (BL: 52,23) und die Festigkeit des Daseins bzw. der Realität überhaupt aufnehmen.[32] Es handelt sich also um eine Untersuchung der Wirklichkeit, sofern sie die drei Begriffsmomente aufweist, wie dies der Fall prominenterweise bei der Objektivität, aber auch bereits beim Urteil und Schluss ist. Zur Veranschaulichung: Im Vorspann zur *Begriffslogik* kündigt Hegel diesen Verlust der Reinheit des Begriffs und den Fortgang in die Untersuchung des Begriffs in Bezug auf die Realität als die „Herleitung" des Reellen aus ihm" an, bei welcher der Begriff die Realität „aus sich erzeugt" (BL: 24,38-25,2).

Vor dem Hintergrund solcher Beobachtungen und da sie ja selbst ihren systematischen Vorbehalt gegen den Begriff als solchen kundgetan hat, ist Hegels gesamte ‚Philosophie der Freiheit' nicht nur als *Darstellung* der Freiheit, wie oben geltend gemacht, sondern auch als ihre *Prüfung* zu nehmen. Zu prüfen gilt es nämlich, ob es dem Begriff gelingt, sein Anderes (Realität, Wirklichkeit, Objektivität usw.) nicht nur nach A–B–E, sondern auch im Einklang mit dem Begriff dieses Anderen, d.h. mit ihm selbst zu gestalten oder ob A–B–E doch eine weitere logische Struktur neben anderen bleibt. So sollen letzten Endes alle Begriffstriaden spekulativ-dialektischer Philosophie nur dies demonstrieren: Der Begriff bzw. die Freiheit ist die absolute und *alles*, wenn auch auf unterschiedliche Weise durchdringende logische Struktur.

Ob es nun Hegel tatsächlich gelingt, alles konsequent in A–B–E zu begreifen, sei an dieser Stelle dahingestellt. Ich möchte stattdessen mit Hegels Verheißung schließen, dass die *Begriffslogik* und mit ihr die gesamte *Logik* dem besagten Verlust zum Trotz mit der Exposition der „Bewegung des *Begriffs* selbst" abschließt, „deren Natur", d.h. der Begriff als solcher, „schon erkannt worden" ist (BL: 238,6): „Das, was die Methode hiermit ausmacht, sind die Bestimmungen des Begriffes selbst und deren Beziehungen" (BL: 239,10f.), was lange zuvor in der Sequenz A–B–E herausgearbeitet worden ist. Auch der

---

32   Zur Bestimmung von Realität, Bestimmtheit und Dasein, die an dieser Stelle der *Begriffslogik* wieder zum Tragen kommen, vgl. das zweite Kapitel der *Seinslogik* insbes. SL: 98,23–99,6.

Verdacht der einseitigen Subjektivität soll hier beseitigt worden sein, indem sich die Sequenz A–B–E ausdrücklich als die „*übergreifende* Subjectivität" (Enz. § 215 A) herausgestellt hat. Am Ende der *Realphilosophie* erfährt man ferner, dass sich das gesamte enzyklopädische System dadurch vollendet, dass es (nicht an seinen Ausgangspunkt zurück, sondern) an „§ 236" gelangt (Enz. § 574), also an diese Entwicklungsstufe, die von der Methode und somit vom Begriff handelt. Sicherlich wird der Begriff durch die *Realphilosophie* sowie davor durch die *Logik* mit weiteren Bedeutungen angereichert. Dadurch aber bleibt der Begriff bzw. die Freiheit im Wesentlichen, d.h. als solcher bzw. als solche nicht nur unverändert, sondern er bzw. sie hat sich dadurch *bewährt* (vgl. Enz. § 574).

Bliebe man am Ende dieses (hoffentlich gelungenen) spekulativ-dialektischen Prüfverfahrens von der Tragfähigkeit der hier geschilderten Begriffsbestimmung von Freiheit noch skeptisch, so beruhte diese Skepsis eventuell noch auf der *metaphysischen* Annahme, unsere Begrifflichkeit sei vom Ding an sich „himmelweit unterschieden" (KrV: A44/B61). Diese Annahme aber, so häufig auch sie getroffen werden mag, ist keineswegs selbsterklärend. Kant selbst spricht vom Ding an sich als von einem (in Kantischer Terminologie) *problematischen Begriff* (vgl. KrV: A254ff./B310ff.) – was wiederum in Hegelscher Sicht als ein systemimmanenter Wink seitens Kants aufzugreifen wäre, die Annahme solch eines Dings an sich auch *begrifflich* zu problematisieren. Befolgt man diesen Wink aber, so wird man automatisch mitten ins Prüfverfahren Hegels zurückkatapultiert, das die Realität überhaupt auf ihre begriffliche Wahrheit hin untersucht, die genau mit der Freiheit zusammenfällt.

Hegels Philosophie der Freiheit lässt in ihrer beachtlichen Ausdifferenziertheit keinen argumentativen Ausweg aus sich frei. Sie beansprucht, nicht bloß ein ‚Paradigma moderner Subjektivität' zu liefern, vielmehr gliedert sie die Subjektivität in ein System von Freiheit ein, das sich begrifflich auf alle Realität erstreckt. Man begreift sich also mit Hegel sozusagen als in einem Ganzen der Freiheit ‚gefangen'. Die einzige Möglichkeit, sich davon zu ‚befreien', wäre dann, sich selbst als ‚Begriff-begabtes Lebewesen'[33] zu leugnen und ‚freiwillig' dem vermeintlichen Unfreien zu unterwerfen. Aussichtsreicher erscheint mir jedoch die Option der Versöhnung mit der eigenen Freiheitsbestimmung bei gleichzeitiger Aufhebung der scheinbaren Einseitigkeit der Subjektivität. Der erste Schritt in diese Richtung ist, die Freiheit *als solche* zu begreifen.

---

33 So meine Deutung vom Aristotelischen ζῷον λόγον ἔχον.

Pragmatische Aspekte der spekulativen Logik
Hegels Konzept des Begriffs als soziale Praxis

Tomoki Hazama

Die Zeit, in der Hegel für die philosophische Debatte in den englischsprachigen Ländern als „toter Hund" galt, ist inzwischen vergangen. Den gegenwärtigen analytischen Philosophen, besonders den sogenannten „Pittsburgh-Neohegelianern" Robert Brandom und John McDowell, gilt Hegel nun als Philosoph, der ernst genommen werden muss, um heutzutage systematisch philosophieren zu können.

Diese Hegel-Renaissance in der analytischen Philosophie geht ursprünglich auf Willard Van Orman Quine und Wilfrid Sellars zurück. Quine kritisierte in seiner Epoche machenden Abhandlung *Zwei Dogmen des Empirismus*[1] die grundsätzlichen Voraussetzungen des logischen Empirismus, d.h. den erkenntnistheoretischen Reduktionismus und die strikte Unterscheidung zwischen analytischen und synthetischen Sätzen. Sellars kritisierte in seiner Abhandlung *Der Empirismus und die Philosophie des Geistes*[2] den „Mythos des Gegebenen", nach dem man bei philosophischen Untersuchungen vom „Unmittelbaren" wie „sense data", dem Materiellen, dem ersten Prinzip usw. ausgehen könne. Richard Rorty fand in diesen Kritiken das Ende der modernen Erkenntnistheorie, die unser Wissen zu begründen versucht, und eine „pragmatische Wende (pragmatic turn)"[3] der analytischen Philosophie, nachdem Wittgenstein zuvor eine „sprachliche Wende (linguistic turn)" vollzogen hatte. Damit wurde der Pragmatismus von Rorty mit einer neuen Version, einem Neopragmatismus rehabilitiert. In dieser selbstkritischen Entwicklung der analytischen Philosophie seit Quine kann man folglich eine neue Phase finden, die als „post-analytische Philosophie" bezeichnet werden kann. Mit dieser Entwicklung entstand in den englischsprachigen Ländern zunehmend auch ein neues Interesse an der Hegelschen Philosophie, die Bertrand Russell

---

1 Quine, Willard Van Orman, *Two Dogmas of Empiricism*, in: *The Philosophical Review*, 60, 1951, S. 20–43.
2 Sellars, Wilfrid, *Empiricism and Philosophy of Mind*, in: Feigl, Hervert; Scriven, Michael (Hrsg.), *Minnesota Studies in the Philosophy of Science*, vol. 1, Minneapolis 1956, S. 253–329.
3 Diese Terminologie entlehne ich Egginton, William; Sandbothe, Mike (Hrsg.), *The Pragmatic Turn in Philosophy*, New York, 2004 und Bernstein, Richard, *The Pragmatic Turn*, Cambridge 2010.

und George E. Moore kritisiert hatten. Wir können nun in Brandoms *Making It Explicit* (1994) und McDowells *Mind and World* (1994) die „Hegelsche Wende (Hegelian turn)"[4] der analytischen Philosophie entdecken. Paul Redding schreibt:

> While Hegel had typically been seen as exemplifying the worst from the pre-analytic tradition, not only McDowell und Brandom claim to find a place for him within the contemporary philosophical debate, but each portrayed him as providing *the* solution to a central theoretical impasse afflicting late twentieth-century philosophy [...].[5]

Besonders Robert Brandom bietet eine neue aktuelle Lesart der Hegelschen Philosophie, d.h. eine pragmatische Interpretation seiner Werke. Brandom findet in der Philosophie Hegels „einige pragmatische Themen", die für seine eigene Sprachphilosophie konstruktiv sind, die auf der normativ-semantischen Pragmatik und dem Inferentialismus gründet.[6] Hegel ist also nach Brandoms Interpretation gar kein altmodischer Metaphysiker, sondern ein Pragmatist in demselben Sinn, wie Quine einer ist.[7]

Seitdem behandeln viele Philosophen die Beziehung zwischen Hegel und dem Pragmatismus, und zwar unter diversen Gesichtspunkten.[8] Diese

---

4 Diese Terminologie entlehne ich Bernstein, *The Pragmatic Turn*, S. 98.
5 Redding, Paul, *Analytic Philosophy and the Return of Hegelian Thought*, Cambridge 2007, S. 12.
6 Brandom, Robert, *Einige pragmatische Themen in Hegels Idealismus. Erklärung der Aushandlung und Verwaltung der Struktur und des Inhalts begrifflicher Normen*, in: ders., *Wiedererinnerter Idealismus*, Frankfurt. a. M. 2015, S. 271–312.
7 Brandom, *Einige pragmatische Themen in Hegels Idealismus*, S. 278f. Auch Michael Quante findet eine „sachliche Nähe der hegelschen Philosophie zum Pragmatismus" (Quante, Michael, *Die Wirklichkeit des Geistes: Studien zu Hegel*, Frankfurt. a. M. 2011, S. 22).
8 Rorty, Richard, *Some American Uses of Hegel*, in: Welsch, Wolfgang; Vieweg, Klaus (Hrsg.), *Das Interesse des Denkens: Hegel aus heutiger Sicht*, München 2003, S. 33–46.; Gimmler, Antje, *Pragmatic Aspects of Hegel's Thought*, in: Egginton, William; Sandbothe, Mike (Hrsg.), *The Pragmatic Turn in Philosophy*, New York 2004, S. 47–66; Rockmore, *Hegel, Idealism, Analytic Philosophy*, Yale University Press 2005; Pinkard, Terry, *Was Pragmatism the Successor to Idealism?*, in: Misak, Cheryl (Hrsg.), *New Pragmatists*, Oxford 2009, S. 142–168; Bernstein, *The Pragmatic Turn*, S. 89–105; Quante, *Die Wirklichkeit des Geistes*, S. 279–297; Stern, Robert, *Hegel and Pragmatism*, in: Houlgate, Stephen; Baur, Michael (Hrsg.), *A Companion to Hegel*, Hoboken 2016, S. 556–575; Redding, Paul, *The Analytic Neo-Hegelianism of John McDowell and Robert Brandom*, in: Houlgate, Stephen; Baur, Michael (Hrsg.), *A Companion to Hegel*, Hoboken 2016, S. 576–593; Kaag, John und Jensen, Kipton E., *The American Reception of Hegel (1830–1930)*, in: Moyar, Dean (Hrsg.), *The Oxford Handbook of Hegel*, Oxford 2017, S. 670–696; De Vries, Willem A., *Hegel's Revival in Analytic Philosophy*, in: Moyar (Hrsg.), *The Oxford Handbook of Hegel*, S. 743–766.

Beziehung ist aber sowohl historisch als auch systematisch sehr kompliziert. Sie ist also noch umstritten. Zwar ist es interessant und wichtig, sie im Hinblick auf die philosophische Geschichte zu untersuchen. Aber es ist nicht das Ziel meines Beitrags, philosophiegeschichtliche Fragen, d.h. die Einflüsse der Hegelschen Philosophie auf den Pragmatismus, C. S. Peirce, oder J. Dewey usf., zu erörtern. Es geht mir in diesem Beitrag vielmehr um das an der Sache orientierte interpretative Problem der Hegelschen Philosophie: *Ist Hegels Philosophie pragmatisch?* Es ist unerläßlich, dieses systematische Problem zu erörtern, wenn man die Art und Weise in Betracht zieht, wie die Pragmatisten – sei es in der klassischen Version, sei es im Neopragmatismus – sich mit der Hegelschen Philosophie auseinandersetzen. Denn die Pragmatisten nehmen nur Hegels *Phänomenologie des Geistes* auf, wenn sie sich mit der Hegelschen Philosophie beschäftigen. Ein kritischer Leser wie Rolf-Peter Horstmann könnte also mit Recht zu bedenken geben, dass eine nicht-metaphysische Interpretation Hegels im Allgemeinen und eine pragmatische Interpretation Hegels wie diejenige Brandoms im Besonderen insofern einseitig ist, als sie dabei nur die *Phänomenologie des Geistes*, aber nicht die spekulative Logik, die in der *Wissenschaft der Logik* dargestellt wird, in Betracht zieht.[9]

Hegels spekulative Logik ist für die pragmatische Interpretation der Hegelschen Philosophie sozusagen ein Stolperstein. Denn Hegels spekulative Logik wird normalerweise als „Metaphysik," die schon von Kant zurückgewiesen wurde, verstanden. Nach Herbert Schnädelbach und anderen bedeutet der Standpunkt des „absoluten Wissens" oder des „Spekulativen" bei Hegel einen Rückfall hinter die kritische Philosophie Kants, weil Hegel den Unterschied zwischen dem Ding an sich und der Erscheinung, den Kant in der *Kritik der reinen Vernunft* setzte, zum Verschwinden bringt. Nach Schnädelbach ist die Philosophie Hegels „christliche Metaphysik."[10] Die pragmatische Interpretation Hegels wäre falsch, wenn seine spekulative Logik nur die „Metaphysik" im vorkantischen Sinne wäre.

Man muss sich also nicht nur mit der *Phänomenologie des Geistes* auseinandersetzen, sondern auch die Hegelsche Logik in Betracht ziehen, um seine Philosophie als Pragmatismus interpretieren zu können. In diesem Beitrag versuche ich, pragmatische Aspekte der Hegelschen Logik, besonders seines Konzepts des Urteils und des Begriffs, durch eine den Wortlaut seiner Texte

---

9   Horstmann, Rolf-Peter, *Substance, Subject and Infinity: A Case Study of the Role of Logic in Hegel's System*, in: Deligiorgi, Katerina (Hrsg.), *Hegel: New Directions*, New York 2006, S. 69–84 (S. 69f.).
10 Schnädelbach, Herbert, *Georg Wilhelm Friedrich Hegel: Zur Einführung*, Hamburg 1999, S. 152.

sorgfältig beachtende Analyse zu zeigen. Es ist mein Ziel, eine Lesart der Hegelschen Philosophie als Pragmatismus vorzuschlagen.

Dazu erörtere ich im folgendem *zuerst* kurz einige Merkmale des Pragmatismus. Dabei wird unter „Pragmatismus" sowohl seine klassische (C. S. Peirce, W. James, J. Dewey u.a.) als auch seine gegenwärtigen analytischen Versionen (z.B. R. Rorty, R. Brandom) verstanden. *Zweitens* analysiere ich Hegels Kritik an der traditionellen Metaphysik, insbesondere ihrem Konzept des Urteils, um einen Ansatz zur pragmatischen Interpretation seiner Philosophie zu gewinnen. Wir werden dabei Hegels semantischen Anti-Atomismus und Anti-Repräsentationalismus herausarbeiten können. Danach wird *drittens* Hegels eigenes Konzept des Urteils und des Begriffs in seiner spekulativen Logik untersucht, um schließlich Hegels Konzept des Begriffs als sozialer Praxis interpretieren zu können. Auf diese Weise möchte ich eine pragmatische Interpretation der Hegelschen Philosophie bieten und schließlich auch die Verwandtschaft der Hegelschen Philosophie mit der Philosophie des späten Wittgenstein zeigen.

1   Merkmale des Pragmatismus

Der Pragmatismus ist keine homogene philosophische Strömung. Sehr viele, recht unterschiedlich denkende Philosophen, z.B. Peirce, James, Dewey, F. C. S. Schiller, J. H. Mead, N. Rescher, W. V. O. Quine, R. Rorty, H. Putnam, J. Habermas, R. Brandom, und D. Davidson, werden „Pragmatisten" genannt.[11] Es ist also, wie Michael Quante betont, immer schwer zu entscheiden und umstritten, welche und wie viele Merkmale man in seinen Kriterienkatalog aufnehmen soll, um den Pragmatismus überhaupt bestimmen zu können.[12] Ich will daher in diesem Abschnitt nur einige fundamentale Merkmale des Pragmatismus, die für meine folgende Argumentation wichtig sind und bei denen ein Anschluss an die Philosophie Hegels erkennbar ist, kurz erörtern. Denn es geht in diesem Beitrag nicht darum, sämtliche Merkmale des Pragmatismus überhaupt zu erschöpfen.

Robert Stern sieht in der Ablehnung der cartesianischen Erkenntnistheorie den Ursprung des Pragmatismus, aus dem sich seine verschiedenen Versionen entwickeln. Stern sagt:

---

11   Sandbothe, Mike und Egginton, William, *Introduction*, in: Egginton, William; Sandbothe, Mike (Hrsg.), *The Pragmatic Turn in Philosophy*, S. 1–10 (S. 1); Gimmler, *Pragmatic Aspects of Hegel's Thought*, S. 47.
12   Quante, *Die Wirklichkeit des Geistes*, S. 280.

As with any complex school of thought that has evolved over time and been taken up by number of different thinkers, it is impossible to reduce the outlook of pragmatism to any simple formula – even a formula proposed by the pragmatists themselves. Nonetheless, if one tries to trace the web of pragmatist belief back to anything like center, then it is arguable that there one finds a distinctively anti-Cartesian epistemology out of which all the rest of pragmatic outlook can be seen to develop.[13]

Also können wir den (Anti-)Cartesianismus zum Ausgangspunkt nehmen, um die fundamentalen Merkmale des Pragmatismus zu bestimmen. Die cartesianische Erkenntnistheorie hat vier Voraussetzungen: den Mentalismus bzw. ontologischen Dualismus von Geist und Welt, den Repräsentationalismus, die Korrespondenztheorie der Wahrheit und den erkenntnistheoretischen Fundamentalismus.

Die cartesianische Erkenntnistheorie setzt den ontologischen Dualismus von Geist und Welt voraus. Nach Descartes sind der Geist und die Materie unterschiedene Substanzen. Also ist der Geist die von der Materie unabhängig seiende, selbständige immaterielle Entität (Mentalismus). Das Erkennen wird daher von Descartes als Vorstellen im Sinne des „Spiegelns" der Welt, mit Rortys Wendung,[14] verstanden. Erkenntnis ist nichts anderes als „Repräsentation (Vorstellung)" der Welt (Repräsentationalismus). Daraus ergibt sich die Korrespondenztheorie, nach der die Wahrheit in der Entsprechung zwischen der Vorstellung und der Welt besteht. Diese Erkenntnistheorie sucht nach dem Fundament unserer Erkenntnis, d.h. dem unbedingten, an sich wahren Wissen, das anderes Wissen rechtfertigen kann, aber selbst keiner weiteren Rechtfertigung bedarf. Dies ist der erkenntnistheoretische Fundamentalismus.

Dem Pragmatismus zufolge ist dieses cartesianische Konzept der Erkenntnis aber grundsätzlich falsch. Er wendet sich gegen alle diese vier Voraussetzungen der cartesianischen Erkenntnistheorie. Daraus können einige fundamentale Merkmale des Pragmatismus überhaupt gefolgert werden. Im folgenden werde ich kurz drei fundamentale Merkmale erörtern: Anti-Mentalismus, Anti-Repräsentalismus und Anti-Fundamentalismus.

Anti-Mentalismus: Nach Cheryl Misak vertritt der Pragmatismus die „Ansicht, daß unsere philosophischen Begriffe auf unsere Tätigkeiten bezogen werden müssen."[15] Denn das Praktische hat für den Pragmatismus Primat vor dem Theoretischen.[16] Also ist das Denken kein psychisches Ereignis im

---

13 Stern, *Hegel and Pragmatism*, S. 557.
14 Rorty, Richard, *Philosophy and the Mirror of Nature*, Princeton 1979.
15 Misak, Chelyl (Hrsg.), *New Pragmatists*, Oxford 2007.
16 Quante, *Die Wirklichkeit des Geistes*, S. 280.

menschlichen Kopf, sondern eine Art der menschlichen Tätigkeit wie Essen, Trinken usw. Daher leugnet der Pragmatismus den ontologischen Dualismus und damit das mentalistische Konzept des Geistes, nach dem der Geist eine immaterielle Entität oder Substanz sei. Der Geist ist nach pragmatistischer Auffassung keine Substanz im Sinne einer immateriellen Entität, sondern eine Tätigkeit im Sinne der Auseinandersetzung mit der Welt.

Anti-Repräsentationalismus: Daher ist es ebenso falsch, das Erkennen nur als das Vorstellen im Sinne des bloßen Zusehens ohne praktisches Interesse zu verstehen. Das Erkennen als Vorstellen setzt den Gegensatz zwischen Theoretischem und Praktischem voraus. Aber es ist falsch, dem Theoretischen das Praktische entgegenzusetzen, weil das Theoretische nach pragmatistischer Auffassung in Wahrheit zum Praktischen gehört. Erkennen ist also nicht bloßes Vorstellen (Repräsentaion), sondern ein praktisches Vermögen, aus dem sich Handlungen ergeben. Wissen ist gleichbedeutend mit Können. Hier ist also der Anti-Repräsentationalismus des Pragmatismus begründet. Nach Antje Gimmler kann der Anti-Repräsentationalismus als eines der Merkmale des Pragmatismus gelten, und es lässt sich auf Hegel zurückführen.

> Classic pragmatism—especially that of Dewey—already contains not only the explicitly Hegelian rejection of dualistic philosophy, but also an antirepresentationalism whose roots can be traced back to Hegel. This antirepresentationalism becomes central to neopragmatism. Various representatives of neopragmatism refer to Hegel because in Hegel's idealism the central themes of neopragmatism can already be identified as preconfigured, or at least can be traced to their origins: namely, the problematizing or rejection of representational theory of epistemology and its related epistemological or ontological presuppositions.[17]

Folglich kommen die Pragmatisten nur dadurch zu einem Einverständnis, dass die Wahrheit *nicht* in der Korrespondenz zwischen der Vorstellung und der Welt besteht, obwohl sie ganz verschiedene Ansichten von der Wahrheit haben.

Anti-Fundamentalismus: Ich möchte nur noch ein Merkmal des Pragmatismus aufgreifen, nämlich seinen erkenntnistheoretischen Anti-Fundamentalismus. Pragmatisten verzichten auf das cartesianische Projekt der letzten Begründung des Wissens. Dieses Projekt geht von der Annahme aus, dass es ein unbedingtes, an sich wahres Wissen gibt, das keiner weiteren

---

17 Gimmler, *Pragmatic Aspects of Hegel's Thought*, S. 48.

Begründung bedarf und als Fundament unserer Erkenntnis fungiert. Denn es ist unmöglich, ein Wissen in letzter Instanz zu begründen, wenn es kein solches spezielles Wissen gibt, weil die Begründung dann in einen unendlichen Regress gerät. „Sense data" oder auch das Selbstbewusstsein usw. gelten für die Fundamentalisten als ein solches an sich wahres Wissen. Den Pragmatisten zufolge ist es aber immer möglich, dass ein Wissen aufgrund neuer Erfahrungen sich als falsch erweist (Fallibilismus). „Es gibt [...] keine einzelnen Überzeugungen, die sich zum Beispiel aufgrund metaphysischer Begründungen als prinzipiell irrtumsresistent erweisen lassen."[18] Wir müssen also auf den Anspruch einer letzten Begründung des Wissens, d.h. auf den erkenntnistheoretischen Fundamentalismus verzichten, weil jedes wahre Wissen korrigierbar ist.[19]

Wir haben drei fundamentale Merkmale des Pragmatismus erörtert. Gewöhnlich versuchen die Philosophiehistoriker eine sachliche Verwandtschaft zwischen der Hegelschen Philosophie und dem Pragmatismus aufzuzeigen, indem sie die erwähnten Merkmale des Pragmatismus in der *Phänomenologie des Geistes* finden. Dabei wird jedoch Hegels spekulative Logik ignoriert. Deshalb möchte ich im Folgenden eine pragmatische Interpretation der Hegelschen Logik vorstellen. Dabei kann uns Hegels Kritik an der traditionellen Metaphysik einen ersten Ansatzpunkt bieten.

2 Hegels Kritik am traditionellen Konzept vom Urteil in der Metaphysik

In seiner *Enzyklopädie der philosophischen Wissenschaften* (1830) behandelt Hegel die traditionelle Metaphysik unter der Überschrift „Erste Stellung des Gedankens zur Objektivität."[20] Weiter können wir uns auf die Vorrede zur *Phänomenologie des Geistes* beziehen, weil dort die Substanzontologie kritisiert

---

18   Quante, *Die Wirklichkeit des Geistes*, S. 281.
19   Vielleicht wird man bezweifeln, dass Peirce's Pragmatismus antifundamentalistisch ist. Denn Peirce spricht von der Realität, die das letzte Ziel der wissenschaftlichen Forschung sei. Doch sein Pragmatismus ist nach Bernstein antifundamentalistisch in einem ganz bestimmten Sinn. Bernstein schreibt: „He [Peirce, T. H.] is anti-foundationalist when foundatinalism is understood as the doctrine that claims there are basic or incorrigible truths that are not subject to revision." (Bernstein, *The Pragmatic Turn*, S. 34).
20   Hegels Werke werden im fortlaufenden Text mit der Sigle GW unter Angabe der Band- und Seitenzahl zitiert: *Georg Wilhelm Friedrich Hegel: Gesammelte Werke*, Die Nordrhein-Westfälische Akademie der Wissenschaften und der Künste (Hrsg.), Hamburg, 1968ff.

wird, als welche Hegel die traditionelle Metaphysik auffasst.[21] Im Folgenden kommentiere ich Hegels Kritik am traditionellen Konzept des Urteils in der Metaphysik.[22] Dabei wird sich herausstellen, dass Hegel das traditionelle Verständnis des Urteils im Hinblick auf die *Semantik* kritisiert.

Die traditionelle Metaphysik wird von Hegel als „*unbefangenes* Verfahren" in dem Sinne definiert, dass sie noch kein Bewusstsein des Gegensatzes zwischen Denken und Sein hat. Also glaubt sie nur, dass durch das Denken das Objekt als Ding an sich, d.h. als das Wahre erkannt werden kann. Dabei könne das Wahre nach der traditionellen Metaphysik in der Form des Urteils ausgedrückt werden (GW 20, 69f.).

Unter einem Urteil versteht die traditionelle Metaphysik zunächst die äußerliche Verbindung zwischen zwei Begriffen, genauer, zwischen Subjekt und Prädikat. Hegel bezeichnet dieses Verständnis als „subjective Betrachtung" des Urteils (GW 12, 55), und er hält sie für falsch, weil sie den semantischen Atomismus voraussetzt, demzufolge das einzelne Wort selbständiger Träger von Sinn ist. Das Wort selbst ist aber nach Hegel „sinnlos", wenn es vom Satz-Kontext isoliert wird. Hegel schreibt:

> Das Bedürfniß, das Absolute als *Subject* vorzustellen, bediente sich der Sätze: *Gott* ist das Ewige, oder die moralische Weltordnung oder die Liebe u.s.f. [...] Es wird in einem Satze der Art mit dem Worte: *Gott*, angefangen. Diß für sich ist ein sinnloser Laut, ein blosser Nahme; erst das Prädikat sagt, *was er ist*, ist seine Erfüllung und Bedeutung; der leere Anfang wird nur in diesem Ende ein wirkliches Wissen.
> GW 9, 20

> *Gott, Geist, Natur* oder was es sey, ist daher als Subjecte eines Urtheils nur erst der Nahme; was ein solches Subject *ist*, dem Begriffe nach, ist erst im Prädicate vorhanden.
> GW 12, 54

Wir können hier Hegels „Kontextprinzip" (seinen semantischen Anti-Atomismus) finden, d.h. das semantische Primat des Satzes vor dem Wort,

---

21 M.E. kann man Hegels Anspruch darauf, „das Wahre nicht als *Substanz*, sondern eben so sehr als *Subject* aufzufassen und auszudrücken" (GW 9, 18), als Kritik an der traditionellen Substanz-Metaphysik interpretieren.

22 Man kann schon in den frühen Schriften, die in Hegels Frankfurter Zeit entstanden, seine Kritik an der Form des Urteils finden (GW 2, 254). Danach wiederholte Hegel in verschiedenen Schriften, z.B. in *Differenz des Fichteschen und Schellingschen Systems der Philosophie* (GW 4, 23), diese Kritik.

nach dem der Satz oder das Urteil der primäre selbständige Träger von Sinn ist.[23] Deshalb ist das vom Satz oder Urteil isolierte einzelne Wort Hegel zufolge nur ein bloßer Name, also „das leere begriffslose Eins" (GW 9, 45f.).

Zwar kann das einzelne Wort – der Name – als „Zeichen", das der „Vorstellung", d.h. der einfachen bildlichen Imagination, gegeben wird, fungieren (GW 20, 452ff.). Das „Vorstellen" oder die „Vorstellung" muss aber nach Hegel streng vom „Begreifen" oder dem „Begriff" unterschieden werden. Ein grundsätzlicher Irrtum der bisherigen Philosophie bestehe eben darin, zwischen der Vorstellung und dem Begriff nicht unterscheiden zu können. Man wird sich vielleicht eine bestimmte Farbe, z. B. die Farbe einer Tomate, vorstellen, wenn man gefragt wird, was das Wort „Rot" bedeutet. Sich eine bestimmte Farbe im Kopf vorstellen zu können, ist aber nach Hegel etwas ganz Anderes als den Sinn des Wortes „Rot", d.h. das, was das Wort „Rot" bedeutet, zu verstehen, wie später Wittgenstein in den *Philosophische Untersuchungen* ausführen sollte. In diesem Sinne ist, so Hegel, das einzelne Wort als bloßer Name „sinnlos" oder „das leere begriffslose Eins", wenn auch das Wort eine Vorstellung auslösen kann. Man kann also sagen, dass Hegel schon darin die Kritik Freges und des späten Wittgensteins am semantischen Psychologismus vorwegnimmt.

Zweitens behauptet die traditionelle Metaphysik ohne jede kritische Reflexion auf die Funktion des Urteils, dass das Wahre im Satz oder der Form des Urteils ausgedrückt werden kann. Hegel bezeichnet diese Behauptung als „Dogmatismus" (GW 9, 31; GW 20, 72), weil damit eine falsche Isomorphie zwischen der oberflächlich-grammatischen Struktur der Sprache (Subjekt-Prädikat) und der semantisch-ontologischen Struktur der Welt (Substanz-Akzidens) angenommen wird. Der traditionellen Metaphysik zufolge besteht die Funktion des grammatischen Subjekts einerseits darin, auf das Ding als Substanz im Sinne des „zu Grunde [L]iegende[n]" (GW 12, 54) hinzuweisen. Gleichzeitig wird die Eigenschaft des Dings andererseits im Prädikat ausgedrückt. Daher besteht in dieser Konzeption die Wahrheit in der Korrespondenz zwischen der Sprache und der Welt (Repräsentationalismus). Hegel wendet sich nun gegen diese von der Metaphysik unkritisch angenommene Isomorphie zwischen der Sprache und der Welt. Dies kommt in seiner Unterscheidung zwischen dem Satz und dem Urteil zum Ausdruck:

> Im *grammatischen* Sinne hat jenes subjective Verhältniß, in welchem von der gleichgültigen Äusserlichkeit des Subjects und Prädicats ausgegangen wird, sein vollständiges Gelten; denn es sind *Worte*, die hier äusserlich

---

23 Vgl. Surber, Jere Paul, Hegel's Speculative Sentence, in *Hegel-Studien*, Bd. 10, 1975, S. 213; Redding 2007; Brandom 2015.

verbunden werden. – Bey dieser Gelegenheit kann auch angeführt werden, daß ein *Satz* zwar im grammatischen Sinne ein Subject und Prädicat hat, aber darum noch kein *Urtheil* ist.

GW 12, 55

Nach Hegel besteht sowohl das Urteil als auch der Satz aus der Beziehung zwischen Subjekt und Prädikat. Darin unterscheidet sich das Urteil nicht vom Satz. Aber wir können aus diesen Zitaten folgern, dass Hegel das Urteil vom Satz, d.h. die semantisch-logische Struktur von der oberflächlich-grammatischen unterscheidet. Mit anderen Worten, das Urteil gehört dem Bereich der spekulativen Logik oder der Semantik an, während der Satz an der oberflächenbezogenen Grammatik bzw. der Syntax teilhat. Außerdem können wir feststellen, dass Hegel, wie wir gesehen haben, für den Bereich der Semantik einen Anti-Atomismus (Kontextprinzip) vertritt, in Bezug auf die Syntax dagegen einen Atomismus (Kompositionsprinzip). Also ist es nach Hegel in Hinblick auf die Syntax ganz richtig, die Form des Urteils als die äußerliche Verbindung zwischen Subjekt und Prädikat zu bestimmen, aber falsch im Hinblick auf die Semantik oder die spekulative Logik.[24]

Aufgrund dieser Unterscheidung zwischen der oberflächenorientierten Grammatik und der Semantik kritisiert Hegel nun die Korrespondenztheorie der Wahrheit. Es ist nach seiner Auffassung wichtig, zwischen diesen beiden Bereichen zu unterscheiden und danach die semantische Struktur des Urteils richtig zu fassen. Erst auf dieser Basis lässt sich die Unzulänglichkeit der Urteilsform, um das Wahre auszudrücken, feststellen. Hegel schreibt:

Ohnehin ist die Form des Satzes oder bestimmter des Urtheils ungeschickt, das Concrete, – und das Wahre ist concret, – und Speculative auszudrücken; das Urtheil ist durch seine Form einseitig und in sofern falsch.

GW 20, 72

Worin besteht dann aber eigentlich das Urteil bei Hegel? In welcher Beziehung stehen das Urteil und der Begriff? Was bedeutet in diesem Zusammenhang der Begriff? Wir werden im nächsten Abschnitt diese Fragen untersuchen.

Zusammenfassend kann hier noch einmal gesagt werden, dass Hegel die atomistische und psychologische Semantik wie auch die Korrespondenztheorie

---

24　Also nimmt Hegel schon Russells Einsicht in den Unterschied zwischen Semantik und Syntax vorweg (Russel, Bertrand, *On Denoting*, in: *Mind*, New Series, Vol. 14, No. 56, Oxford 1905, S. 479–493).

der Wahrheit in der traditionellen Metaphysik kritisiert. Darin macht sich Hegels semantischer Anti-Repräsentationalismus bemerkbar. Seine Kritik an der traditionellen Metaphysik kann also folgendermaßen auf den Punkt gebracht werden: Der fundamentale Irrtum der traditionellen Metaphysik besteht darin, über kein zutreffendes Verständnis der semantischen Struktur des Urteils zu verfügen.

3   Hegels pragmatisches Konzept des Urteils und des Begriffs

Im zweiten Abschnitt haben wir Hegels Kritik an der traditionellen Metaphysik gesehen. Im folgendem möchte ich Hegels eigentümliches Konzept vom Urteil und dem Begriff interpretieren, um die pragmatischen Aspekte seiner spekulativen Logik aufzuzeigen.

Nach Hegel ist der selbständige primäre Träger des semantischen Sinns nicht das einzelne Wort, sondern der Satz oder das Urteil. Man kann also einen Satz oder ein Urteil verstehen („begreifen"), nicht aber ein Wort. Anders gesagt: Die fundamentale semantische Einheit ist die Proposition als semantischer Inhalt des Urteils oder des Satzes. Die Proposition kann daher gar nicht aus einzelnen „Vorstellungen", die mit einzelnen Wörtern verbunden sind, zusammengesetzt werden (Hegels semantischer Anti-Atomismus). Die Proposition ist nämlich *das Nicht-Komponierte*. Die Kopula im Urteil, in der „die Identität des Subjects und Prädicats" (GW 20, 185) ausgedrückt ist, zeigt eben die objektive Einheit des Subjekts und des Prädikats im Sinne der *Nicht-Komponiertheit* der Proposition. Daher kann die objektive Gültigkeit des Urteils auf die Einheit der Proposition zurückgehen. Diese Einheit der Proposition weist nach Hegel implizit noch auf die Einheit des Begriffs hin (GW 20, 183). In welcher Beziehung stehen dann der Begriff und das Urteil?

Der Begriff ist das, was man in Bezug auf etwas versteht, d.h. der „Gedanke" im Fregeschen Sinne, der in seiner Terminologie gleichbedeutend mit dem „Sinn" als der intensionalen Bedeutung ist.[25] Das, worum es Hegel beim Begriff, z.B. „Tomate", geht, ist daher nicht die Frage, welches Seiende „Tomate" sei (extensionale Bedeutung), sondern die Frage, was „Tomate" sei (intensionale Bedeutung).[26] Dabei kann der Begriff des Subjekts im Urteil, d.h. das, was das

---

25   Frege, Gottlob, *Über Sinn und Bedeutung*, in: Patzig, Günther (Hrsg.), *Gottlob Frege. Funktion, Begriff, Bedeutung: Fünf logische Studien*, Göttingen 2008, S. 23–46 (S. 29).

26   Das, worum es Hegel in der Philosophie geht, ist nach Grau der „Sinn" im Sinne Freges (Grau, Alexander, *Die Röte der Rose: Hegel über Neubeschreibung und Bedeutungsverschiebung*, in: Arndt, Andreas; Iber, Christian und Kruck, Günter (Hrsg.), *Hegels Lehre vom Begriff, Urteil und Schluss*, Berlin 2006, S. 69–79 (S. 66). Außerdem sagt Grau, dass Hegel

Subjekt ist, erst im Prädikat ausgedrückt werden (GW 12, 54; GW 20, 72; GW 20, 185): z. B. „Eine Tomate ist Gemüse."[27] Der konkrete Inhalt (die Bestimmtheit) des Begriffs kann nämlich erst im Urteil gesetzt werden. Das Urteilen ist also nichts anderes als die „Besonderung" (Unterscheidung) des Begriffs als des Allgemeinen oder „das *Bestimmen* des Begriffs durch sich selbst." (GW 12, 53) In Brandoms Sprachgebrauch kann man so formulieren: Die Funktion des Urteils besteht darin, die Bestimmungen (Besonderheit), die im Begriff (Allgemeinheit) implizit enthalten sind, explizit zu machen. Das Urteil bei Hegel ist daher nicht die Verbindung zweier Begriffe, sondern die *Artikulierung des Sinns* als Begriff. In diesem Sinne ist das Urteil nichts anderes als „die *ursprüngliche Theilung des ursprünglich Einen*", d.h. des Begriffs. (GW 12, 55) Aus diesen Überlegungen kann man folgern: Das Urteil bei Hegel bedeutet nicht die Prädikation eines Dings, sondern, wie Alexander Grau richtig bemerkt,[28] die *Explikation des Sinns*.

Das Urteilen ist also die „Diremtion" (GW 12, 55), oder anders formuliert: die Artikulierung des Begriffs innerhalb des Begriffs. Der Begriff besteht nach Hegel aus drei Momenten: Allgemeinheit, Besonderheit und Einzelheit. Daraus folgt, dass das Urteil zugleich die „Beziehung" der Momente des Begriffs ist (GW 12, 55). Hegel schreibt: „Das Subject kann also zunächst gegen das Prädicat als das Einzelne gegen das Allgemeine, oder auch als das Besondere gegen das Allgemeine, oder als das Einzelne gegen das Besondere genommen werden." (GW 12, 53) Darin besteht ein wesentlicher Unterschied zwischen dem Urteil und dem Satz: Es geht beim Urteil – aber nicht beim Satz – um das logische Verhältnis zwischen Subjekt und Prädikat. Mit anderen Worten: Der Satz hat eine grammatische Struktur, aber keine logische. (GW 20, 183)

Es gibt noch einen anderen Unterschied zwischen Urteil und Satz. Wir lesen bei Hegel:

> Z.B. Aristoteles ist im 73ten Jahre seines Alters, in dem 4ten Jahr der 115ten Olympiade gestorben, – ist ein blosser Satz, kein Urtheil. Es wäre von letzterem nur dann etwas darin, wenn einer der Umstände, die Zeit des Todes oder das Alter jenes Philosophen in Zweifel gewesen, aus irgend einem Grunde aber die angegebenen Zahlen *behauptet* würden.
>
> GW 12, 55f., Hervorhebung von T. H.

---

deswegen nicht zwischen generellen Termini und singulären Termini unterscheidet, weil er die extensionale Bedeutung aufgibt. (Ebd., S. 73).

27 Dabei unterscheidet Hegel den Typus des Prädikats gemäß den vier Typen des Urteils: Urteil des Daseins, der Reflexion, der Notwendigkeit und des Begriffs.

28 Grau, *Die Röte der Rose*, S. 72.

In diesen Zitaten sagt Hegel, dass im Urteil ein Moment der *Behauptung* enthalten sein muss. Das heißt, dass das Urteil aus zwei Bestandteilen besteht, der „Proposition" als semantischem und der „Behauptung" als pragmatischem Teil. Der Satz ist insofern nicht mit dem Urteil identisch, als es ihm am Moment der Behauptung mangelt. Beim Urteilen behauptet man nach Hegel den Urteilsinhalt als Proposition. Dies bedeutet, dass im Urteil ein Geltungsanspruch (ein Anspruch auf die Wahrheit) impliziert ist. Daher ist im Urteilen auch eine *Verpflichtung* (commitment) enthalten. Man *verpflichtet* sich auf sein Urteil, wenn man über etwas urteilt. Also muss man sein Urteil rechtfertigen, wenn an ihm gezweifelt wird. Über etwas zu urteilen bedeutet bei Hegel ebenso wie bei Sellars, dass der Urteilsinhalt im „Raum der Gründe" („space of reason" im Original) steht.

Nach Hegel kann man nur dann korrekt über etwas urteilen oder einen angemessenen Satz bilden, wenn man etwas versteht, d.h. einen Begriff von etwas hat: Man kann z.B. über eine Tomate urteilen oder einen Satz wie „Eine Tomate ist Gemüse" bilden, wenn man das, was eine Tomate ist, versteht, d.h. einen Begriff von Tomate hat. Hegel verbindet nämlich das Verstehen („Begreifen") mit der praktischen Fähigkeit, über etwas zu urteilen (Hegels Pragmatik). Dabei setzt das Urteil, wie wir gesehen haben, den Begriff schon voraus. Aber es gibt dabei, unabhängig von den einzelnen Urteilen (Besonderheit oder Einzelheit), für sich kein Kriterium (Begriff als Allgemeinheit), mit dem die Angemessenheit (Richtigkeit) oder Unangemessenheit (Unrichtigkeit) von einzelnen Urteilen beurteilt werden könnte. Denn die Allgemeinheit ist, wenn die Besonderheit und die Einzelheit davon getrennt werden, nur eine abstrakte Allgemeinheit, aber keine wahre. Die wahre Allgemeinheit muss das Besondere und das Einzelne enthalten und wird daher „konkrete Allgemeinheit" genannt. Daher hängt es allein von den beiden folgenden Bedingungen ab, ob ein einzelnes Urteil angemessen ist oder nicht: *Erstens* halten *wir* das getroffene Urteil für richtig. Das heißt, *wir* anerkennen oder akzeptieren es. Das getroffene Urteil ist *zweitens* zugleich mit den anderen Urteilen kohärent. So will es der holistische Kohärentismus Hegels. Wir können hier Hegels Anti-Fundamentalismus begründet finden.

Der Begriff setzt also umgekehrt das Urteil voraus, denn er ist abhängig von unseren sprachlichen Aktivitäten, in denen ein Urteil anerkannt wird oder nicht (mit Brandom gesprochen: „giving and asking for reason"). Der Begriff ist die Totalität einzelner von uns anerkannter Urteile. Wenn ein Urteil wie „Die Tomate ist ledig" für uns als nicht richtig gilt, bedeutet dies nur, dass wir auf solche Weise nicht von Tomaten reden (vielleicht gibt es eine Gemeinschaft, in der eine solche Rede über Tomaten akzeptiert würde). Es gibt also keinen Begriff *jenseits* unserer sprachlichen Praxis. Der Begriff (Allgemeinheit) ist vielmehr unseren sprachlichen Aktivitäten (Besonderheit oder Einzelheit) *immanent*: Der Begriff ist in diesem Sinne nichts anderes als unsere sprachliche soziale Praxis. Diese Praxis wird von Hegel als Geist bezeichnet. Der Geist ist bei Hegel daher keinesfalls eine immaterielle psychische Entität (Substanz), sondern die Gesamtheit unserer sozialen Aktivitäten (Subjektivität), die den „space of reason" ausmacht. Dies ist Hegels antimentalistisches Konzept des Geistes.

4 Schluss: Hegel, Pragmatismus und Wittgenstein

Zuletzt möchte ich auf eine sachliche Verwandtschaft zwischen Hegel und dem späten Wittgenstein hinweisen. Auch der späte Wittgenstein leugnet die Isomorphie zwischen Sprache und Welt, wie er selbst sie im *Tractatus Logico-Philosophicus* angenommen hatte. Nach seiner Auffassung besteht die Funktion der Sprache nicht darin, die Welt zu beschreiben, sondern etwas mit der Sprache zu tun. Die Art und Weise, wie man die Sprache gebraucht, bestimmt die Bedeutung der Sprache. Wittgenstein bezeichnet diese sprachliche soziale Praxis als „Sprachspiel." Dabei bedeutet „Spiel" ein regelgeleitetes Verhalten. Wittgenstein verwendet in Bezug auf diese Praxis auch das Wort „Lebensform", was meiner Meinung nach dem „Geist" bei Hegel entspricht. Sowohl das Sprachspiel als auch der Geist konstituieren einen normativen Raum. Nach meiner Interpretation stellt Hegel die Normen, die unsere sprachliche Praxis bedingen, in seiner *Wissenschaft der Logik* im Kapitel über den Schluss dar. Es heißt dort: „Der Schluß ist somit der vollständig gesetzte Begriff." (GW 12, 90) Das Wahre oder das Absolute ist in diesem Sinne der Schluss. Wittgenstein würde hingegen zweifellos jede Systematisierung der Normen, die unsere sprachliche Tätigkeit bedingen, ablehnen müssen.

Der Begriff bei Hegel kann nicht von unserer sprachlichen Praxis getrennt werden. Insofern kann man die Hegelsche Philosophie als „Antirealismus" interpretieren, weil sie es ablehnt, eine Realität anzunehmen, die von uns unabhängig wäre, und die uns das Kriterium der Wahrheit gäbe. Man könnte diesen Antirealismus nun auch auf den subjektiven Idealismus beziehen. Doch bedeutet Hegels Antirealismus keinen bloßen subjektiven Idealismus (kein „frictionless spinning in the void", wie McDowells formuliert), der alle Wirklichkeit auf die von ihr getrennte Subjektivität zurückführen würde. Denn Hegels Philosophie hebt den Gegensatz zwischen Subjekt und Objekt auf, während der subjektive Idealismus noch implizit diesen Gegensatz voraussetzt. Insofern kann man sagen, dass Hegels Antirealismus eine *Antimetaphysik* in dem Sinne bedeutet, dass der metaphysische Gegensatz zwischen dem Realismus und dem Antirealismus als bloßem subjektiven Idealismus schon überwunden ist. Nach meiner Ansicht ist auch der Pragmatismus in diesem Sinne *antimetaphysisch*.

Auch in diesem Punkt stimmt Hegel im Wesentlichen mit dem späten Wittgenstein überein. Denn die Aufgabe der Philosophie besteht für Hegel ebenso wie für Wittgenstein nicht darin, die metaphysischen Probleme zu lösen, sondern nur darin, das, was wir tun, d.h. unsere Praxis, bewusst zu machen. Eben aus diesem Grund ist Hegels Philosophie eine Philosophie des Selbstbewusstseins des Geistes.

Wissen und Handlung
Zwei Formen der Subjektivität in Hegels Ideenlehre

Taiju Okochi

Einleitende Fragestellung: Hegels Idealismus der Idee?

Hegels Logik ist die Wissenschaft der Denkbestimmungen, der Formen des Denkens, die aber zugleich Realität, ihre materielle Gültigkeit, beanspruchen. Dieses Konzept von Logik ist mit Hegels Stellungnahme zum Idealismus assoziiert. Diese Assoziation besteht nicht zu Unrecht und ich denke, dass Hegel selbst dieses Konzept der Logik als ein idealistisches versteht.

Die bekannte und hier zu erinnernde Stelle der Seinslogik, in der er sich über den Idealismus äußert, verbindet Hegel mit seiner These, dass das Endliche auf sich gestellt nicht wahr sei.[1] Dieses Konzept des Idealismus ist mit seinem Begriff der Aufhebung, den er – wie ebenfalls zu erinnern ist – kurz vor der genannten Stelle über das Endliche einführt, sehr eng zusammengebunden. Das Endliche sei insofern ideell, als es sich in das Ganze als aufgehoben erweist. Nach Hegel ist der Idealismus in diesem Sinne das Kennzeichen aller Philosophie. „Jede Philosophie ist wesentlich Idealismus." (GW 21, S. 142)

Aber diese Bestimmung des Idealismus scheint dann erstens zu umfassend zu sein, als dass sie seine philosophische Stellungnahme (ob er entweder Realist oder Idealist sei) verdeutlichen könnte; wenn alle Philosophie als Idealismus bezeichnet werden kann, taugt diese allgemeine Charakteristik nicht zur Bestimmung seiner spezifischen philosophischen Stellungnahme. Er sagt in der Tat: „Der Gegensatz von idealistischer und realistischer Philosophie ist [...] ohne Bedeutung." (GW 21, S. 142) Dieses Bedenken wird umso größer, wenn wir zusätzlich einbeziehen, dass er auch behauptet, dass dieses Ideell-Sein des Endlichen gar nichts mit der Subjektivität im üblichen Sinne zu tun hat.[2]

---

1 „Der Satz, daß das *Endliche ideell* ist, macht den *Idealismus* aus. Der Idealismus der Philosophie besteht in nichts anderem als darin, das Endliche nicht als ein wahrhaft Seiendes anzuerkennen." (GW 21, S. 142) Aus Hegels Schriften wird nach *Georg Wilhelm Friedrich Hegels Gesammelte Werke*. In Verbindung mit der Deutschen Forschungsgemeinschaft, herausgegeben von der Rheinisch-Westfälischen (später: Nordrhein-Westfälischen) Akademie der Wissenschaften, Hamburg 1968ff. (GW, danach Bände- und Seitenzahlen), zitiert.

2 „Bei dem Ideellen wird vornehmlich die Form der *Vorstellung* gemeint, und das, was in meiner Vorstellung überhaupt oder im Begriff, in der Idee, in der Einbildung u.s.f. ist, ideell genannt [...] – Vorstellungen, die nicht nur vom Reellen unterschieden, sondern wesentlich

Wahrscheinlich bestreitet niemand, dass Hegel keinem Idealismus in dem Sinne anhängt, in welchem man die Welt als Vorstellung oder als etwas irgendwie von dem Ideellen dieser Vorstellung Abhängiges verstehen könnte. Dann können wir aber fragen, ob wir Hegels Position dennoch im gewöhnlichen Sinne idealistisch bezeichnen dürfen.

Zweitens: Auch wenn Hegel sagt, dass das Endliche nicht als Reelles, sondern als Ideelles verstanden werden muss, so wird damit nicht gesagt, dass das Unendliche, oder das Ganze, das dieses Endliche in sich einschließt, selber etwas Ideelles ist. Wir müssen somit auch fragen, ob und inwiefern Hegels Konzept der Idee, die die zuletzt behandelte, höchste Instanz seiner Logik ausmacht, als idealistische Lehre verstanden werden kann. Natürlich müssen das Ideelle, wovon in der Seinslogik gesprochen wird, und die begriffslogische Idee unterschieden werden. Denn die letztere Idee umfasst das Ganze der begrifflichen Selbstbestimmung der Logik, in dem alle anderen vorhergehenden logischen Stufen enthalten und aufgehoben werden. Das Endliche wird darin idealisiert oder ist ideell geworden, aber das Ganze, was jetzt die Idee genannt wird, wird damit *realisiert*.

Ich möchte drittens noch Hegels Konzept der traditionellen logischen Formen des Begriffs, des Urteils und des Schlusses heranziehen um meine Frage zu verdeutlichen. Die Idee ist nach Hegel die Identität der Subjektivität und Objektivität. In das, was hier als „Subjektivität" auftritt, bezieht Hegel seine Lehre von den besagten drei logischen Formen ein. Dies scheint nahezulegen, dass er somit seine Ideenlehre als eine idealistische konzipiert habe. Aber es ist hinwiederum dann auch nicht ganz so klar, wie es auf dem ersten Blick scheint.

Die traditionelle Logik als die Wissenschaft des Denkens im Allgemeinen bietet für Hegel „die bloße Form einer Erkenntnis" (GW 21, S. 28), die vom Inhalt abstrahiert. Im Gegensatz dazu ist Hegels eigene Logik „so wenig formell, sie entbehrt so wenig der Materie zu einer wirklichen und wahren Erkenntnis, daß ihr Inhalt vielmehr allein das absolute Wahre oder, [...] die wahrhafte Materie ist." (GW 21, S. 34) Über die logischen Formen, die in der traditionellen Logik behandelt wurden, sagt Hegel auch:

> Es liegt überhaupt bei dem Gebrauch der Formen des Begriffs, Urteils, Schlusses, Definition, Division u.s.f. zugrunde, daß sie nicht bloß Formen

---

nicht reell sein sollen." Dieser „subjektive Idealismus wird zurückgewiesen." (GW 21, S. 143) Hegel spricht dann später von dem „Geist" als dem „eigentlichen Idealist[en]". (GW 21 S. 143).

des selbstbewußten Denkens sind, sondern auch des gegenständlichen Verstandes.

GW 21, S. 35

So erweisen sich die traditionellen logischen Formen wie Begriff, Urteil, und Schluss, die Hegel in seiner Logik als „Subjektivität" versteht, als „Formen des gegenständlichen Verstandes." Dann ist es damit aber nicht mehr unmittelbar klar, ob dieses Konzept wirklich idealistisch sei. Soweit die besagten traditionellen logischen Formen nicht zum Bewusstsein oder Geist gehören, sollen sie die Realität konstituieren. Sie müssten so die Bestimmungen der Realität selbst sein. Dann liegt ein anderes Bedenken nahe, dass Hegel nicht den Idealismus, sondern den Realismus der logischen Formen vertrete.

Gefragt ist nach der Bedeutung der ‚Subjektivität', wie Hegel sie hier anwendet. Mit der Herausbildung des Begriffs des Begriffs sieht es so aus, als erreiche Hegels Logik endlich die ihr angemessene Subjektivität. Wie kann sie aber einen subjektiven Charakter beanspruchen? Erweisen sich nicht Hegels Begriff, Urteil und Schluss nur als Synonyme von denjenigen, die in der traditionellen Logik so genannt wurden?

Wenn Hegel viertens in der Einführung zur Begriffslogik, unter der Überschrift „Begriff im allgemeinen", den Zusammenhang zwischen seinem Begriff des Begriffs und dem Kantischen Ich betont, scheint er nun die idealistische Ausrichtung seiner Philosophie stark zu machen. Sein Begriff des Begriffs sei wie die reine Apperzeption bei Kant die Identität des Denkens und des Daseins: „Der Begriff, insofern er zu einer solchen Existenz, gediehen ist, welche selbst frey ist, ist nichts anderes als Ich oder das reine Selbstbewußtsein [...] aber Ich ist der reine Begriff selbst, der als Begriff zum Daseyn gekommen ist" (GW 12, S. 17), oder er sagt auch: „Die Objektivität des Denkens ist also hier [in der Kantischen Deduktion der Kategorien] bestimmt ausgesprochen, eine Identität des Begriffs und des Dinges, welche die Wahrheit ist." (GW 12, S. 22)

Hier scheint Hegel zu offenbaren, dass Kants Ich als reine Apperzeption ihm ein Modell für seinen Begriff des Begriffs dargeboten hat. Aber zugleich wird Kant genau deswegen kritisiert, weil er dabei beim „bloßen Bewußtsein" oder der „einfache[n], für sich an Inhalt ganz leere[n] Vorstellung: Ich" (GW 12, S. 193) stehengeblieben ist. Der Begriff soll mehr bedeuten als dieses Ich, und was die Subjektivität dieses Begriffs des Begriffs ausmacht, bleibt immer noch dunkel. Im einleitenden Teil über die „Idee des Erkennens" erwähnt Hegel wieder Kants Ich, aber diesmal bezieht Hegel sich bei Kant auf den transzendentalen Paralogismus, und kritisiert Kant gerade darum, weil er diesem Ich den Status eines Seienden genommen hat. Kants Fehler soll darin bestehen, dass er die Zirkularität, in der sich die Erkenntnis des Ichs von sich notwendig verfängt, als „Unbequemlichkeit" vermeiden wollte. (GW 12, S. 193ff.)[3]

Hegels Logik darf einerseits nicht für den dogmatischen Realismus stehen, der ohne Reflexion auf die subjektiven Bedingungen der Denkbestimmungen ihnen dennoch Realität zuschreibt (wie es von Hegel insbesondere in den Vorbegriffen zur *Enzyklopädie* an der „vormaligen Metaphysik" kritisiert wird)[4]. Andererseits muss aber der realitätsabgewandte subjektive Idealismus vermieden werden. Wie dieses Dilemma aufgelöst wird und wie Hegels Idealismus gegenüber diesen beiden Positionen in seiner Logik selbst gerechtfertigt wird, ist wieder nicht so klar zu rekonstruieren, wie man auf den ersten Blick glaubt.[5]

Im Folgenden möchte ich argumentieren, dass es erst der zweite Abschnitt des Ideenkapitels ist, der von der „Idee des Erkennens"' handelt, in dem Hegel die immanente Kritik des subjektiven Idealismus durchführt und seine eigne philosophische Position deutlich macht. Hier bietet Hegel ein Konzept des Erkennens an, das die zwei Formen, die des Wissens und Handelns, thematisiert. Dabei möchte ich behaupten, dass das, was hier die Handlung heißt,

---

[3] Dies deutet an, dass Hegels Idee der Idee diese Zirkularität des Ich implizieren müsste und dennoch nicht in die angedeutete logische Schwierigkeit geraten könnte. Dazu noch ausführlicher meinen Aufsatz: Okochi, Taiju, *Tamashii kara seishin e. Hegeru ronrigaku niokeru keijijogakuteki shinrigaku hihan* (Von der Seele zum Geist. Kritik der metaphysischen Psychologie in der Hegelschen Wissenschaft der Logik), in: Iwasa, Shigeru; Shimazaki, Takashi (Hrsg.), *Seishin no tetsugakusha. Hegeru.* (Hegel. Der Philosoph des Geistes), Tokyo 2007, S. 122–144, (japanisch).

[4] GW 20, S. 69ff. (Enz. §26ff.) Dazu die Einleitung meines Buches: Okochi, Taiju, *Ontologie und Reflexionsbestimmungen. Zur Genealogie der Wesenslogik Hegels,* Würzburg 2008.

[5] Aber einen Hinweis gibt Hegel selbst an einer Stelle über das „analytische Erkennen" der „Idee des Wahren". Er charakterisiert dort zwei Verständnisse von der Analyse von Denken und Sein und klagt über die Einseitigkeit beider. Das eine stellt die Analyse so vor, so dass „im Gegenstande nichts sey, was nicht in ihn hineinlegt werde" und das andere meint: „die sich ergebenden Bestimmungen werden nur aus ihm herausgenommen." (GW 12, S. 203) Dann sagt Hegel: „Jene Vorstellung spricht bekanntlich der subjective Idealismus aus, der in der Analyse die Thätigkeit des Erkennens allein für ein einseitiges Setzen nimmt, jenseits dessen das Ding-an-sich verborgen bleibt, die andere Vorstellung gehört dem sogenannten Realismus an, der den subjectiven Begriff als eine leere Identität erfaßt, welche Gedankenbestimmungen von aussen in sich aufnehme." (GW 12, S. 203) Und Hegel deutet seine eigne Analyse der „Analyse" an, indem er sagt: „beyde Momente sind nicht zu trennen." (GW 12, S. 204) Dabei müssen wir uns auf seine Reflexionslogik in der Wesenslogik zurückbeziehen, deren erste Phasen die setzende und voraussetzende Reflexion waren (GW 11 S. 250ff.). Das, was in der Wesenslogik als Objektivität dargestellt wurde, wird nun im Rahmen des Begriffs des Begriffs als der übergreifenden Logik entwickelt, die die Subjektivität und die Objektivität vermittelt und in die Einheit führt.

zugleich für seinen Idealismus eine grundlegende Rolle spielt, und zeigen, dass Hegels endgültiges Konzept des Wissens einen gewissen Realismus notwendig macht.

1 Die absolute Idee

Gehen wir rückwärts, so beginnen wir mit der absoluten Idee, die die letzte und höchste Stellung im Prozess der Selbstbewegung des Begriffs des Begriffs ausmacht.

Es ist aber unverkennbar, dass Hegel die absolute Idee als „Wissen", also nicht als Handlung, charakterisiert. Es ist nicht das Gute, sondern das Wahre, was die absolute Idee als Identität der theoretischen und praktischen Ideen (der Ideen des Wahren und des Guten) erreicht hat. Gerade hier macht Hegel seinen Idealismus stark, indem er behauptet: „[D]ie absolute Idee allein ist Seyn, unvergängliches Leben, sich wissende Wahrheit, und ist alle Wahrheit." (GW 12, S. 236) Die absolute Idee hat „in seinem Andern seine eigene Objectivität zum Gegenstande." Sie ist das Selbst-Wissen der Idee selbst.

Hier kann ich nicht auf die Diskussion über die logische Methode Hegels eingehen.[6] Bemerkenswert in unserem Kontext ist aber seine rätselhafte Erwähnung, die die „Persönlichkeit" betrifft. Die absolute Idee wird damit vom Leben als unmittelbarer Idee einerseits und von der Seele, die eine Gestalt des Geistes ist, aber in der Unmittelbarkeit versenkt bleibt, andererseits unterschieden. „Der Begriff [als absolute Idee] ist nicht nur Seele, sondern freyer subjectiver Begriff, der für sich ist und daher die Persönlichkeit hat." (GW 12, S. 236) Zu dieser „Persönlichkeit" der absoluten Idee wird in der Literatur auf diejenige Gottes referiert.[7] Dies könnte zwar gut mit Hegels Konzept der Logik als „Darstellung Gottes [...] wie er in seinem ewigen Wesen vor der Erschaffung der Natur und eines endlichen Geistes ist" (GW 21, S. 34), korrespondieren. Aber dieser Rekurs auf Gott greift zu kurz, insbesondere wenn dabei der Zusammenhang der menschlichen Persönlichkeit mit dem Praktischen außer Acht gelassen wird. Wie Hegel sagt, ist dieser freie Begriff, der die Persönlichkeit ausmacht, zugleich „der praktische, an und für sich bestimmte, objective

---

6 Diese Methode ist auch nicht die der reinen logischen Formen, die ihre Materien außer sich haben und nur darauf, sozusagen mechanisch, angewandt werden, sondern die logische Methode Hegels zielt auf „de[n] sich selbst wissende[n], sich als das Absolute, sowohl Subjective als Objective, zum Gegenstande habende[n] Begriff" oder „das reine Entsprechen des Begriffs und seiner Realität." (GW 12, S. 238).

7 Siep, Ludwig, *Die Lehre vom Begriff. Dritter Abschnitt. Die Idee*, in: Quante, Michael; Mooren, Nadine (Hrsg.), *Kommentar zu Hegels Wissenschaft der Logik*, Hamburg, 2018, S. 753ff.

Begriff, der als Person undurchdringliche, atome Subjectivität ist." (GW 12, S. 236)

Nun führt Hegel weiter aus, dass dieser Begriff derjenige ist, „der aber ebensosehr nicht ausschliessende Einzelnheit, sondern für sich *Allgemeinheit* und *Erkennen* ist." (GW 12, S. 236) Dies deutet an, dass 1. die Persönlichkeit als Einzelheit aus der praktischen Idee aufgenommen worden ist, und 2. die Allgemeinheit hierzu gewonnen wird durch das Erkennen oder Wissen. Damit formuliert Hegel wieder, was er als „Ergänzung"[8] durch die „Idee des Wahren" in Bezug zur Idee des Guten vorher schon dargestellt hatte. Aber um klar zu machen, was diese Ergänzung bedeutet, müssen wir zunächst die Entwicklung des logischen Gangs bis zur „absoluten Idee" nachvollziehen.

2   Teleologie und Leben

Wenn wir den logischen Gang der Begriffslogik überschauen, ist es nicht in der ‚Subjektivität', wo das Subjekt im üblichen Sinne auftritt, sondern Letzteres wird sozusagen erst in dem Teil der Objektivität thematisch. Anders formuliert, ist „der Begriff" erst dann zu einem *subjektiven Subjekt* geworden, wenn ihm die äußere Realität gegenübersteht. Die Teleologie stellt einen Prozess dar, in dem der Begriff sich selbst in der Realität verwirklicht, d.h. ein Subjekt die Realität nach seinem Begriff oder seinem Zweck formt oder bildet. Dieses Konzept der Teleologie ist für unseren Zusammenhang sehr wichtig, um Hegels immanente Kritik des subjektiven Idealismus zu verdeutlichen; und zwar deshalb weil die teleologische Struktur den folgenden logischen Gang bis zur absoluten Idee bestimmt und sogar in der Idee des Guten die entscheidende Rolle spielt.

Die Idee ist zwar dadurch erreicht, dass die äußere Beziehung der Teleologie, die Beziehung des Subjekts auf seine äußere Welt, aufgehoben ist. Durch diesen Übergang von der äußeren Teleologie zur inneren, der zugleich derjenige von der Objektivität zur Idee ist, wird aber nicht die Zweckbeziehung selbst aufgelöst: Die Teleologie wird nicht nur innerlich, als Organismus, d.h. als die Beziehung der Seele und der Körperteile zueinander, behalten, sondern auch wird der Begriff zugleich in die Beziehung auf äußere Gegenstände – als Trieb sich zu realisieren – einbezogen. Hegel sagt:

> Ihre [der Glieder des Organismus] Aeusserlichkeit ist der negativen Einheit der lebendigen Individualität entgegen; diese ist daher *Trieb*, das

---

8   „[D]ie Idee des Guten kann daher ihre Ergänzung allein in der Idee des Wahren finden" (GW 12, S. 233).

abstracte Moment der Bestimmtheit des Begriffes als reellen Unterschied zu setzen.

GW 12, S. 184

Hier wird angedeutet, dass der Organismus als innere Teleologie in sich (innerlich) die Äußerlichkeit impliziert und diese inneren Unterschiede sich zum Äußeren ins Verhältnis setzen müssen. Der innere Widerspruch zwischen dem Begriff und seiner Gegliedertheit innerhalb des lebendigen Individuums führt zum Widerspruch des Individuums und seiner Umwelt. Der Trieb ist ein lebenslogischer Ausdruck dieser zweckmäßigen Beziehung auf die äußere Realität. Sowohl der Assimilationsprozess im Kapitel „B. Lebensprozess" als auch der Reproduktionsprozess im Kapitel „C. Gattung" müssen als Prozesse der Entwicklung dieses Triebs verstanden werden.

Aber dieser Begriff des Triebs spielt eine wichtige Rolle nicht nur in der „Idee des Lebens", sondern eine entscheidende Rolle auch für die Idee des Erkennens. Die „Idee des Wahren", der erste Gegenstand des logischen Erkennens, ist selbst der Gegenstand des Triebes. „Die subjective Idee ist zunächst Trieb. Denn sie ist der Widerspruch des Begriffs, sich zum Gegenstand zu haben und sich die Realität zu seyn." (GW 12, S. 199) Insofern ist die Erkennens-Beziehung der subjektiven Idee eine teleologische. Aber diesmal ist anders als in der eigentlichen Teleologie der Gegenstand nicht mehr die begriffslose, mechanische und chemische Welt, in der die blinde Notwendigkeit herrscht, sondern der Gegenstand, der selbst Begriff sein soll.

Das sich herausbildende Sich-selbst-Wissen der Idee muss zur Befriedigung dieses Triebs werden. Dieses bedürfnisbezogene Konzept der Idee wird erst möglich, indem das Leben als die erste, vorgängige Idee gesetzt wird. Die „Idee des Erkennens" entwickelt sich einerseits aus der „Idee des Lebens." Andererseits hat sie die Einheit des Begriffs und Gegenstandes verloren, die das Leben hatte. Dieser Gegensatz selbst stammt aber aus dem Gegensatz, den das Leben selbst impliziert, d.h. aus dem Gegensatz zwischen dem lebendigen Individuum und seiner Umwelt oder zwischen der Gattung und den Individuen. Während der letzte Gegensatz nicht dem natürlichen Individuum oder dem natürlichen Leben unmittelbar bewusst ist, wird das Erkennen sich dieses Gegensatzes bewusst. Der Trieb – hier zunächst der des Erkennens – selbst muss der Gegenstand des Begriffs werden.[9]

---

9 Dies bedeutet aber natürlich nicht, dass Hegel über die Idee eine naturalistische Auffassung hätte. Das Erkennen oder die Idee selbst ist nicht das Resultat der natürlichen Evolution, sozusagen als natürlich verursachte Abscheidung des Gehirns. Und auch ist die logische Ordnung nicht die Ordnung der Naturgeschichte.

3 Erkennen als Trieb

Hegel unterteilt die Idee des Erkennens in die „Idee des Wahren" und die des „Guten." Dies besagt, dass das Wissen und das Handeln zwei Formen des Erkennens der Idee sind. Dann ist das Handeln in das Wissen im weiteren Sinne eingeschlossen. Andererseits aber wird die Idee des Wahren, wie gesagt, als der Zweck des Triebs des Erkennens konzipiert. „Dieser Trieb ist daher der Trieb der Wahrheit, also der Wahrheit als theoretischer Idee, in ihrem eigentlichen Sinne." (GW 12, S. 200) Das Wahre ist der Zweck; oder die Wahrheit als Einheit des Subjektiven und des Objektiven ist der ausgeführte Zweck.[10] Insofern ist das Wissen nicht eine bloße Kontemplation, die sich die gegebene Welt nur anschaut und empfängt.[11] Sondern die Welt ist der Zweck dieses Wissens. Dort sucht es seinen Begriff selbst. Damit wird nicht nur die Intentionalität des Wissens dargestellt. Es wird sogar der aktive Charakter des Wissens angedeutet. Nach der Nachschrift von Karl Hegel nannte sein Vater noch deutlicher die Idee des Wahren und des Guten „diese 2 Tätigkeiten." (GW 23/2, S. 800) Vielmehr sind sie „zwei Seiten", die „dieser Trieb hat." (GW 23/2, S. 800) Wissen ist ein zweckmäßiger Akt, der aber noch nicht die Handlung selbst ist. Dies erklärt, warum die Idee des *Erkennens* nicht die Idee der *Erkenntnis* genannt wird.[12]

Aber genau deswegen, weil dieses Wissen noch Wissen, d.h. keine Handlung ist, kann dieser Trieb seinen Zweck nicht durchführen. Nach Hegels Formulierung ist dieses Erkennen „ein Widerspruch [...], der sich selbst aufhebt" oder „der Widerspruch einer Wahrheit, die zugleich nicht Wahrheit selbst sein soll". (GW 12, S. 201) Dabei bezieht sich Hegel zurück auf Kants Ding an sich. Kants Erkennen sei der widerspruchsvolle Trieb zur Wahrheit, der aber zugleich das Ansich jenseits stellt und es von Anfang an unerkennbar macht. Aber dieser Widerspruch muss aufgelöst werden, indem dieses Erkennen selbst eine teleologische Tätigkeit ist:

---

10 In der Nachschrift von Good (1817) „Das Erkennen hat die Idee zu seinem Ziele, es ist dies ein blosses Streben." (GW 23/1, S. 139).

11 Martin sieht auch den Handlungscharakter der Idee des Wahren. (Martin, Christian Georg, *Die Idee als Einheit von Begriff und Objektivität*, in: Koch, Anton Friedrich; Schick, Friedrike; Vieweg, Klaus; Wirsing, Claudia, *Hegel – 200 Jahre. Wissenschaft der Logik*, Hamburg 2014, S. 239).

12 Wieder in Nachschrift von Karl Hegel wird deutlicher gesagt: „[W]o wird Inhalt hergenommen, von der Welt, dies gilt als das Seyende, das Subjekt ist Mangelhaftes, es soll erfüllt werden mit dem Seyn, das ist das Erkennen im eigentlichen Sinn, Neugierde, Wißbegierde ist dies, das Ich, dies Einfache zu erfüllen." (GW 23/2, S. 800).

> [E]s [das Erkennen] ist aber selbst der Begriff, der sich Zweck ist, der also durch seine Realisirung sich ausführt, und eben in dieser Ausführung seine Subjectivität, und das vorausgesetzte Ansichseyn aufhebt. – Es ist daher an ihm selbst in seiner positiven Thätigkeit zu betrachten.
> GW 12, S. 201

Der ganze Prozess der „Idee des Erkennens", der vom analytischen durch das synthetische Erkennen und die Idee des Guten zur absoluten Idee führt, ist eine Darstellung dieser Tätigkeit in zwei Formen des Wissens und Handelns.

Ich möchte hier das analytische und das synthetische Erkennen, die zusammen die Idee des Wahren ausmachen, in einem besonderen Hinblick rekonstruieren. Was ich hier besonders herausstellen möchte ist, wie die Idee des Wahren als implizite Handlung zur Idee des Guten als der expliziten Handlung führt.

Mit der Entwicklung vom analytischen durch das synthetische Erkennen zur Idee des Guten wird der Gang der ganzen Logik vom Sein durch das Wesen zum Begriff sozusagen wiederholt, aber in einem neuen Zusammenhang aufgefasst. Das analytische Erkennen besteht in der unmittelbare Einheit des Objektiven und Subjektiven. Diese Unmittelbarkeit besteht darin, die Bestimmungen vom vorgegebenen Gegenstand direkt ins Denken aufzunehmen. Es ist analytisch, weil es nichts zum Gegenstand addiert. Deswegen ist die rein empirische Erkenntnis für Hegel analytisch.[13] Das analytische Erkennen ist am weitesten entfernt von irgendeiner Handlung, weil es nur „die unmittelbare, das Andersseyn noch nicht enthaltende Mittheilung des Begriffes ist, worin die Thätigkeit sich ihrer Negativität entäußert." (GW 12, S. 202f.)

Erst im synthetischen Erkennen wird das Objekt „in denselben [Begriffsbestimmungen] gesetzt." (GW 12, S. 209) Aber es behandelt nur die Verhältnisse dieser Begriffsbestimmungen. Deswegen sind sie erst „in unmittelbarer Einheit", d.h. nicht in der Einheit, „wodurch der Begriff als Subject ist." (GW 12, S. 209) Dieses begriffslogisch aufgefasste „Wesen" besteht dann aus drei Formen, die je dem Allgemeinen, dem Besonderen und dem Einzelnen entsprechen. Als Allgemeines gilt der Definitionsbegriff seit Aristoteles, d.h. die Definition durch den Gattungsbegriff und die spezifische Differenz. Mit der Definition wird „die noch gegebene Objectivität in [...] die Form des Begriffes verwandelt" (GW 12, S. 210), weil damit von den unwesentlichen Bestimmungen, die als nicht den Begriff des Gegenstandes konstruirend sich erweisen,

---

13 Aber das Vorgegebene, womit diese Erkenntnis anfängt, kann nicht nur etwas Empirisches, sondern es kann sich auch um abstrakte, vorgegebene Prinzipien handeln. Es geht nicht darum, ob der Gegenstand empirisch konkret oder abstrakt ist, sondern ob der Gegenstand nur als gegebener erkannt wird und keine weiteren Bestimmungen dabei eingemischt werden, wenn Hegel über analytisch oder synthetisch spricht.

abstrahiert wird. Definieren ist nicht ein bloßes Aufnehmen von Merkmalen des zu definierenden Gegenstandes, weil dann nicht erkannt würde, welche unter mehreren Eigenschaften wesentlich für ihn, also Merkmale sind. Der Begriff muss immer tätig sein, damit wir den Gegenstand definieren können und auch „eine schlechte Pflanze, Thier usf." immer noch als solche und zugleich aber als schlechte Exemplare bezeichnen können. (GW 12, S. 214)

Die Besonderung der Definition ist die Einteilung: Sie setzt einen Gegenstand in das Verhältnis zu dem anderen. Sie macht eine „Grundlage und Möglichkeit einer synthetischen Wissenschaft, eines Systems, und systematischen Erkennens" (GW 12, S. 215) aus. Denn sie kann die Gegenstände in eine Ordnung bringen, die aber noch willkürlich bleiben kann. Es ist der ‚Lehrsatz', der die Begriffsbestimmungen, und damit auch die Gegenstände, dann unter das notwendige, nicht mehr der Willkür ausgesetzte Verhältnis bringt. „[D]er Lehrsatz soll demonstrirt (und nicht monstrirt – T.O.) werden." (GW 12, S. 220) Hegel vollzieht aber im Gang von der Definition zum Lehrsatz deutlich einen Rückgang zum Unmittelbaren. Nicht nur die allgemeine Definition, womit das synthetische Erkennen anfängt, sondern das ganze Netzwerk der Bestimmungen, die mit anderen Bestimmungen in Beziehung gebracht werden und deren Zusammenhang als notwendig bewiesen wird, bestimmt ein Einzelnes. Damit hat die Idee „zu ihrem Zweck" (GW 12, S. 230) aufgeschlossen. „Aber", so fügt Hegel schon vorher hinzu, „das hier betrachtete, noch im Suchen begriffene Erkennen kommt zu dieser Darstellung insofern nicht, als die Realität bey demselben nicht aus dem Begriffe hervorgeht [...]." (GW 12, S. 220) Die Notwendigkeit, die der Lehrsatz unter den Begriffsbestimmungen hervorbringt und sichert, ist dann „die höchste Spitze des Seyns und der Reflexion." (GW 12, S. 230) Diese Notwendigkeit muss zum Begriff übergehen. Es ist die Idee des Guten, anhand derer dieser Übergang zum Begriff vollgezogen wird.

4 Handeln als Erkennen

Während die theoretische Idee aus der objektiven Welt „sich den bestimmten Inhalt und die Erfüllung [nimmt]" oder „eine gegebene Bestimmung in sich [aufnimmt]", setzt die praktische „die eigene Bestimmung" oder gibt sie „sich vermittelst des Aufhebens der Bestimmungen der äusserlichen Welt die Realität in Form äusserlicher Wirklichkeit." (GW 12, S. 231)[14] Nach der Formulierung in Karl Hegels Nachschrift:

---

14   Hegel fasst den Übergang von der Idee des Wahren zu der des Guten wie folgt zusammen: „Die Idee, insofern der Begriff nun für sich der an und für sich bestimmte ist, ist

> In dem Wollen ist das endliche Theoretische dazu gekommen, daß es vom Vorurtheil zurückgekommen, die Idee weiß sich als Vernunft in ihr selber, sie ist das Setzen der Bestimmungen und diese Bestimmungen gelten als das Wahrhafte und nicht das Objektive sondern dieses soll erst etwas Wahrhaftes werden, indem es durch den Willen determiniert wird.
>
> GW 23/2, S. 804

Diese Idee des Guten oder das entsprechende Wollen ist nun – so jetzt in der *Wissenschaft der Logik* – „der Trieb, sich zu realisiren, der Zweck, der sich durch sich selbst in der objectiven Welt Objectivität geben und sich ausführen will." (GW 12, S. 231)[15] Aber wir haben gesehen, dass die theoretische Idee, die Idee des Wahren, schon „der Trieb der Wahrheit" genannt wurde. Zudem wurde gezeigt, dass das Subjekt in dieser Idee nicht nur passiv die Bestimmungen aus der Welt aufgenommen hat, sondern wie insbesondere im synthetischen Erkennen der Begriff sich selbst vollzogen hat. Erkennen ist also schon ein aktives Einsetzen des Subjekts gegenüber der Welt. Wenn es so ist, muss die Idee des Guten, die auch als eine Form des Erkennens verstanden wird, als das Explizitmachen des potentiellen aktiven Charakters des Wissens selbst verstanden werden.

Mein Interpretationsvorschlag ist, Hegels Versuch so zu verstehen, dass er die Antwort auf das Problem der Erkenntnis der Realität in der Handlung des Subjekts sucht. Es geht dabei nicht direkt um die Themen der praktischen Philosophie, sondern noch um diejenigen der theoretischen Philosophie,[16]

---

die praktische Idee, das Handeln." (GW 12, S. 230) Dieser Satz weist mindestens auf zwei Charaktere der Idee des Guten hin. Der Begriff ist erstens hier „der an und für sich bestimmte". Das bedeutet, dass der Begriff jetzt der einzelne ist. Die Vereinzelung des Begriffs, die schon die logische Behandlung des ‚Lehrsatzes' ihm sozusagen angezeigt hatte, wird erst hier, in der praktischen Idee, ausgeführt. Zweitens ist dieser Begriff des praktisch Guten „für sich". Das bedeutet, dass dieser Begriff nicht mehr auf etwas anderes, die Welt, abzielt, sondern sich selbst umfassend zum Gegenstand seiner aufhebenden Verwirklichung in der und als Welt macht. „Indem der Begriff, welcher Gegenstand seiner selbst ist, an und für sich bestimmt ist, ist das Subject sich als Einzelnes bestimmt." (GW 12, S. 231).

15 Zur Unterscheidung der theoretischen und praktischen Idee siehe auch die folgende Stelle aus Karl Hegels Nachschrift: „Die Vernunft hat [in der theoretischen Idee] die Gewißheit, sie kann die Welt erkennen, von diesem Glauben geht die Vernunft aus, daß die Welt ein von ihr zu Fassendes ist." Die praktische Idee ist „das umgekehrte Verhältnis. Da gelten dem Individuum seine Bestimmungen als die wahrhaften. Ich habe den Glauben an mich gegen das Äußerliche." (GW 23/2, S. 800).

16 Bisher ist diese Idee des Guten oft so verstanden worden, dass es dabei um die Moralität oder die Gesellschaftstheorie, um die Themen des objektiven Geistes, geht. Hartman sieht da „Konversion des Erkennens zum Thema des Guten als sozialer Wirklichkeit." (Hartmann, Klaus, *Hegels Logik*, hrsg. von Müller, Olaf, Berlin/New York, 1999, S. 438) Vgl.

die aber nicht mehr innerhalb einer bloßen Kontemplation aufgefasst werden können. Damit vergleichbar und in Unterschied zu setzen ist die Fichtesche *Grundlage der gesamten Wissenschaftslehre* von 1794, wo Fichte die Versöhnung zwischen Idealismus und Realismus in ihrem theoretischen Teil nicht erweisen und sichern kann und sodann in dem praktischen Teil versuchte, eine Einheit beider zu bewerkstelligen. Aber es ist auch nicht zu vergessen, dass Hegel oft urteilt, dass Fichtes Versuch, den Idealismus zu rechtfertigen, scheitert, weil dieser das Problem der Dinge-an-sich nicht lösen konnte; dabei lässt Fichte noch äußere, objektive Anstöße dem Subjekt gegenüber stehen.[17]

Das Gute als Gegenstand dieser Idee ist der Zweck, der jetzt als solcher explizit geworden ist. Damit kann Hegel jetzt die Logik der äußeren Zweckmäßigkeit in Anwendung setzen. (GW 12, S. 232) Weil es aber hier nicht um „eine[n] unbestimmte[n] endliche[n] Inhalt", sondern um die Idee des Guten, die ein „absolut geltender Inhalt" ist, geht, steht der Begriff oder das Subjekt nun vor noch einer schärferen Schwierigkeit. Auf der subjektiven Seite steht die absolut geltende Idee, die Idee des Guten, die in der Realität verwirklicht werden soll; auf der objektiven Seite steht die Wirklichkeit, die als solche nichtig, wertlos und undurchschaubar ist. Die zwei Welten sind jetzt entgegengesetzt:

> [D]ie eine ein Reich der Subjectivität in den reinen Räumen des durchsichtigen Gedankens, die andere ein Reich der Objectivität in dem Elemente einer äusserlich mannichfaltigen Wirklichkeit, die ein unaufgeschlossenes Reich der Finsterniß ist.
>
> GW 12, S. 233

In der *Wissenschaft der Logik* gibt Hegel zwei Darstellungen der Auflösung dieses Problems. Die eine ist eine logisch-abstrakte Wiedergabe der Dialektik des

---

auch Siep *Die Lehre vom Begriff. Dritter Abschnitt. Die Idee*, S. 720. Zwar ist es nicht zu verleugnen, dass sich Hegel hier auf die kantische Moralität bezieht anhand von Begriffen des Sollens und des Postulats. Er gibt hier sogar auch einen Hinweis auf die „Moralität", die er in der *Phänomenologie des Geistes* abhandelte, wo er das moralische Subjekt thematisierte. (GW 12, S. 233) Aber mit dieser Leseweise kann man auf unsere Frage keine Antwort geben, die Frage, wie Hegel den subjektiven Idealismus überwindet und ob seine philosophische Position als Idealismus bezeichnet werden kann.

17 Z.B. GW 11, S. 247. Siehe meine Interpretation zu der *Grundlage zur gesamten Wissenschaftslehre* in Okochi, Taiju, *Rironteki chi no rinkai. Zenchishikigaku no kiso niokeru kannenron to jitsuzairon no sokoku (Grenze des theoretischen Wissens. Widerstreit zwischen dem Idealismus und Realismus in der ‚Grundlage der gesamten Wissenschaftslehre')*, Kimura, Hiroshi (Hrsg.), *Fihite zenchishikigaku no kiso to seijitekinamono (Fichte. Grundlage der gesamten Wissenschaftslehre und das Politische)*, Tokyo, 2008, S. 58–81 (japanisch).

Kapitels von „Der seiner selbst gewisse Geist. Die Moralität" in der *Phänomenologie des Geistes*. Hegel sagt: „[D]ie Idee tritt daher hier in die Gestalt des Selbst-Bewußtseyns, und trifft nach dieser einen Seite mit dessen Darstellung zusammen." (GW 12, S. 233) Die andere versteht Hegel als einen eigenen Übergang der Idee des Guten durch sich selbst. In beiden Fällen wird eine „Ergänzung" durch das theoretische Wissen gefordert.

Während jene erste Darstellung der Auflösung des genannten Problems durch den Rekurs auf die *Phänomenologie* wesenslogisch und die Wirklichkeit, in der das Wahre gewusst werden soll, nur ein Nichtiges bleibt, wird in der zweiten Darstellung nun eine begriffslogische Auflösung gegeben, die die Form des teleologischen Syllogismus, d.h. den „Schluß der Handlung" enthält. Dieser Übergang impliziert – das ist auch mein Interpretationsvorschlag – den Übergang vom Idealismus zum Realismus:

Die erste Prämisse besteht in der direkten Beziehung des Subjekts auf die Wirklichkeit; die zweite ist die Beziehung der zwei Wirklichkeiten oder Gegenstände, deren einer als Mittel, der andere als (ausgeführter) Zweck bestimmt wird. So wird der Schluss gebildet, in dem die zwei Extreme von einerseits Subjekt und andererseits Zweck durch die Mitte des Mittels gebunden werden:

Subjekt – Mittel – (ausgeführter) Zweck

Dieser Schluss von Subjekt-Mittel-Zweck ist der gleiche wie derjenige, der im Teleologiekapitel gezogen wurde (GW12, 168) und das Problem, in das er gerät, ist auch das gleiche, das Problem des unendlichen Regresses: Die Mittel können immer wieder zwischen das Subjekt und die Ausführung des Zwecks eingeschoben werden und das Subjekt kann so immer wieder den Zweck nicht erreichen. Aber Hegel behauptet, dass dieses Problem daraus entsteht, dass das Subjekt den Wert des Wirklichen subjektiv versteht.

Der Gegenstand, auf den das Subjekt sich direkt bezieht, hat den ‚Wert' als Mittel nur in der Beziehung auf das subjektive Gute selbst.[18] Er hat einen Wert nicht in sich selbst, sondern ist nur der Stoff, zu dem das Subjekt den

---

18 „Das Gute ist für den subjectiven Begriff das Objective; die Wirklichkeit in ihrem Daseyn steht ihm nur insofern als die unüberwindliche Schranke gegenüber, als sie noch die Bestimmung unmittelbaren Daseyns, nicht eines Objectiven nach dem Sinne des An und für sich-seyns hat; sie vielmehr entweder das Böse oder Gleichgültige, nur Bestimmbare, welches seinen Werth nicht in sich selbst hat." (GW 12, S. 234).

Wert hinzusetzt. Dieser Wert-Idealismus soll durch die Ergänzung des Wissens zurückgewiesen werden.[19]

> Wie nun in der Zweckbeziehung überhaupt der ausgeführte Zweck ist, so ist gleichfalls in dem Schlusse des Guten, die zweyte Prämisse schon unmittelbar in der ersten an sich vorhanden.
>
> GW 12, S. 234

Es scheint, dass Hegel den Regress des ausgeführten Zwecks dadurch vermeiden will, indem er behauptet, dass das Mittel schon der ausgeführte Zweck sei. Diese Behauptung könnte die zweite Prämisse (die Verbindung zwischen Mittel und ausgeführtem Zweck) unbrauchbar machen. Aber diese Unmittelbarkeit, d.h. jetzt das Wissen des realen Wertes, ist nach Hegel ein Resultat von doppelten Negationen. Deswegen wird die zweite Prämisse dennoch gesetzt. Die zweite Prämisse negiert, dass die Wirklichkeit, auf die sich das Subjekt direkt bezieht, der ausgeführte Zweck sei. Diese Wirklichkeit ist nur Mittel zur wirklichen Ausführung des Zwecks. Diese Bestimmung des Mittels ergibt sich erst durch die Beziehung auf das subjektive Gute. Weil diese erste Negation so immer wiederholt werden könnte, so könnte damit dieser Schluss in den unendlichen Regress geraten. Aber was die Verwirklichung des Guten stört und in den Regress geraten lässt, ist, sagt Hegel, nochmals das Subjekt selbst.

> In der That hat sich diese Bestimmtheit in der Verwirklichung des Guten aufgehoben; was den objectiven Begriff noch begränzt, ist seine eigene Ansicht von sich, die durch die Reflexion auf das, was seine Verwirklichung an sich ist, verschwindet. Er steht nur sich selbst durch diese Ansicht im Wege, und hat sich darüber nicht gegen eine äussere Wirklichkeit, sondern gegen sich selbst zu richten.
>
> GW 12, S. 235

Die zweite Negation, „das Aufheben dieses Andersseyns" (GW 12, S. 234), wird durch diese Wendung der Ansicht auf sich selbst eingeführt. Sie ist das, was das Wissen genannt wird. Erst schließt dieses Wissen aus den zwei Prämissen auf den Schlusssatz, der das Subjekt oder den Zweck selbst und den ausgeführten Zweck verbindet.

---

19 Schäfer nennt diese Ergänzung „unverständlich". Mein Versuch soll als solcher gelten, sie verständlich zu machen. (Schäfer, Rainer, *Hegels Ideenlehre und die dialektische Methode*, in: Koch, Anton Friedrich; Schick, Friedrike (Hrsg.), *G.W.F. Hegel Wissenschaft der Logik*, Berlin 2002, S. 243–264 [S. 255]).

Die Idee des an und für sich bestimmten Begriffs ist hiemit gesetzt, nicht mehr bloß im thätigen Subject, sondern ebensosehr als eine unmittelbare Wirklichkeit, und umgekehrt diese, wie sie im Erkennen ist, als wahrhaftseyende Objectivität zu seyn."

GW 12, S. 235

Diese Unmittelbarkeit als wahre Einheit der Subjektivität und der Objektivität macht die absolute Idee aus. In dieser wird „die Voraussetzung überhaupt aufgehoben" (GW 12, S. 235), und diese Voraussetzung heißt nach Hegel „die Bestimmung des Guten, als eines bloß subjectiven und seinem Inhalte nach beschränkten Zwecks" und zugleich „die Nothwendigkeit, ihn [diesen Zweck] durch subjective Thätigkeit erst zu realisiren" oder „diese Thätigkeit selbst." (GW 12, S. 235) Die absolute Idee hat damit die Unmittelbarkeit wieder erlangt, ist aber daher nicht „die Wiederherstellung der Voraussetzung, sondern vielmehr deren Aufgehobenseyn." So ist die absolute Idee „die Rückkehr zum Leben" (GW 12, S. 236), insofern sie auch diese Vermittlung in sich einschließt. Der Zweck oder die Handlung ist deswegen ein notwendiger Bestandteil der absoluten Idee, aber nur als Negiertes oder im Wissen der absoluten Idee Aufgehobenes. Der Idealismus des Handelns vollzieht sich im Realismus des Wissens.

5 Fazit

Hegels philosophische Stellung gegenüber dem Idealismus und dem Realismus in der absoluten Idee kann erst dadurch verstanden werden, dass diese absolute Idee sich als Resultat der „Idee des Erkennens" erweist. Diese enthält die folgenden drei Behauptungen.

1. *Die praktische, handlungstheoretische Fassung des Erkennens*
Erkennen oder Wissen ist eine Handlung. Die Handlung und das Wollen in der „Idee des Guten" müssen in diesem Problemzusammenhang verstanden werden. Die „Idee des Guten" behandelt nicht direkt moralische oder ethische Themen, die von Hegel erst später im objektiven Geist thematisiert werden. Sie ist begriffslogisch gesehen die explizit gemachte Tätigkeit des Erkennens. Die Identität der Subjektivität und Objektivität wird erst durch diese handlungstheoretische Fassung des Erkennens möglich.

2. *Der Wert-Realismus*
Diese handlungstheoretische Fassung des Erkennens ermöglicht, den Erkenntnisgegenstand als Zweck zu verstehen. Der Wert, der von dem Subjekt in der

Beziehung auf seinen Zweck, d.h. des Guten, diesem Zweck zugesprochen und zugefügt wird, muss aber als zu der gegenständlichen Welt selbst gehörend angesehen werden. Das Sein, der Gegenstand des Erkennens, ist dann zugleich das Gute oder der Wert oder das in Geltung Gesetzte. Dieses Konzept des Wissens impliziert den Realismus des Zwecks oder Wertes: d.h. den Wert als Gegenstand konstruierenden anzunehmen.

3. *Der absolute Idealismus als die immanente Kritik des subjektiven Idealismus*

Aber dies bedeutet nicht einen Rückgang zum naiven Realismus, sondern dieser Realismus ist ein Resultat des durchgeführten Idealismus, der durch die immanente Kritik des subjektiven Idealismus vollgezogen wird. Hegels absoluter Idealismus wird erst möglich, indem er alle Voraussetzungen durch die Handlung in sich aufhebt. Ohne die Dialektik von Wissen und Handeln, die sich erwiesen hat, kann Hegels absoluter Idealismus nicht seine Unbedingtheit gewinnen.

Hegels Dialektik der Moderne
Hic Rhodus, hic salta!

Vesa Oittinen

Dieser Aufsatz basiert auf einem Buchplan, der nie realisiert wurde. In mehreren Hegel-Kongressen ab Mitte 90er Jahre hielt ich Vorträge, die um die Themen „Hegel, Dialektik, Moderne" kreisten, mit der Absicht, die spezifische Gestalt auszulegen, in der die Idee der Moderne und die dialektische Logik sich bei Hegel miteinander verstrickten. Motiviert war ich einerseits von den neueren US-amerikanischen Deutungen (Hardimon, Brandom u.a.), die Hegel nicht mehr, wie früher in der angelsächsischen analytischen Tradition üblich war, a limine ablehnten, sondern in ihm einen Theoretiker der modernen Gesellschaft sahen. Andererseits schien es mir, dass Hegels Überzeugung, das eigentliche Prinzip der Moderne sei die Subjektivität, in der bisherigen Diskussion zur dialektischen Logik noch nicht genügend thematisiert war. Anfangs schien alles gut voranzugehen, und das wichtigste Teilstück des Projektes, der Artikel über das Verhältnis der antiken Tragödie und Hegels „Dialektik der Moderne", der schon die meisten Ideen des geplanten Werks enthielt, wurde im Hegel-Jahrbuch *1999 publiziert.*[1] *Schließlich blieb das Projekt aber aus; im Folgenden versuche ich, einige Hauptpunkte dieser nie verwirklichten Arbeit darzulegen.*

∴

---

1 Oittinen, Vesa, *Antike Tragödie und dialektische Moderne in Hegels Ästhetik*, in: *Hegel-Jahrbuch*, Berlin 2000, S. 126–135. Weitere Texte zum Thema: Oittinen, Vesa, *Dialektik der Moderne in Hegels Geschichtsphilosophie*, in: Losurdo, Domenico (Hrsg.), *Geschichtsphilosophie und Ethik*, Annalen der IGDPh/SH, Bd. 10, Frankfurt am Main 1998, S. 621–636; ders., *„Die alten Philosophen beantworten unsere Fragen nicht" – Antike vs. Moderne in Hegels Philosophie der Geschichte*, Vortrag beim Hegel-Kongress Sarajevo 2010, publiziert in: Mareeva, E.V. (Hrsg.), Э. В. Ильенков: Идеальное. Мышление. Сознание: Материалы XIV Международной научной конференции „Ильенковские чтения-2012" (Москва, 12–13 апреля 2012 года), Moskau 2012.

Es ist heute Gemeinplatz geworden, dass Hegel ohne Kant nicht verstanden werden kann. Hegels Dialektik, ja sein ganzes System kann als ein großangelegter Versuch angesehen werden, die Kantische Philosophie mit ihren Dualismen zu überwinden. Dieser Überwindungs-Eifer ist eher außerphilosophisch als von Kants tatsächlichen – oder angeblichen – Inkonsequenzen motiviert gewesen. Kant war für Hegel der Gipfel der bisherigen Moderne, wie sie sich am Ende des Aufklärungszeitalters und als Resultat der Französischen Revolution zeigte. In Kants Philosophie meinte Hegel auch den Gussfehler in den Fundamenten der neuen, durch die Aufklärung und die Französische Revolution angekündigten Epoche nachspüren können, nämlich die Entzweiung, ein Begriff, der besonders in der *Phänomenologie* von 1807 von zentraler Bedeutung für Hegels Zeitdiagnose ist.

Das Thema der Entzweiung kommt schon beim ganz jungen Hegel vor; schon in der Frankfurter Periode (1797–1800) sieht er seine Überwindung in einer neuen, zureichenden Begründung des philosophischen Monismus als seine Aufgabe an.[2] Ein bisschen später, in *Glauben und Wissen* von 1802, figuriert das Problem der Entzweiung schließlich deutlich formuliert in der Gestalt der von ihm getadelten „Reflexionsphilosophie".

Ein kurzer Blick gerade auf *Glauben und Wissen* ist besonders geeignet, uns in das jetzige Thema einzuführen, weil Hegels Intentionen (die er auch später nie aufgab) in diesem frühen Werk besonders deutlich sich abzeichnen. Er formuliert hier seine ursprünglichen Motive und Strategien der Problemlösung, die schon vor dem elaborierten dialektischen System der *Wissenschaft der Logik* (1812–1816) vorhanden waren und als Leitstern für den Entwurf der Dialektik dienten.

1 Die Sünden der Reflexionsphilosophie

Mit der „Reflexionsphilosophie", deren unbarmherzige Kritik ein Hauptthema in *Glauben und Wissen* ist, meint Hegel eine Form des Denkens, die dank ihres Festhaltens an Verstandesbestimmungen Subjekt und Objekt voneinander unterscheidet. An diesem Gebrechen des Dualismus leide mehr oder weniger die moderne Philosophie überhaupt, genauer die Aufklärung, erst recht aber Kant, der „die Einheit der Reflexion zum Höchsten" macht und in Gegensätzen

---

[2] Dazu zuletzt Vieweg, Klaus, *Hegel. Der Philosoph der Freiheit,* München 2019, S. 157.

beharrt, „die bald als Geist und Welt, als Seele und Leib, als Ich und Natur u.s.w. aufgefasst werden".³

Vor allem der Bewusstseinsbegriff von Kant wird von Hegel kritisiert. Er gibt zu, dass Kants Fragestellung, wie synthetische Urteile *a priori* möglich sind, Novatorisches in der bisherigen Philosophiegeschichte bedeutet. Dieses von Kant formulierte Problem drückt „nichts anderes [aus], als die Idee, daß in dem synthetischen Urtheil Subject und Prädicat, jenes das Besondere, dieses das Allgemeine, jenes in der Form des Seyns, dieß in der Form des Denkens, – dieses ungleichartige zugleich *a priori,* d.h. absolut identisch ist".⁴ Leider aber vereitele Kant schon beim nächsten Schritt seine ursprüngliche große Idee der Synthese. Er vermöge nämlich nicht, so Hegel, aus dem Käfig der Reflexionsbestimmungen auszubrechen. Ganz im Gegenteil: Er zerteile „die ursprüngliche absolute Identität"⁵, indem er die Subjektivität als etwas vom Objekt ganz und gar Verschiedenes setze. Laut Hegel scheint (ich sage „scheint", weil Hegel an dieser Stelle sich noch dunkler ausdrückt als anderswo in *Glauben und Wissen*) dieser Mangel des Kantianismus schon darin zum Vorschein zu kommen, dass das Apriorische des Urteils, die Identität selbst, noch nicht im eigentlichen Urteil, sondern erst im Schluss vorkomme. Im Urteil trete diese Identität nur als die Copula (das Wörtchen „und") auf. So sei das Urteil bei Kant in seiner unmittelbaren Form noch mit dem Gegensatz und Entzweiung behaftet.⁶

Bevor wir Hegels Text weiter folgen, muss hier auf die Art der Hegelschen Kant-Kritik aufmerksam gemacht werden. Die große novatorische Idee, für die Hegel hier Kant Anerkennung zollt, ist in der Tat größtenteils Hegels eigene Erfindung. Kant hat *nicht* behauptet, wie Hegel uns suggeriert, daß die Synthesis des Ungleichartigen, nämlich des Seins (des Besonderen) und des Denkens (des Allgemeinen), sich auf einer *a priori* gegebenen „Gleichartigkeit" gründe, die ihre absolute Identität garantiere. Ganz im Gegenteil. Erstens findet die Synthesis nicht zwischen „Sein" und Denken statt, sondern zwischen dem sinnlich gegebenen Stoff der Anschauung und dem Denken (Verstand). Zweitens resultiert diese Synthese bei Kant keineswegs in einer absoluten Identität ihrer Bestandteile, sondern der Unterschied (oder Spannung, wenn man sich so ausdrücken will) bleibt fortan bestehen. Die vom Intellekt (der die aktive Instanz bei der Durchführung der synthetisierenden Operation ist) durchgeführte Vereinigung der stofflichen und intellektuellen Momente der

---

3 Hegel, Georg Wilhelm Friedrich, *Glauben und Wissen,* in: G. W. F. Hegel, *Hauptwerke in sechs Bänden* (von jetzt an: HW), Bd. 1, Hamburg 1999, S. 325.
4 Ebd., S. 327.
5 Ebd., S. 328.
6 Ebd., S. 328–329.

Erkenntnis ist niemals endgültig, sondern bleibt immer offen für neue Information von außen. Kurz, Kant hat keine solche Idee der Synthese gehabt und angeblich später aufgegeben, die Hegel ihm auferlegt.

Aber kehren wir zurück zu Hegels Darstellung in *Glauben und Wissen*. Die Einheit des Seins und Denkens werde, wegen Kants kläglichen Zurückfallens in den Dualismus, lediglich durch das „Selbstbewußtseyn eines Erfahrung habenden Subjekts" hergestellt. Das Ich als Subjekt und das Objekt sind verschieden, und die von der kritischen Philosophie gesetzte Identität beider ist nur eine formale, „so daß Ding an sich Object wird, insofern es einige Bestimmtheit vom thätigen Subject erhält" – eine Bestimmtheit, die in beiden trotz ihrer Ungleichartigkeit ebendieselbe ist dank der Tätigeit des Subjekts, des Ichs. Subjekt und Objekt seien „identisch wie Sonne und Stein es sind in Ansehung der Wärme, wenn die Sonne den Stein wärmt".[7] In seiner Nacktheit tritt das Kantische Ich als das Prinzip der „reine[n] Leerheit der Identität" auf, „in seinem völlig gereinigten Zustand von der Mannigfaltigkeit, als reine abstracte Einheit".[8]

Das Fazit der Hegelschen Kritik an Kants Bewusstseinsbegriff lautet, dass „das transcendentale Wissen in dieser Philosophie [...] sich in ein formales Wissen umwandelt", indem

> zu einer Einheit des Selbstbewußseyns [...] ein Plus des Empirischen durch diese Identität nicht bestimmten auf eine unbegreifliche Weise als ein Fremdes hinzutreten [muss], und dieß Hinzutreten eines B zur reinen Egoität heißt Erfahrung [...]; das A in A+B ist die objective Einheit des Selbstbewußtseyns; B, das Empirische, der Inhalt der Erfahrung, welches als ein Mannichfaltiges durch die Einheit A verbunden ist; aber für A ist B ein Fremdes, ein in A nicht Enthaltenes, und das Plus selbst [...] das Unbegreifliche.[9]

Das ist keine wohlwollende Darstellung der Kantischen Lehre vom Bewusstsein. Auch ist sie nicht so sachgerecht wie sie beim flüchtigen Lesen zuerst erscheinen mag. Denn anders als Hegel behauptet, wird ein Ding laut Kant nicht dadurch für das Subjekt ein Objekt, dass es „einige Bestimmtheit vom thätigen Subject erhält". In dieser Fehldeutung blitzt vielmehr schon der Bockfuß des objektiven Idealismus Hegels hervor. Kant hat nicht die Einheit des Subjekts und Objekts darin gesehen, dass die gedanklichen Bestimmungen

---

7 Ebd., S. 331.
8 Ebd., S. 335.
9 Ebd., S. 343.

für beide die ähnlichen seien, wie die Wärme gemeinsam ist sowohl für die Sonne als auch für den Stein, den sie wärmt. Ein Ding ist laut Kant für uns ein Erkenntnisobjekt nicht dank der bloßen Gedankenbestimmungen, die wir von ihm für uns machen, sondern insofern es unsere Sinnlichkeit affiziert.

Zugegeben, in der Kritik Hegels stimmt der mehr allgemeine Vorwurf, dass das transzendentale Ich der Kantischen Philosophie lediglich ein Formprinzip ist. Hegel hat auch ganz richtig den Dualismus Kants bemerkt, der tatsächlich ebenso scharf formuliert ist wie die bekannte cartesianische *distinctio realis* zwischen Sein und Denken. Beim Lesen von *Glauben und Wissen* frappiert es aber, dass Hegel nicht versucht, Kants „Egologie" (Ich-Lehre) von ihren inneren Prämissen her zu analysieren, um dadurch eine Alternative für sie zu entwerfen. Stattdessen überzieht Hegel sie mit seiner eigenen – und leider etwas überheblichen – Deutung. Die Passage zu Kant endet mit einer Bemerkung, die ebenso kurz wie derb ist: „Dieser Charakter der Kantischen Philosophie, daß das Wissen ein formales ist, und die Vernunft als eine reine Negativität ein absolutes Jenseits [...], ist der allgemeine Charakter der Reflexions-Philosophieen, von denen wir sprechen".[10]

2 Zeitdiagnose statt einer erkenntnistheoretischen Analyse

Das ist eigentlich die Quintessenz der Hegelschen Kant-Kritik: Der Kritizismus ist letzten Endes nur eine Fortsetzung und Erweiterung der bisherigen Aufklärungsphilosophie, die sich von den Fesseln des Verstandesdenkens nicht loszureißen vermag.

Dieses Verdikt wird bereits am Anfang des Werks formuliert. Schon auf der ersten Seite von *Glauben und Wissen* gibt Hegel einen Umriss der jetzigen Lage der Philosophie und Kultur. Die Aufklärung habe das alte Verhältnis von Glauben und Wissen grundlegend verändert: Die Vernunft kann nicht mehr eine Magd des Glaubens genannt werden. Doch sei der Sieg der Aufklärung teuer erkauft, da sie „für positives Wissen wieder eben so nur endliches und empirisches, das Ewige aber nur jenseits haben kann". In der Aufklärung ist somit eine „Gefahr des Verstandes" vorhanden, eines Verstandes „welcher das Angeschaute als Ding, den Hayn als Hölzer erkennen würde".[11] Dieses einseitige

---

10   Ebd., S. 346.
11   Ebd., S. 317. Der Ausdruck „Hain als Hölzer" kommt von Horaz, *Epist.* 1:6.31ff.: *Virtutem verba putas/ut lugum ligna*. Mit diesem Horaz-Zitat zielt Hegel natürlich auf den Utilitarismus des Aufklärungsdenkens, das ein Auge nur für das Nützliche haben soll. Allerdings trifft dieser Schuss gar nicht Kant, der bekanntlich mit seiner Lehre von der Interesselosigkeit des Schönen eine ausgesprochene anti-utilitaristische Position einnahm.

Verstandes- und Reflexionsdenken ist für Hegel ein Indiz des Mangelhaften in der bisherigen Moderne.

Aber Hegel sieht auch die Rettung nahe. Denn man darf bei der „eingeschränkte[n] Form des Geistes einer kleinen Zeitperiode", das heißt bei der bisherigen Aufklärung, nicht die große Leistung des aufklärerischen Denkens, die Begründung der Idee der Subjektivität vergessen. „Die große Form des Weltgeistes aber, welche sich in jenen Philosophieen erkannt hat, ist das Princip des Nordens, und es religiös angesehen, des Protestantismus, die Subjectivität, in welcher Schönheit und Wahrheit, in Gefühlen und Gesinnungen, in Liebe und Verstand sich darstellt".[12]

Hier, im entscheidenden Wendepunkt seiner Kritik an der Reflexionsphilosophie, wechselt Hegel die Art der Argumentation. Die erkenntnistheoretischen Aspekte des Kantschen Subjektbegriffs – die er auch bis dahin recht frei gedeutet hatte – werden beiseitegeschoben. Statt ihrer tritt jetzt – unvermittelt – der „Weltgeist" als der Agens, der zur Überwindung der Einseitigkeiten bisheriger Reflexionsphilosophie und somit auch des Kantischen Bewusstseinsbegriffs führt. Was jetzt gilt, ist die große Entdeckung Hegels, die ihn von den anderen Vertretern der klassischen deutschen Philosophie unterscheidet, der Begriff des Geistes. Es ist dies ein Novum, das die Parameter des philosophischen Diskurses verändert. Laut Vieweg habe Hegel die „erste[n] Konturen" des Begriffs des Absoluten als Geist in einem Fragment im Jahre 1803 formuliert,[13] aber tatsächlich sehen wir den Geist schon ein Jahr früher, im *Glauben und Wissen,* vollauf beschäftigt.

Es läßt sich demnach sagen, dass Hegel lediglich einen ziemlich lahmen Versuch macht, Kants Mängel durch eine eingehende Analyse seiner Bewusstseins- und Erkenntnislehre zu beheben. Sein Interesse gilt vielmehr der *Zeitdiagnose,* die auch den „geheimen" Ausgangspunkt der künftigen Logik macht. Es ist die geschichtliche Situation, die das letzte Wort auch im philosophischen Streit hat. Deutlich ist die Grundidee des bekannten Dictums des späteren Hegel, wonach die Philosophie über ihre Zeit nicht springen kann, und so galt das *Hic Rhodus, hic salta,* schon in der Jugendarbeit von 1802 wirksam, also noch vor der Herausbildung des endgültigen philosophischen Systems Hegels.

---

12   Ebd., S. 316.
13   Vieweg, *Hegel. Der Philosoph der Freiheit*, S. 245.

Hier gehe ich nicht detailliert darauf ein, da ich dieses Thema in einigen Hegel-Kongress-Vorträgen schon behandelt habe.[14] Es reicht, zu bemerken, dass schon der alte Rosenkranz den Kern der Sache verstand:

> Es gibt keine schiefere und seichtere Vorstellung von Hegel's Philosophie, als die, welche nur *Kritik* oder *Logik* darin sieht, etwa noch mit dem Zusatz, daß Hegel's Logik freilich nicht die eines gesunden Verstandes, sondern, da sie mit der Metaphysik sich identificire und den Begriff für das Schöpferische erkläre, die einer höchst abenteuerlichen, überspannten Neuplatonik sei [...] Hegel's System ist vielmehr Philosophie des Geistes in dem Sinn, daß bei ihm der Begriff des Geistes allein auch den der Natur und der Idee als logischer erst *möglich* macht.[15]

Natürlich hat man Hegel immer als den historischen Denker *par excellence* erkannt, der die geschichtliche Dimension und Entwicklung der Begriffe betont hat, im Gegensatz zur älteren, auf „ewige Wahrheiten" insistierenden Metaphysik. Neulich hat beispielsweise Herbert Schnädelbach die ganz plausible Frage erörtert, ob Hegels Geistesbegriff nicht als die Grundlage einer Philosophie der Kultur umgedeutet werden konnte.[16] Allerdings scheint es mir, dass man die Radikalität des Hegelschen Wurfes dennoch nicht immer ganz eingesehen hat. Er hat in seinem philosophischen System nicht nur Logik und Metaphysik kühn vereinigt. Mit diesen verknüpft er auch die geschichtliche Zeit, die Epoche, aus der somit ein Bauprinzip des Systems wird.

Rosenkranz fügt auch die methodisch wichtige Bemerkung hinzu, dass der Geist für Hegel die „concreteste Form" des Begriffs der Idee darstellte (die logische Form ist die abstrakte), und als solche ist der Geist, als „real productive, alle anderen Formen actu integrierende Form" das Erste und das Letzte zugleich, etwas, das den Anfang machen soll:

> Daher sehen wir Hegel gar nicht, wie man nach manchen Schilderungen seiner Philosophie erwarten sollte, in seiner Jünglingsperiode mit einem dürren, logischen Schematismus sich beschäftigen [...], sondern wir sehen einen gemüthvollen Menschen [...], dem besonders die *Geschichte* als das Werk des Geistes und die *Religion* als die universellste Form der

---

14 Siehe Fußn. 1.
15 Rosenkranz, Karl, *Vita di Hegel / Hegels Leben* (deutsch-italienische Parallelausgabe), Milano 2012, S. 282.
16 Schnädelbach, Herbert, *Geist als Kultur? Über Möglichkeiten und Grenzen einer kulturtheoretischen Deutung von Hegels Philosophie des Geistes,* in: Zeitschrift für Kulturphilosophie, Bd. 2, (2008), Heft 2, S. 187–208.

Vorstellung, welche sich der geschichtlich erscheinende Geist von seinem Wesen macht, durch das Herzen gehen.[17]

In Hegels Philosophie wird die Zeitdiagnostik ins System eingebaut auf eine Weise, die wohl einzigartig in der Philosophiegeschichte ist. Viele Philosophen haben natürlich ihre Zeit analysiert, in politischen Diskussionen usw. teilgenommen, aber öfters fand dies neben ihrem „eigentlichen" Philosophieren statt (besonders deutlich sieht man diese Zwiespältigkeit bei manchen Denkern der analytischen Tradition, z.B. bei Bertrand Russell oder Georg Henrik von Wright, bei denen ein zeitdiagnostischer bzw. polemischer Teil ihres Schaffens sich deutlich von ihrem logischen Metier unterscheidet).

Meines Erachtens wäre es besonders zu betonen, dass Hegel in der Tat eher ein Zeitdiagnostiker denn ein „historisch denkender" Philosoph ist. Der Zeitdiagnostiker schreibt nicht Geschichte, sondern greift in dem jeweilig jetzigen Zustand der Gesellschaft und Kultur Momente auf, die natürlich auch ihre historischen Voraussetzungen haben, die er aber kritisch analysiert und nicht nur konstatiert. Der spätere Historismus (Droysen, Ranke) setzt nicht direkt die Hegelsche Annäherungsweise fort, auch nicht der sogenannte „absolute Historizismus" des Neohegelianers Croce. Hegel ist nicht an Geschichte in demselben Sinne interessiert wie diese. Ganz im Gegenteil, etwa die Crocesche Philosophie, die alles Tun und Treiben der Menschen in eine von der geschichtlichen Perspektive diktierten *panta rhei*-Gleichgültigkeit auflösen lässt, wäre für Hegel ein Gräuel gewesen. Ihm interessiert vor allem die Rettung der Moderne von ihren eigenen Gebrechen, und die Geschichte dient für ihn als Steinbruch, der Materialen zur Durchführung dieser Aufgabe liefert – einer Durchführung, die in den Zeichen der Dialektik vor sich geht.

Der von Hegel eingeführte Begriff des Geistes öffnet neue Perspektiven für die Philosophie, vor allem dank der Einsicht, dass unser Denken von den historisch konkreten Formen der Kultur bestimmt, wenn nicht sogar determiniert ist. Allerdings liegt hier auch eine Crux. Würde es stimmen, dass in den philosophischen Fragen „itziger Standpunkt des Geistes"[18] das Ausschlaggebende sein soll, wäre es also kaum notwendig, sich z.B. mit den erkenntnistheoretischen Fragen, die von Kant aufgeworfen sind, eingehender zu beschäftigen; es würde reichen mit dem Hinweis, sie seien schon *passé* und somit aus der Mode. Etwas von dieser Überheblichkeit findet man tatsächlich bei der nachkantischen Generation, beim jungen Schelling und Hegel. Entgegen ihren

---

17 Rosenkranz, *Vita di Hegel*, S. 284.
18 So in der *Vorrede zur Phänomenologie des Geistes,* vgl. Hegel, HW Bd. 2, S. 5.

Deklamationen lässt es sich fragen, ob sie wirklich Kant und die kantische Problematik – eben die „Reflexionsphilosophie" – überwunden haben.

Dass die Philosophie „ihre Zeit in Gedanken erfasst" sei,[19] ist die Überzeugung Hegels schon vor der endgültigen Formierung seines Systems. Aber in den reifen Jahren des Philosophen erhält die These sukzessive Präzisierungen, von denen besonders bemerkenswerte in den *Vorlesungen zur Geschichte der Philosophie* vorkommen. Hegel schärft wiederholt ein, so beispielweise in den Vorlesungen vom 1820, dass beim Studium der alten (d.h. antiken) Philosophie „man *wissen* [muss], was man in den alten *Philosophen* oder in der Philosophie jeder anderen bestimmten Zeit zu suchen hat [...], oder wenigstens wissen, dass [...] in *ihr nur diejenigen Formen und Bedürfnisse des Geistes* zum Bewußtsein gebracht sind, welche innerhalb einer solchen Stufe liegen."[20]

Für sich genommen ist diese Konstatierung lediglich eine Neuformulierung des aus der Vorrede zur *Rechtsphilosophie* hinlänglich bekannten Prinzips des *Hic Rhodus, hic salta*, das besagt dass die Philosophie „*ihre Zeit in Gedanken erfasst*" sei.[21] Aber die Fortsetzung der Gedankenentwicklung in den Vorlesungen enthält eine interessante Wende: „In dem Geist der neuern Zeit schlummern tiefere Ideen, die, um sich wach zu wissen, einer anderen Umgebung und Gegenwart bedürfen, als jene abstrakten, unklaren, grauen Gedanken der alten Zeit".[22]

Hegel warnt ausdrücklich, bei alten Philosophen Antworte auf moderne Probleme zu suchen:

> Man kann vom Ruhm alter Philosophen angezogen werden, aus ihrer Philosophie das Seinige zu schöpfen, aber sie befriedigen nur auf einen gewissen Grad. Unsere Fragen beantworten sie nicht, denn sie hatten auch nicht diese Bedürfnisse. Z.B. finden wir bei Plato die Frage nach der Freiheit nicht, wie wir sie machen [...]; der Gegensatz von Objektivität und Subjektivität ist noch zu Platos Zeiten in Athen nicht vorhanden gewesen [...] Das Individuum in alter Welt war zwar Subjekt, aber er hat sich nur gewusst in wesentlicher, sittlicher Identität mit seiner Welt.[23]

---

19   Ders., *Grundlinien der Philosophie des Rechts*, in: HW Bd. 5, S. 16.
20   Ders., *Vorlesungen über die Geschichte der Philosophie*, Teil 1: *Einleitung*, Hamburg 1993, S. 52 (Synopsis des Vorlesungsmanuskripts 1820).
21   Ders., *Grundlinien der Philosophie des Rechts*, S. 16.
22   Ders., *Vorlesungen über die Geschichte der Philosophie*, Teil 1, S. 52 (Synopsis des Vorlesungsmanuskripts 1820).
23   Ders., *Vorlesungen über die Geschichte der Philosophie*, Teil 2, Hamburg 2020, S. 161 (Kollegmanuskript von 1823/24).

3 Die Moderne als Logik und Realität

Welche denn sind die modernen Fragen, die die Alten nicht beantworten? Hegel hat natürlich den Begriff der Moderne noch nicht so präzis formuliert, wie man ihn in den Sozialwissenschaften des 20. Jahrhunderts, besonders seit Max Weber, begegnet. Auch findet man bei ihm keine Diskussion über die Moderne in diesem weberschen – oder auch „post-weberschem" – Sinne, d.h. als eines Prozesses der übergreifenden Zweckrationalität gesellschaftlicher Agenten. Aber Hegel hatte dennoch ein klares Bild von dem, was die moderne Zeit auszeichnet, so dass z.B. der US-amerikanische Forscher Terry Pinkard mit Recht schreiben konnte, dass „Hegel has been called, not without reason, the first great philosopher to make modernity itself the object of his thought".[24]

Für Hegel bedeutet die Moderne vor allem den Durchbruch des Prinzips der Subjektivität, eines Prinzips, das zwar schon bei den Griechen vorhanden war, aber das in der Antike aus geschichtlichen Gründen sich noch nicht entfalten konnte. Die Subjektivität manifestiert sich im realphilosophischem Material in verschiedenen Formen, unter anderem als Freiheit – daher die Hegelsche These, dass die Weltgeschichte ein „Fortschritt im Bewusstsein der Freiheit" sei – aber ihre *logische Form* ist die einer Selbstbeziehung. Die Weltgeschichte ist nichts anderes denn der Weg zur absoluten Subjektivität. Das Aufkommen der Moderne stellt den Punkt dar, wo die Geschichte sich selbst zu begründen beginnt. Zu diesem Punkte gelangt, hört die Geschichte zwar nicht auf, aber sie ist dann nicht mehr eine einfache Folge disparater Ereignisse, sondern wird selbstbezüglich, d.h. nimmt die dem Geist adäquate dialektisch-logische Form an. Die Natur des Geistes ist, lesen wir aus einer Nachschrift von Vorlesungen zur Geschichtsphilosophie 1826–27, „bey sich zu seyn", also dass er „die Einheit seyner selbst in sich ist", und „[d]arin liegt seyne Freyheit". Der Geist, fährt Hegel fort, „hat durchaus die Bestimmung, Thätigkeit zu seyn [...] Was seyne Thatigkeit hervorbringt, ist nur er selbst".[25] Dieses Bei-sich-selbst-sein ist für Hegel die einzig mögliche Legitimierung der Moderne.

Die Moderne ist bei Hegel demnach nicht nur eine geschichtsphilosophische Kategorie. Sie hat auch eine logische Dimension. Da erst die Moderne den Selbstbezug des Geistes vollständig realisiert und die Welt als „fertig", in sich selbst begründete erscheinen lässt, folgt daraus auch, dass in der vollendeten Moderne das Historische mit dem Logischen zusammenfällt. Als Resultat soll auch die Heteronomität der geistigen Welt der selbstbezüglich begründeten

---

24 Pinkard, Terry, *Hegel – A Biography,* Cambridge Univ. Press 2000, S. x.
25 Hegel, Georg Wilhelm Friedrich, *Vorlesungen über die Philosophie der Weltgeschichte* (Nachschrift von Joseph Hube), in: *Gesammelte Werke,* Bd. 27:3, Hamburg 2019, S. 806.

Autonomie weichen. Für die Philosophie, deren Geschichte doch „das Innerste der Weltgeschichte" [26] bildet, bedeutet dies: das Zufällige, Vorübergehende und Besondere, das die reale Philosophiegeschichte bezeichnete, muss gehen, um der *einen* Philosophie der Moderne Platz zu machen. Natürlich verschwinden die früheren philosophischen Systeme nicht spurlos, sondern bleiben in der neuen Philosophie der Moderne als ihre untergeordneten Momente erhalten – doch in einer dialektisch-aufgehobener Gestalt, das ist, von ihren Zufälligkeiten bereinigt.

In der Antike konnte diese für die Moderne konstitutive Selbstbeziehung sich noch nicht vollständig realisieren. Dazu gibt es bei Hegel eine sehr interessante Darstellung des historischen Fazits der griechischen Geschichte. Bei den Griechen erlangte der Geist eine „erste Harmonie" „des substantiellen, allgemeinen, ewigen Geistes und des persönlichen, subjektiven individuellen Geistes".[27] Allerdings war dies eine labile Harmonie, die seitens der Realitäten der geschichtlichen Epoche jederzeit gefährdet blieb und sich nicht entfalten konnte. Das Allgemeine nahm bei den Griechen die Gestalt des staatlichen Lebens an, während das rein Subjektive nur eine negative, die Gemeinschaft ausschliessende Form annehmen konnte. Als Folge ergab es sich, dass das „höhere Prinzip der Innerlichkeit", das z.B. bei den Athenern Wissenschaft und Kunst produzierte, sich näher betrachtet als „das Prinzip des Verderbens" zeigt, das „zerstörend auf den griechischen Geist wirkt". Das Individuum konnte sich nicht ohne negativen Folgen in sich, ins Privatleben zurückzuziehen, weil es sich damit auch aus dem Allgemein-Sittlichen, d.h. aus den staatlichen Angelegenheiten zurückziehen musste.[28] So „erscheint dieß Insichgehen als Verderben, daß die Bürger ihre [...] Privatüberzeugung, Privatinteresse geltend machen und darauf beharren gegen was allgemeines Gesetz und Sitte ist".[29] Hier ist der große Unterschied zur Moderne. Sokrates hatte zwar dasselbe Prinzip der Subjektivität vertreten „was auch bei uns ist", aber gerade ihn hatten die Athener zum Tode verurteilt.[30]

---

26   Ders., *Vorlesungen über die Geschichte der Philosophie*, Bd. III, Westberlin 1984, S. 461.
27   Ebd., S. 980.
28   Ebd., S. 1022.
29   Ebd., S. 1027.
30   Ebd., S. 1029. – In der von Hotho edierten Version der Vorlesungen, die in der sogenannten „Vereinsausgabe" erschien und lange Zeit die Aufnahme der Geschichtsphilosophie Hegels prägte, findet sich eine noch drastischere Beschreibung des Verfalls des griechischen Geistes, diesmal an dem Beispiel des Peloponnesischen Krieges. Dieser Krieg führte zu einer Katastrophe, in der die griechischen Stadtstaaten sich gegenseitig vernichteten. Die tiefere Ursache der Katastrophe sieht Hegel in der *„für sich frei werdende[n] Innerlichkeit"* und „in [der] Allem sich erfassende und sich zeigende Subjektivität" des Griechentums, die dazu führte, dass „die Leidenschaften und die Willkür" die Staatsverfassungen

Mit anderen Worten, die antike Welt konnte noch nicht ihre immanenten Widersprüche dialektisch lösen, sondern ging an ihnen unter. Die Subjektivität zeigte in der Antike sich letzten Endes als ein „Prinzip des Verderbens", das die Vermittlungen vereitelte und zur Zerstörung führte. In der Moderne aber, wo der Geist endlich „bei sich" ist, gelingt schon die Vermittlung. In der Moderne – so Hegel – können die immanenten Widersprüche schon dialektisch „aufgehoben" werden, indem es „Mechanismen" gibt, wie z.B. die bekannte List der Vernunft, die die zerstörerischen Impulse (Negationen) wieder wird negieren lassen. Man sieht also, dass damit auch erst die Moderne für Hegel die eigentlich „dialektische" Epoche ist (Historisches und Logisches fallen erst in der Moderne zusammen, während Antike und erst recht das Mittelalter ihre Welt mit einer nur ungenügenden bzw. gebrechlichen Dialektik erklären konnten.)

Gerade weil die Antike das entscheidende Prinzip der Subjektivität nur ungenügend entwickelt hatte und zur Synthese nie gelang, gab es in der antiken Philosophie auch keine solchen dialektischen Lösungen, die heutige Menschen befriedigen könnten. Zwar kannte die Antike das Subjektive, aber es wurde nicht zum archimedischen Punkt der Philosophie, wie in der Moderne seit Descartes. Schon die Neoplatoniker, sagt Hegel rückblickend am Ende seiner *Vorlesungen über die Geschichte der Philosophie*, kannten den Gedanken der Totalität und bestimmten die Welt als Gedankenwelt (und, können wir zufügen, antizipierten damit den Standpunkt des neuzeitlichen objektiven Idealismus). Was aber den Neoplatonikern fehlte, war die „sich wissende Idee". Es ist erst „das Werk der modernen Zeit, diese Idee zu fassen als Geist, als die sich wissende Idee".[31]

Deutlich stammt dieser Mangel des Neoplatonismus laut Hegel daraus, dass er *antike* Philosophie ist; daher sind „in ihr nur diejenigen Formen und Bedürfnisse des Geistes zum Bewußtsein gebracht [...], welche innerhalb der Grenzen einer solchen Stufe [d.h. der Stufe ihrer Zeit – V. O.] liegen".[32] Eben so wenig wie wir heute Lebenden haben die Alten also ihre Zeit überspringen können, und sind daher nicht bis zum Prinzip der Moderne, zur absoluten Subjektivität vorgedrungen. Hegel warnt ausdrücklich, sich nicht von der angeblichen Gleichheit der Resultate von antiker und moderner Philosophie

---

und Gesetze bedrohten. Das Resultat: „Das Denken erscheint also hier als das Princip des Verderbens, und zwar des Verderbens der substantiellen Sittlichkeit; denn es stellt einen Gegensatz auf und macht wesentlich Vernunftprincipe geltend" (Hegel, *Vorlesungen über die Philosophie der Geschichte,* in: *Werke,* Berlin 1848, S. 326).

31 Hegel, *Vorlesungen über die Geschichte der Philosophie,* Bd. III, Westberlin 1984, S. 462–463.
32 Hegel, *Vorlesungen über die Geschichte der Philosophie,* Bd. I, Westberlin 1984, S. 51.

täuschen zu lassen, „sonst fällt man darein [...], in jenen alten Philosophien ganz die Bestimmtheit der modernen Subjektivität zu sehen".[33]

Besonders den Neoplatonismus pflegt man oft, als letztes Wort der ausgehenden antiken Philosophie, den modernen Subjektphilosophien zur Seite zu stellen. Es ist auch bekannt, dass die neoplatonische Dialektik, besonders die von Proklos, mit ihren triadischen Formen oft verblüffend ähnlich der Hegelschen zu sein scheint. Aber Hegel selbst weist auf den entscheidenden Unterschied hin, der zugleich der Unterschied von aller antiken und modernen Philosophie ist. Die Neuplatoniker, Plotin und Proklos, sind vor allem Philosophen der Einheit. „Nicht die erscheinende Vielheit des Daseins", beschreibt Hegel ihre Lehre, „ist das Prinzip, das Wahre, sondern vielmehr schlechterdings ihre Einheit ist ihr Wesen". Doch ist und bleibt diese Einheit des Daseins bei den Neoplatonikern immer ein objektives Prinzip. Plotin beispielsweise „setzt die höchste Objektivität, Sein", das als Einheit konzipiert wird und so die Vielheit nicht an sich hat. Das ist der große Unterschied zur neuzeitlichen Philosophie, die die Einheit als „Regulativ der Vernunft" betrachtet (wie Kant) und sie also für ein subjektives Prinzip hält.[34]

4 Die Moderne als Versöhnung

Dia Dialektik war also in der Antike nicht zum völligen Durchbruch imstande, weil die antike Subjektivität noch mangelhaft war. Wegen dieser Mangelhaftigheit, also der Unkenntnis des tieferen Wesens der Freiheit, konnten die Menschen in der Antike nicht zur Synthese fortschreiten, und so war die alte Welt zum Untergang verurteilt. Die modernen Verhältnisse demgegenüber lassen sich „dialektisieren". Während in dem von mir schon oben zitierten Beispiel die griechischen Polis-Staaten in den Peloponnesischen Krieg sich gegenseitig zerstörten, gelingt der modernen Welt die Vermittlung. Wie Hegel bemerkt, „die subjektive Freiheit, welche das Princip und die eigenthümliche Gestalt der Freiheit in unsrer Welt, welche die absolute Grundlage unseres Staats und

---

33   Ebd., S. 104.
34   Hegel, *Vorlesungen über die Geschichte der Philosophie,* Bd. II, Westberlin 1984, S. 367. Das hat übrigens Jens Halfwassen in seiner umständlichen Analyse des Verhältnisses von Hegel zu den Neoplatonikern noch einmal bestätigt: Bei den Neoplatonikern fehlen die Themata, die als eigentlich „modern" anzusehen sind; vgl. Halfwassen, Jens, *Hegel und der spätantike Neuplatonismus. Untersuchungen zur Metaphysik des Einen und des Nous in Hegels spekulativer und geschichtlicher Deutung* (= Hegel-Studien, Beiheft Bd. 40), Bonn 1999.

unseres religiösen Lebens ausmacht, konnte für Griechenland nur als Verderben auftreten" – also war auch das griechische Denken einseitig affirmativ; es konnte nicht das von der losgewordenen Innerlichkeit freigesetzte Negative und Böse assimilieren.

In der Moderne aber ist ein dialektischer Mechanismus wirksam. Seine Grundidee hat Hegel aus dem englischen Aufklärungsdiskurs (Mandeville, Smith) entlehnt und „List der Vernunft" getauft. Diese Dialektik besteht darin, dass die geschichtliche Vernunft „die Leidenschaften für sich wirken lässt", so dass aus den kurzsichtigen, sich zusammen prallenden Einzelinteressen dennoch „das Allgemeine resultirt".[35] Man sieht leicht, dass die List der Vernunft in Hegels Geschichtsphilosophie ein Sonderfall des allgemeinen Prinzips der Negation der Negation ist; es stellt sich heraus, dass jetzt, unter modernen Verhältnissen, das Negative – das Nichts – in der Geschichte reizt und schafft – als „objektiver Mephisto", um ein treffendes Bild von Ernst Bloch zu zitieren.

Mit welchem Recht aber kann Hegel behaupten, dass es der freien Subjektivität erst in der modernen Zeit gelingt, sich auf einer ihr adäquaten Weise zu entfalten und zu einer wahren Dialektik zu kommen? Tatsächlich findet man bei ihm keine andere Begründung als die einfache, aber immer wieder zurückkehrende Behauptung, dass erst in der modernen Zeit der Geist imstande sei, die Substanz-Subjekt-Vermittlung zu Ende zu führen und so die Entzweiten zu versöhnen. Das sagen die Formulierungen gegen Ende der *Rechtsphilosophie*: In der Bilanz der Weltgeschichte erfasst „der Geist [...] das [...] was *er ist*". (§343) Während dem ersten welthistorischen Reich, dem orientalischen, noch eine „in sich ungetrennte, substantielle Weltanschauung" eigentümlich war (§355), ist im griechischen Reich „das Prinzip der persönlichen Individualität" schon deutlich spürbar, allerdings ist es nicht ganz von diesem Prinzip durchdrungen. Im Gegenteil, „die letzte Willensentschließung [ist] noch nicht in die Subjektivität des für sich seienden Selbstbewußtseins, sondern in eine Macht, die höher und außerhalb desselben sei, gelegt". (§356)

Wenn dem aber so ist, muss man fragen, ob im Hegels Programm doch nicht die Möglichkeit einer ehrgeizigeren Deutung steckt, als nur die herkömmlichen Formen des „modern life" zu begründen, wie die neuere amerikanische Hegel-Forschung geneigt ist, ihn zu deuten. So z.B. meint Michael Hardimon, dass Hegels Konzept einer „modern social world that is a home" in die drei institutionelle Sphären geteilt werden kann, die wir schon aus den Lehrbuchdarstellungen kennen – Familie, bürgerliche Gesellschaft und Staat. Diese Struktur widerspiegele „die Auffassung im weiten Hegelschen Sinne einer

---

35   Ebd., S. 41.

modernen sozialen Welt. Eine soziale Welt, die dieser Auffassung entspricht, konnte sehr gut ein Platz sein, wo Leute wie wir zu Hause sein könnten".[36] Obgleich Hardimon die tatsächliche Struktur der Hegelschen Gesellschaftsphilosophie richtig beschreibt, scheint er zugleich die Moderne auf die vorhandenen (liberalen) Institutionen zu reduzieren. Aber Hegels Programm, in dem die Moderne der Selbstbezüglichkeit des Subjekts beigeordnet wird, öffnet – was sicherlich nicht ganz die Intention des Autors gewesen ist – die Tür zu einer viel radikaleren Sicht. Wenn die Moderne tatsächlich mit der Subjektivität strukturidentisch sein soll, müsste daraus nicht vielmehr folgen, dass alle überlieferten Institutionen derselben – diese „reiche Gliederung des Sittlichen in sich"[37] – lediglich Akzidenzen sind, Akzidenzen einer Substanz, dessen wahres Wesen die Freiheit ist? Denn in einem Selbstbezug ist nichts anderes Beharrliches als eben dieser Selbstbezug selbst.[38]

[36] Hardimon, Michael O., *Hegel's Social Philosophy. The Project of Reconciliation*, Cambridge 1994, S. 253–254.
[37] Hegel, *Grundlinien der Philosophie des Rechts*, S. 7 (Vorrede).
[38] Dies erkannte schon Kant, der bemerkte, dass das Ich eigentlich nur aus lauter Spontaneität besteht und wir es selbst niemals erfassen können anders als in seinen Prädikaten (die alle austauschbar sind).

Index

Andersheit 5, 18, 28, 37–39, 42, 121, 129, 131
Antike 188 (Fn 1), 196–200
Apperzeption 40, 45 (Fn 25), 105, 109, 110, 112, 118, 118 (Fn 3), 119, 123 (Fn 17), 127, 130, 131, 147 (Fn 14), 174
Apriorität 39 (Fn 8), 41–45, 45 (Fn 25), 47, 48, 49 (Fn 27)
Aschenberg, Reinhold 49 (Fn 27)
Attribut 119 (Fn 4), 121 (Fn 14), 123–126
Aufklärung 108, 189, 192, 192 (Fn 11), 193, 201

Begierde 96
Begriff 9, 10 (Fn 26), 12, 15, 26 (Fn 23), 40, 41, 45 (Fn 25), 53, 55 (Fn 31), 56–58, 62, 65, 71, 87, 88, 90, 92, 94, 103–118, 119, 126, 126 (Fn 23), 128–131, 133–156, 157, 159–171, 173–187, 194
Bewusstsein 9, 17, 55 (Fn 31), 57, 58, 74, 82–86, 87–102, 103, 109, 110, 115, 116, 127, 130, 136 (Fn 7), 174, 190, 191, 193, 197
Brandom, Robert 157–160, 158 (Fn 6-8), 165 Fn 23, 168, 169, 188

Croce, Benedetto 195

Dialektik 3 (Fn 7), 15, 15 (Fn 45), 16 (Fn 46), 20 (Fn 1), 27 (Fn 25), 37–39, 41, 44, 52, 54 (Fn 31), 56, 75 (Fn 3), 86 (Fn 20), 104, 108, 113, 115, 117, 118 (Fn 2), 154, 183, 187, 188, 188 (Fn 1), 189, 195, 199–201
Differenzschrift 1–10, 15 (Fn 44), 16, 16 (Fn 48), 18, 18 (Fn 56, 57), 62, 74 (Fn 2), 164 (Fn 22)
Droysen, Johann Gustav 195

Eigenschaft 40, 89, 90, 93, 99–101, 106, 110, 165, 181
Empirismus 40, 89, 92, 99, 101, 105, 157
Epistemologisch 4, 9, 11 (Fn 30), 19, 65, 67, 161, 162

Fabbianelli, Faustino 39 (Fn 8)
Fichte, Johann Gottlieb 2 (Fn 4), 39 (Fn 8), 62, 74, 74 (Fn 1-2), 76 (Fn 6), 83 (Fn 11), 114, 115, 119, 136 (Fn 7), 164 (Fn 22), 183, 183 (Fn 17)
Flach, Werner 37–61
Formalismus 14, 39–42, 45, 112

Geist 3 (Fn 5), 18 (Fn 53), 21–25, 28, 29 (Fn 34, 36), 40 (Fn 10), 62, 63, 63 (Fn 3), 65, 97, 102, 103, 116, 119, 121 (Fn 1), 131, 133 (Fn 2), 134, 134 (Fn 5), 136 (Fn 7), 137, 144, 150–153, 157, 158 (Fn7, 8), 160–164, 170, 171, 173–176, 182 (Fn 16), 184, 186, 190, 193–201
Gewissheit 14 (Fn 41), 84, 87, 89, 90, 92–94, 96–102, 106, 116

Halfwassen, Jens 200 (Fn 34)
Hardimon, Michael 188, 201, 202, 202 (Fn 36)
Hartmann, Klaus 39 (Fn 8), 55 (Fn 31), 182 (Fn 16)
Hegel, Georg Wilhelm Friedrich passim
Herr 96–100
Heterologie 37, 39–45, 58, 59
Historismus 195
Horaz 192 (Fn 11)
Houlgate, Stephen 87 (Fn 4), 158 (Fn 8)

Iber, Christian 54 (Fn 31), 64 (Fn 7), 68 (Fn 10, 11), 69, 69 (Fn 13), 128 (Fn 28), 167 (Fn 26)
Idealismus/idealistisch 3 (Fn 7), 7 (Fn 19), 11 (Fn 30), 20 (Fn 2), 37, 39, 41, 41 (Fn 13), 52, 53 (Fn 30), 61–63, 68 (Fn 11), 71, 83 (Fn 11), 113, 118 (Fn 3), 146 (Fn 14), 158 (Fn 6-8), 162, 170, 172–177, 179, 183–187, 191, 199

Jenaer Schriften/
Jenaer Philosophie 1–19, 21, 21 (Fn 3), 26–30, 31

Kant, Immanuel 11, 11 (Fn 29), 22, 22 (Fn 6), 23, 35 (Fn 52), 37–43, 45, 45 (Fn 25), 48,

49 (Fn 27), 52–55, 59, 62, 67, 71, 75 (Fn 4), 79, 83 (Fn 11), 86 (Fn 20), 91, 92, 98, 103–117, 118, 118 (Fn 3), 119, 123 (Fn 17), 130, 131, 131 (Fn 41), 136 (Fn 7), 141 (Fn 10), 145–147, 156, 159, 174, 179, 183 (Fn 16), 189–193, 195, 196, 200, 202 (Fn 38)
Kategorien   1, 11, 14 (Fn 41), 20 (Fn 2), 22, 24–26, 55 (Fn 31), 62, 63, 66, 67, 71–73, 82, 89, 91, 98, 100, 101, 103, 105–109, 111, 112 (Fn 10), 114, 115, 128, 130, 174, 197
Knecht   96–98, 100
Korrelation   38, 39, 41, 43, 45
Krijnen, Christian   39 (Fn 8, 9), 40 (Fn 10), 41 (Fn 12, 13), 42 (Fn 14), 43 (Fn 15), 49 (Fn 27), 53 (Fn 30), 147 (Fn 14), 153 (Fn 29)
Kroner, Richard   37, 37 (Fn 2)

Leibniz, Gottfried Wilhelm   124, 127, 127 (Fn 28), 128–130
Letztbegründung   48 (Fn 27), 54–61
Liebrucks, Bruno   54 (Fn 31)
Logik   passim

Mandeville, Bernard   201
McDowell, John   157, 158, 158 (Fn 8), 170
Metaphysik   7 (Fn 19), 10–13, 15–17, 54 (Fn 31), 64 (Fn 7), 68 (Fn 10), 69 (Fn 13), 106, 108, 108 (Fn 7), 113, 118 (Fn 3), 119 (Fn 4), 122 (Fn 16), 131, 159, 160, 163–167, 175, 194, 200 (Fn 34)
Moderne   1–19, 37, 62 (Fn 2), 188–202
Modus   120, 122–124, 129, 138
Monade   127, 127 (Fn 28)

Negation   3, 7, 21 (Fn 3), 37–39, 42, 42 (Fn 14), 44, 44 (Fn 18), 58, 74, 77, 80, 81, 84, 97, 120–123, 185, 199, 201
Negation, bestimmte   15 (Fn 45), 74, 81–83, 87, 92, 94, 96, 101
Negatives/Negativität   14 (Fn 41), 16, 41, 57, 58, 69, 72, 70, 77–85, 114, 115, 127, 129, 149 (Fn 21), 180, 192, 201
Neoplatonismus   199, 200, 200 (Fn 34)

Phänomenologie des Geistes   15–18, 27 (Fn 25), 59, 62 (Fn 2), 65, 82–84, 87–102, 104, 110, 110 (Fn 8), 114–116, 118, 118 (Fn 1), 122 (Fn 16), 126, 129, 131, 134, 134 (Fn

3, 4), 159, 163, 183 (Fn 16), 184, 189, 195 (Fn 18)
Plotin   200
Positives/Positivität   11, 12, 60, 69, 77–84, 114
Pragmatismus   157–171
Praxis   137, 160, 169–171
Proklos   200

Quante, Michael   35 (Fn 52), 55 (Fn 31), 62, 63 (Fn 3), 158 (Fn 7, 8), 160, 160 (Fn 12), 161 (Fn 16), 163 (Fn 18), 176 (Fn 7)

Ranke, Leopold von   195
Realismus   55 (Fn 31), 63, 64, 64 (Fn 4), 83 (Fn 11), 170, 174–176, 183, 183 (Fn 17), 184, 186, 187
Realität   1, 40, 63–65, 67, 68, 70, 71–73, 104, 111, 112, 114–116, 137, 146 (Fn 14), 147, 152–156, 163 (Fn 19), 170, 172, 174–178, 181–183, 197
Reflexion   3–18, 37–61, 66–73, 80, 97, 98, 114, 120, 122–128, 131, 135, 136 (Fn 7), 146, 165, 168 (Fn 27), 175, 175 (Fn 5), 181, 185, 189
Reflexionsbestimmungen   64, 74–86, 96, 175 (Fn 4), 190
Reflexionsphilosophie   7, 38, 59, 189–192, 193, 196
Rickert, Heinrich   37–39, 41, 41 (Fn 12), 42–44, 47, 49, 59, 60
Rosenkranz, Karl   194–195
Russell, Bertrand   157, 195

Schelling, F. W.   2 (Fn 4), 3 (Fn 7), 6–8, 26, 26 (Fn 23), 28 (Fn 30), 34 (Fn 52), 69 (Fn 11), 74 (Fn 2), 83 (Fn 11), 114, 121, 121 (Fn 9), 123 (Fn 17), 164 (Fn 22), 195
Schluss   12, 109, 155, 167 (Fn 26), 170, 173, 174, 184, 185, 190
Selbstbewusstsein   85, 88, 91, 95–97, 99–101, 104, 105, 109, 118 (Fn 1), 130, 131, 136 (Fn 7), 150, 163
Smith, Adam   201
Spiel der Kräfte   90, 97, 101, 102
Spekulation/spekulativ   3, 3 (Fn 7), 6–12, 15–18, 37–42, 44 (Fn 21), 53, 55 (Fn 31), 57–59, 61, 75 (Fn 3), 103, 106, 112, 113, 123 (Fn 17), 134, 135, 135 (Fn 6), 137, 147 (Fn

15, 16), 149–153, 155–157, 159, 160, 163, 166, 167, 200 (Fn 34)
Spinoza, Baruch   118–132, 147 (Fn 14)
Struktur, geltungsnoematische   46–48, 50–53, 58, 61
Subjekt   14 (Fn 41), 17 (Fn 52), 25, 41, 43, 57–59, 61, 63–65, 67, 69 (Fn 11), 71, 72, 104, 110, 113, 114, 116, 118–132, 136 (Fn 7), 164–168, 170, 177, 179 (Fn 12), 182–186, 189, 191, 196, 201, 202
Subjektivität   passim
Substanz   63, 65, 67, 89–92, 99–101, 118–132, 137, 138, 141–144, 147, 161, 162, 164 (Fn 21), 165, 170, 201, 202

Theunissen, Michael   39 (Fn 8)
Todesangst   100
Transzendentalphilosophie/ transzendentalphilosophisch   11 (Fn 29), 37–61, 75 (Fn 3), 119, 130, 153

Ungler, Franz   11 (Fn 29), 54–55 (Fn 31)
Urteil   41, 43, 44, 49 (Fn 27), 51, 52, 105, 107, 109, 112–114, 123 (Fn 17), 138, 142, 155, 159, 160, 163–170, 173, 174, 183, 190

Vernunft   3–9, 11, 11 (Fn 30), 12, 15 (Fn 44), 16–19, 22, 22 (Fn 6, 7), 24 (Fn 15), 26, 29 (Fn 36), 35 (Fn 52), 40, 40 (Fn 10), 43 (Fn 15), 52, 56, 59, 62 (Fn 1), 63, 67, 81, 103, 105–110, 113, 116, 130, 145 (Fn 13), 159, 182, 182 (Fn 15), 192, 199, 200, 201

Versöhnung   22–24, 26, 156, 183, 200–202
Verstand   1–7, 11, 11 (Fn 30), 13, 15, 15 (Fn 44), 16, 16 (Fn 46), 18, 19, 40, 54–55 (Fn 31), 62 (Fn 1), 68, 81, 84, 85, 89, 90–95, 99, 100, 105–110, 112–114, 117, 124–126, 174, 190, 192–194
Vieweg, Klaus   1 (Fn 1), 20 (Fn 1), 31 (Fn 40), 62 (Fn 2), 75 (Fn 3), 133 (Fn 1, 2), 158 (Fn 8), 179 (Fn 11), 189 (Fn 2), 193, 193 (Fn 13)

Wagner, Hans   38, 38 (Fn 4, 6), 39 (Fn 8), 42, 43, 43 (Fn 16), 44, 44 (Fn 24, 25), 47, 49 (Fn 27), 55 (Fn 31), 57 (Fn 33)
Weber, Max   197
Wesen   6, 6 (Fn 16, 17), 62–73, 29 (Fn 36), 40, 55 (Fn 31), 57, 59, 90, 95–100, 147, 180
Wetzel, Manfred   39 (Fn 8)
Widerspruch   4, 7, 9, 11, 12, 15 (Fn 45), 21, 38 (Fn 7) 44, 52, 54–55 (Fn 31), 74–86, 93–96, 105, 178, 179, 199
Windelband, Wilhelm   38, 38 (Fn 5)
Wissenschaft der Logik   21 (Fn 3), 30, 37, 40 (Fn 11), 54–61, 62–73, 75 (Fn 3), 77–84, 87, 87 (Fn 2), 91–102, 103–106, 110–117, 118–132, 133–156, 157–171, 173–187, 189
Wittgenstein   157, 160, 165, 170, 171
Wladika, Michael   54–55 (Fn 31)
Wolff, Michael   86 (Fn 20)
Wright, Georg Henrik von   195

Zeitdiagnose   189, 192, 193

Printed in the United States
by Baker & Taylor Publisher Services